UTB 4316

W0068451

Eine Arbeitsgemeinschaft der Verlage

Böhlau Verlag · Wien · Köln · Weimar
Verlag Barbara Budrich · Opladen · Toronto
facultas · Wien
Wilhelm Fink · Paderborn
A. Francke Verlag · Tübingen
Haupt Verlag · Bern
Verlag Julius Klinkhardt · Bad Heilbrunn
Mohr Siebeck · Tübingen
Nomos Verlagsgesellschaft · Baden-Baden
Ernst Reinhardt Verlag · München · Basel
Ferdinand Schöningh · Paderborn
Eugen Ulmer Verlag · Stuttgart
UVK Verlagsgesellschaft · Konstanz, mit UVK/Lucius · München
Vandenhoeck & Ruprecht · Göttingen · Bristol
Waxmann · Münster · New York

Günther Koch

Studieren mit Köpfchen

clever lernen – entspannt planen –
leichter punkten

Ferdinand Schöningh

Der Autor:
Günther Koch erkannte im Rahmen seiner Tätigkeit am Lehrstuhl für Didaktik der deutschen
Sprache und Literatur der Ludwig-Maximilians-Universität München schnell die Notwendigkeit für
Studierende, die persönliche Effizienz zu steigern und das individuelle Lernverhalten zu optimieren.
Aufgrund dieser praktischen Erfahrungen entwickelte er im engen Austausch mit Studierenden
Workshops und Programme, die genau dies ermöglichen. Als Dozent für Wissenschaftliches
Arbeiten am Staatinstitut München konnte er diese weiter verbessern und in der Praxis erproben.

Sein Wissen gibt er an privaten sowie staatlichen Hochschulen an Studierende, für gk-coaching an
Unternehmen und deren Mitarbeiter weiter und mit dem vorliegenden Buch erstmalig auch an Sie.

Umschlagabbildung:
© Dooter – Fotolia.com

Online-Angebote oder elektronische Ausgaben sind erhältlich unter **www.utb-shop.de**

Bibliografische Information der Deutschen Nationalbibliothek

Die Deutsche Nationalbibliothek verzeichnet diese Publikation in der Deutschen Nationalbibliografie;
detaillierte bibliografische Daten sind im Internet über http://dnb.d-nb.de abrufbar.

© 2015 Ferdinand Schöningh, Paderborn
(Verlag Ferdinand Schöningh GmbH & Co. KG, Jühenplatz 1, D-33098 Paderborn)

Internet: www.schoeningh.de

Printed in Germany.
Herstellung: Ferdinand Schöningh, Paderborn
Einbandgestaltung: Atelier Reichert, Stuttgart

UTB-Band-Nr: 4316
ISBN 978-3-8252-4316-6

Inhalt

Auf ein Wort

In Deutschland brechen mehr als ein Viertel aller Studenten das Studium noch vor Erreichen der Bachelorprüfungen ab. Mit anderen Worten: Jeder vierte Student an deutschen Hochschulen scheitert bereits am niedrigsten angebotenen akademischen Grad. Das Wehklagen, das Medien wie Spiegel und Focus, aber auch die Politik in Person unserer ehemaligen Bildungsministerin Schavan anstoßen, ist verständlicherweise groß. Logische Schlussfolgerung wäre es, an zwei potentiellen Stellschrauben zu drehen:

1. An den Schulen wäre es möglich, Lehrpläne, Unterricht und Leistungserhebungen so abzuändern, dass Abiturienten bereits während ihrer Schulzeit einen Vorgeschmack auf das Studium gewinnen und besser auf die Herausforderungen an Fachhochschule und Universität vorbereitet werden.

2. Die Hochschulen könnten sich insofern bewegen, als es möglich wäre, ein stärker verschultes Lernen anzubieten, die Studenten an der Hand zu nehmen, diese zu bemuttern und zum Studienabschluss zu führen.

Vermutlich jedoch ist Wehklagen einfach einfacher oder aber kostengünstiger und bequemer, denn bislang ist nicht zu erkennen, dass auch nur an einer der beiden Stellschrauben entscheidend gedreht worden wäre.

Es liegt also an Ihnen persönlich, aktiv zu werden und Ihren Studienerfolg selbst in die Hand zu nehmen. Dabei wird Ihnen dieses Buch helfen. Es ist so geschrieben, dass es sich wirklich an jeden Studenten richtet und sowohl der blutige Erstsemester als auch der erfahrenen Langzeitstudent, sowohl der Einserkandidat als auch der eher schwache Student davon profitiert.

- Beherzigen Sie als Studienanfänger die Ratschläge in diesem Buch und stellen Sie auf diese Weise sicher, dass Sie den bestmöglichen Start in Ihr Studium haben.
- Wenn Sie bislang mit Ihren an Fachhochschule oder Universität erzielten Noten nicht zufrieden sind, dann konzentrieren Sie sich vor allem auf das zweite und dritte Kapitel und optimieren Sie Ihr Lernen und Ihre Performance in Prüfungen.
- Sie denken über einen Studienabbruch nach? Geben Sie sich noch ein Semester Zeit und orientieren sich an meinen Ratschlägen. Unter Umständen finden Sie so wieder Gefallen an Ihrem Studium und erkennen, dass es sich eben doch lohnt dieses zu Ende zu bringen.
- Sie sind einer der häufig kritisierten Langzeitstudenten? Profitieren Sie besonders stark vom ersten Kapitel und den dort beschriebenen Techniken zu Zeitmanagement und Selbstorganisation. Raffen Sie sich auf und bringen Sie es zu Ende!

- Ihre Zensuren sind herausragend und Sie bewegen sich in großen Schritten auf ein Prädikatsexamen zu? Mit Sicherheit kann Ihnen dieses Buch helfen, Ihnen neben dem Studium Freiräume für Hobby und Freunde zu verschaffen, oder Sie noch schneller an Ihr Ziel zu bringen.

Dieses Buch entstand auf Basis meiner Einblicke, die ich im Rahmen meiner Lehraufträge an staatlichen und privaten Hochschulen sammeln konnte. Über meine Beobachtungen hinaus flossen wissenschaftliche Erkenntnisse sowie die Ergebnisse intensiver Gespräche mit einzelnen Studenten und ganzen Seminargruppen in dieses Buch ein. Werfen wir zunächst aber einen Blick auf die Herausforderungen, vor die ein Studium in Deutschland Sie stellt.

Zeitmanagement

Eine der wohl größten Herausforderungen für Studierende ist es, Verantwortung für die eigene Zeiteinteilung zu übernehmen. Noch zu Schulzeiten war Ihr Tagesablauf sehr stark vorstrukturiert: Zu Beginn des Schuljahres werden Stundenpläne seitens der Schule erstellt und ausgegeben, die den Schülern nur wenig Spielraum lassen. Lediglich zusätzliche Arbeitsgemeinschaften und einige wenige Wahlfächer fallen in die Entscheidungsbefugnis der Schüler. Egal ob Sie aktuell an einer Fachhochschule oder einer Universität studieren – selbst nach Bologna fällt die Entscheidung über den Besuch von Seminaren und Vorlesungen zum Großteil in Ihren eigenen Verantwortungsbereich. Somit ist es Ihre Aufgabe, Verantwortung für den eigenen Stundenplan und die eigene Zeitgestaltung zu übernehmen.

Der Stundenplan selbst mag so aussehen, als hätten Sie eine recht angenehme, lockere Zeit. Fünfzehn oder sogar weniger Stunden können durchaus vorkommen. Nicht vergessen werden darf dabei, dass an Hochschulen oftmals der freiwillige Besuch von zusätzlich angebotenen Übungen über Bestehen und Nichtbestehen einzelner Seminare entscheiden kann. Außerdem sind die Zeiten vorbei, in denen man Ihnen während des Unterrichts die Zeit und Gelegenheit gibt, sich mit Fachtexten auseinanderzusetzen oder eigene Aufsätze zu schreiben. Für all dies müssen von nun an Sie Zeit in Ihrem Kalender finden. Der selbst gestaltete, auf den ersten Blick wenig gefüllte Stundenplan an Hochschulen bietet Ihnen die Chance, nebenbei viele Stunden für Ihren Lebensunterhalt zu arbeiten oder auch zeitaufwändigeren Hobbys nachzugehen. Er birgt allerdings auch die Gefahr, sich zu verzetteln und im Studium den Anschluss zu verpassen. Die Methoden und Tricks zu erfolgreicher Selbstorganisation im ersten Kapitel *Wenn die Uhr tickt – Selbstmanagement und Zeitplanung* können Ihnen helfen.

Hochschullehrer – ein besonderer Typ Mensch

Im Gespräch mit Studienabbrechern wurde ein Grund besonders häufig genannt: die Unzufriedenheit mit dem Lehrpersonal an Hochschulen. Am ehesten lässt sich diese Unzufriedenheit auf falsche Erwartungshaltungen zurückführen. Ein Professor oder Hochschuldozent ist alles andere als ein klassischer Lehrer, der statt Kindern und Jugendlichen eben Erwachsene mit etwas anspruchsvollerem Wissen versorgt. Die Unterschiede zwischen Ihren ehemaligen Lehrern und den Dozenten, denen Sie im Studium begegnen werden, lassen sich am besten in einer Tabelle darstellen. Bitte beachten Sie natürlich, dass es immer die Ausnahmen sind, die die Regel bestätigen.

Lehrer an Schulen	Lehrpersonal an Hochschulen
überprüfen, ob Sie Ihre Hausaufgaben auch erledigt haben	kontrollieren Ihre Hausaufgaben äußerst selten, setzen die Erledigung aber in ihren Veranstaltungen und Prüfungen voraus
erinnern Sie an Termine und Abgabefristen	erinnern Sie nur selten an Termine und noch nicht fertiggestellte Arbeiten
wissen Ihren Namen und kennen Ihre Stärken, Schwächen und Eigenheiten	kennen Sie nur selten persönlich
kommen auf Sie zu, wenn sie der Meinung sind, Sie benötigen Hilfe	sind meistens hilfsbereit, erwarten aber, dass Sie bei Problemen die Initiative ergreifen
stehen vor und nach dem Unterricht für Nachfragen und Erklärungen zur Verfügung	erwarten, dass Sie bei Fragen ihre Sprechstunde besuchen
versorgen Sie mit den Informationen, die Sie bei Krankheit verpasst haben	setzen voraus, dass Sie sich bei Abwesenheit eigenständig die versäumten Informationen beschaffen
sorgen aktiv für die Aufmerksamkeit und Konzentration einzelner und der ganzen Klasse	werden Sie nicht aktiv zur Aufmerksamkeit auffordern, registrieren Unkonzentriertheit jedoch oftmals sehr genau
verfolgen das Ziel, Ihnen Wissen zu vermitteln und Sie kleinschrittig zum Ziel zu führen	**möchten Sie zum eigenständigen Wissenserwerb anhalten und erwarten selbstgesteuertes Lernen**

Eigenständiges Lernen

An der Hochschule wird kaum ein Professor Sie regelmäßig an bevorstehende Prüfungen erinnern und ermahnen, Grundlagentexte zu lesen und sich sorgfältig auf Veranstaltungen vorzubereiten. Am Anfang des Semesters erhalten Sie in der Regel eine Übersicht mit verschiedenen Terminen und Abgabefristen – dann sind

Sie gefordert: Es liegt an Ihnen, sich bis zum Prüfungstermin den Lernstoff angeeignet zu haben und nebenbei schriftliche Arbeiten anzufertigen, Referate zu halten und für jede Seminarveranstaltung die angegebene Basislektüre durchgearbeitet zu haben. Gerade der letzte Punkt ist besonders wichtig, auch wenn viele Studierende zunächst denken, diese Texte würden in der Veranstaltung ja sowieso besprochen werden. In den meisten Fällen ist es kaum möglich, einer Vorlesung zu folgen ohne die zugrundeliegenden Texte gelesen zu haben. Außerdem sollten Sie nicht auf das Ende des Semesters warten, um in der unmittelbaren Prüfungsvorbereitung mehrere Hundert Seiten nachzulesen.

Anders als in der Schule liegt es im Studium vorrangig an Ihnen, den Lernstoff zu erschließen und zu behalten. Weder werden dies Ihre Dozenten für Sie erledigen noch kann in einer Vorlesung mit Hunderten von Studenten jeder einzelne seine Fragen stellen.

Wie Sie am effizientesten mit Vorlesungen und wissenschaftlichen Texten umgehen und maximal davon profitieren, erfahren Sie im Kapitel *Study smarter, not harder: Ratschläge zum effizienten Lernen.*

Leistungsfeststellungen

Während Sie an der Schule schlechte Zensuren in Klausuren und Prüfungen bei vielen Lehrern ausgleichen können, indem Sie immer brav Ihre Hausaufgaben erledigen und im Unterricht fleißig das Händchen heben und mitarbeiten, funktioniert dies an der Hochschule nicht. Hier sind es ausschließlich die Leistungsnachweise, die am Ende Ihre Note ausmachen. In vielen Lehrveranstaltungen findet sogar nur eine einzige Leistungsfeststellung am Ende des Semesters statt.

Leistungsfeststellungen an Hochschulen werden in der Regel in vier unterschiedlichen Formen durchgeführt:
- Referate und Vorträge, die Sie allein oder gemeinsam mit anderen Studenten in den Lehrveranstaltungen halten
- schriftliche Hausarbeiten, in denen Sie sich intensiv mit einer wissenschaftlichen Thematik auseinandersetzen
- klassische schriftliche Prüfungen, in denen Sie Fragen beantworten, Anwendungsaufgaben lösen und wissenschaftliche Fragestellungen diskutieren
- mündliche Prüfungen, zumeist gegen Ende des Studiums, in denen Sie einer Prüfungskommission bestehend aus Erst- und Zweitprüfer Rede und Antwort stehen

Bereiten Sie sich gerade auf die allerersten Prüfungen besonders gründlich vor – von vielen Lehrstühlen werden diese als Weckruf eingesetzt und besonders anspruchsvoll gestaltet. Anhand dieser Prüfungen können Sie sehr genau erkennen, was und wie viel von Ihnen im Verlauf des Semesters oder Studiums erwartet wird. Seien Sie nicht zu sehr geknickt, wenn Sie Ihre ersten Noten erhalten.

In den meisten Fällen fallen diese schlechter aus, als Sie es aus der Schule gewohnt sind.

Wie Sie mündliche und schriftliche Prüfungen erfolgreich bestehen, in schriftlichen Hausarbeiten herausragende Zensuren erzielen und in Präsentationen und Vorträgen bleibenden Eindruck hinterlassen, erfahren Sie im Kapitel *Eins mit Stern: Wie Sie herausragende Zensuren erzielen!*

Weitere Herausforderungen im Studium

Traditionell ist das Studium an Hochschulen in Semester unterteilt. In einem Semester folgen auf drei oder vier Monate Vorlesungszeit zwei oder drei Monate vorlesungsfreie Zeit. Lassen Sie die Zügel in dieser Zeit nicht allzu sehr schleifen und nutzen Sie Ihre Ferien nicht ausschließlich zur Erholung. Jetzt können Sie schriftliche Seminararbeiten fertigstellen, für Ihren Lebensunterhalt arbeiten oder an Nachholprüfungen teilnehmen. Außerdem haben Sie die Möglichkeit, Praktika zu absolvieren.

Quantität und Qualität der Praktika sind für die Personalabteilungen großer Unternehmen neben der Abschlussnote oftmals ein wichtiger Faktor bei Bewerbungen. Wie Sie Praktikumsstellen finden, eine sinnvolle auswählen und sich erfolgreich bewerben lesen Sie unter *Damit die Theorie zur Praxis passt: Von Praktika profitieren.*

Auch wenn sich seit Einführung der Bachelor- und Masterstudiengänge vieles geändert hat und das Studium stark verschult wurde, trägt der Student noch immer deutlich mehr Verantwortung als der Schüler. Dies zeigt sich nirgends so deutlich wie beim Punkt Anwesenheit. Während in Seminaren ganz klassisch Anwesenheitspflicht besteht, bleibt es in Vorlesungen und Übungen im Regelfall Ihnen überlassen, ob Sie regelmäßig teilnehmen oder nicht. Dies verleitet natürlich viele Studenten, morgens länger liegen zu bleiben oder nach dem Mittagessen in der Mensa eher den Weg ins nächstgelegene Café als in den Vorlesungssaal zu suchen. Halten Sie sich stets vor Augen, weshalb Sie Ihr Studium begonnen haben und lassen Sie sich nicht von den „falschen" neuen Freunden beeinflussen.

Früher ist nicht alles besser, aber doch einfacher gewesen: Sie sind morgens zur Schule gefahren und haben Ihr Klassenzimmer oder Ihren Seminarraum aufgesucht und dann begann der Unterricht. Hochschulen sind viel größer und dadurch auch unübersichtlicher. Der Wunsch der meisten jungen Menschen ist es, an einer Campus-Hochschule zu studieren. Hier sind alle Lehr-, Forschungs- und Verwaltungsgebäude auf einem großen Areal zusammengefasst. Oftmals wohnt ein Großteil der Studierenden auch dort. Dies hat nicht nur den Vorteil, dass die Wege sehr kurz sind, sondern führt meist auch zu einem interessanten Campusleben. An einer solchen Einrichtung werden Sie schon nach kurzer Zeit die meisten der anderen Studierenden zumindest vom Sehen her kennen, schnell neue Freunde finden und mit Sicherheit den einen oder anderen lustigen Abend verleben. Das Gegenteil ist eine Universität, bei der die einzelnen Einrichtungen aus Platzgründen über die ganze Stadt verteilt sind. Dadurch lernen Sie zwar als Zugereister diesen Ort sehr schnell kennen, müssen zwischen den Vorlesungen aber oftmals weite Wege zurücklegen und werden gerade als Erstsemester das eine oder andere Mal zu spät zu einer Veranstaltung kommen, da Sie sich verfahren oder die Entfernung unterschätzt haben. Nutzen Sie auf alle Fälle die Wochen vor Studienbeginn, um sich in Ihrer neuen Heimat etwas genauer umzusehen. Dies erleichtert nicht nur den Start ins Studium, sondern macht auch unheimlich viel Spaß.

Zehn Tipps für den Semesterstart

1. Nutzen Sie die Studienzeit nicht nur, um einen Abschluss zu erwerben und Wissen anzuhäufen, sondern sehen Sie es auch als Chance zur persönlichen Weiterentwicklung.

2. Übernehmen Sie Verantwortung für Ihre Bildung und Ihr Lernen – wenn Sie es nicht tun, wird es niemand tun.

3. Geben Sie von Beginn jedes Semesters an Gas, um nicht ins Hintertreffen zu geraten. In vielen Veranstaltungen laufen Sie sonst schnell Gefahr, den Anschluss zu verlieren.

4. Setzen Sie sich Ziele für das Semester, das Kalenderjahr und Ihr Studium – setzen Sie klare Ziele in den Bereichen Studium, Persönlichkeitsentwicklung und Berufserfahrung.

5. Bauen Sie Ihr eigenes soziales Netzwerk auf, das Ihnen Unterstützung bei Problemen bietet und in dem Sie anderen Unterstützung bieten.

6. Erstellen Sie Tages-, Wochen- und Monatspläne, um in der Fülle Ihrer Verpflichtungen nicht den Überblick zu verlieren.

7. Wollten Sie schon immer mit einem neuen Hobby beginnen? Sich das Rauchen abgewöhnen? Andere schlechte Angewohnheiten überwinden? Jetzt ist der richtige Zeitpunkt dafür – nutzen Sie den Semesterbeginn als Anlass!

8. Gründen Sie eine Studiengruppe! Bereiten Sie sich gemeinsam mit anderen auf Lehrveranstaltungen vor und lernen Sie zusammen für Prüfungen. Was eine effiziente Studiengruppe ausmacht, erfahren Sie in diesem Buch.

9. Informieren Sie sich von Anfang an über berufliche Perspektiven – nichts ist frustrierender als mitten im Studium zu realisieren, dass die Wahrscheinlichkeit einer Festanstellung oder eines ansprechenden Einkommens im von Ihnen studierten Bereich kaum gegeben ist.

10 Schnuppern Sie bereits in die Arbeitswelt hinein und finanzieren Sie Ihr Studium durch einen Nebenjob, der sich entweder im Lebenslauf gut macht oder von dem Sie über das Finanzielle hinaus in anderer Hinsicht profitieren.

Ich habe großen Wert darauf gelegt, dieses Buch einerseits so praxisnah und effektiv wie möglich zu halten und es andererseits so zu gestalten, dass es flexibel einsetzbar ist. Demzufolge wurde der Inhalt so organisiert, dass er einfachen Zugang zu den drei wichtigsten Feldern erfolgreichen Studierens ermöglicht. Selbstverständlich ist es eine gute Idee, dieses Buch von Anfang bis Ende komplett zu lesen, dabei das eigene Studienverhalten zu reflektieren und zukünftig an den angebotenen Ratschlägen auszurichten. Alternativ und unter Zeitdruck können Sie sich auch zunächst auf genau den Bereich konzentrieren, in dem bei Ihnen Ihrer Meinung nach besonders großes Verbesserungspotenzial besteht. Um diese Flexibilität zu ermöglichen, besteht dieses Buch aus drei Hauptkapiteln, die unabhängig voneinander gelesen werden können.

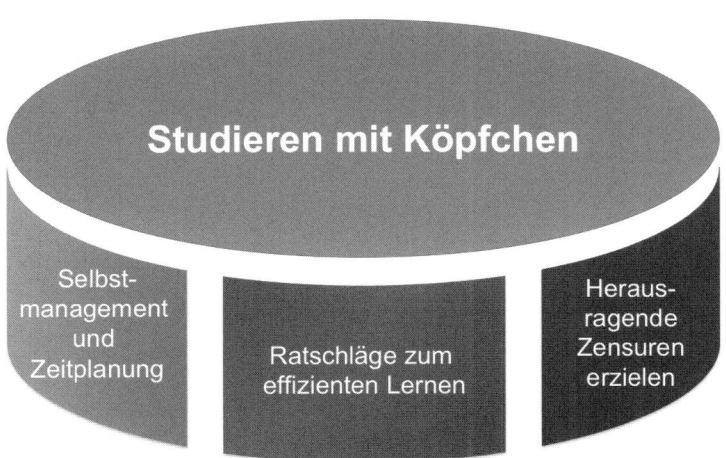

Wenn die Uhr tickt:
Selbstmanagement und Zeitplanung

Nachdem zu Schulzeiten der Großteil Ihres Tagesablaufs und Ihres Lernens fremdbestimmt waren, sind an der Hochschule Ihre Fähigkeiten im Zeitmanagement gefragt. Tatsächlich ist ein erfolgreiches Studieren ohne gutes Zeit- und Selbstmanagement kaum möglich. Viel zu häufig erfordern Abgabefristen und kurz aufeinander folgende Prüfungstermine vorausschauendes Arbeiten und langfristiges Planen. Es muss Ihnen gelingen, die anstehenden Aufgaben auf das ganze Semester zu verteilen und die zur Verfügung stehende Zeit so effizient wie möglich zu nutzen.

Sie müssen also eher lernen, sich selbst zu managen und zu organisieren, als Ihre Zeit zu managen. Lernen Sie, die zur Verfügung stehende Zeit gewinnbringend zu nutzen. Dazu bietet Ihnen dieses Kapitel nach einem Fragebogen zur Selbsteinschätzung vielfältige Hilfe:

1 Erfahren Sie, was Ihrer Motivation schaden kann und wie Sie Ihre Motivation auch dann hochhalten, wenn Schwierigkeiten auftreten.

2 Setzen Sie Wochen- und Semesterpläne sinnvoll und zielgerichtet ein.

3 Nutzen Sie die drei wichtigsten Werkzeuge erfolgreichen Selbstmanagements, um Prioritäten zu setzen und Ihre Arbeit zu organisieren.

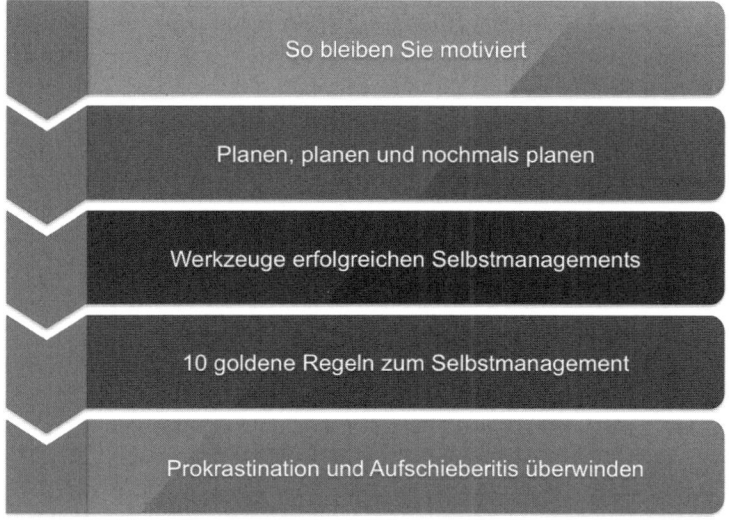

So bleiben Sie motiviert

Planen, planen und nochmals planen

Werkzeuge erfolgreichen Selbstmanagements

10 goldene Regeln zum Selbstmanagement

Prokrastination und Aufschieberitis überwinden

Testen Sie sich selbst

Testen Sie sich selbst und finden Sie heraus, wie effektiv Sie aktuell Ihre Zeit nutzen. Kreuzen Sie bei jeder der Aussagen an, in welchem Maße diese für Sie zutrifft. Dabei steht 1 für „trifft absolut nicht zu" und 5 für „trifft absolut zu".

	1	2	3	4	5
Es fiele mir schwer, meine Ziele im Leben jetzt und hier sofort aufzuschreiben.				X	
Die meiste Zeit stehe ich unter Zeitdruck.				X	
Es fällt mir schwer, Abgabetermine einzuhalten und pünktlich zu Verabredungen zu erscheinen.					X
Häufig schreibe ich neue To-do-Listen, obwohl die alten noch nicht abgearbeitet sind.					X
Für das Studium arbeite ich immer dann, wenn ich gerade Zeit habe.			X		
Ich setze Prioritäten in Abhängigkeit von der Dringlichkeit der Aufgaben, nicht in Abhängigkeit von deren Wichtigkeit.					X
Selbst wenn Abgabetermine in weiter Ferne sind, gerate ich gegen Ende unter Zeitdruck.					X
Ich weiß, dass Zeitmanagement eine meiner Schwächen ist.					X
Ich nutze die Zeiten nicht gezielt, zu denen ich besonders produktiv bin.					X
Wenn ich eine kurze Pause einlegen will, passiert es häufig, dass daraus Stunden werden.					X
Einen Terminplaner verwende ich nicht.					X
Terminplaner besitze ich viele, aber nach wenigen Tagen gebe ich es auf, sie zu nutzen.	X			X	
Einige für mich typische Gewohnheiten verhindern, dass ich meine Zeit effizient nutze.					X
Bereits kleine Störungen unterbrechen meine Tätigkeit für längere Zeit.					X
Eigentlich kenne ich die Ziele, die ich im Studium verfolge, nicht wirklich.					X
Unangenehme Dinge schiebe ich lange Zeit vor mir her.					X
Ich verwende keine Techniken zum Zeitmanagement.					X

	1	2	3	4	5
Wenn ich arbeite, dann arbeite ich an mehreren Aufgaben gleichzeitig.					X
Wenn ich arbeite, strebe ich nicht nur nach hoher Qualität, sondern nach Perfektion.				X	
Ich habe das Gefühl, von Aufschieberitis (Prokrastination) betroffen zu sein.					X
Mein Smartphone schalte ich nie/nur zum Schlafen aus.					X
In sozialen Netzwerken bin ich rund um die Uhr aktiv.					X
Meine Pausen gestalte ich nur selten bewusst und gezielt.					X
Häufig habe ich das Gefühl, nicht Herr meiner eigenen Zeit zu sein.					X
Besonders störungsfreie Zeiten habe ich nicht für besonders wichtige Aufgaben reserviert.					X

Wenn Sie mit der Beantwortung des Fragebogens fertig sind, werten Sie diesen folgendermaßen aus: Für ein Kreuz in der ersten Spalte geben Sie sich einen, für ein Kreuz in der zweiten Spalte zwei Punkte und so weiter. Addieren Sie die erreichten Punkte. Bei 25 Aussagen, die von Ihnen zu bewerten sind, lassen sich so maximal 125 Punkte erzielen.

Sollten Sie auf mehr als 80 kommen, besteht bei Ihrem Zeitmanagement enormes Potenzial für Verbesserungen. Aller Voraussicht nach werden Sie von den folgenden Seiten besonders stark profitieren. Lesen Sie die beschriebenen Techniken zum Zeitmanagement genau und integrieren Sie diese in ihren Alltag.

So bleiben Sie motiviert

Anders als in der Schule ist es im Studium wichtig, sich selbst motivieren und eigenständig Ziele setzen zu können. Nicht länger sind es Lehrkräfte, die den Entertainer spielen und versuchen, ihr Wissen an den Mann zu bringen und Sie zum Lernen zu verführen. Motivation ist die persönliche Ressource, die Ihnen Energie gibt, Sie antreibt und Ihnen hilft, selbst schwierige Herausforderungen erfolgreich zu bewältigen.

Lassen Sie uns zunächst einen Blick auf die Faktoren werfen, die die Motivation Studierender negativ beeinflussen:

Fünf Aspekte niedriger Motivation

1 Fehlende Ziele und Interessen: Motivation ist keine konstante Größe, sondern stark abhängig von den zu erledigenden Aufgaben. Natürlich ist Ihre Motivation, eine Bachelorthesis anzufertigen, deutlich größer, wenn Sie für die Themenstellung brennen oder Ihnen bewusst ist, wie wichtig diese für eine Anstellung bei einem tollen Arbeitgeber ist.

2 Wenig motivierende Aufgaben: Leider sind nicht alle Themen spannend, die Ihnen im Laufe Ihres Studiums begegnen werden. Monotone, langweilige Aufgaben senken natürlich Ihre Motivation. Gleiches gilt auch für Aufgaben, bei denen Verständnisprobleme bestehen.

3 Gruppendruck und Rebellion: Einige Studierende lassen sich negativ von anderen beeinflussen und demotivieren. Aber auch Rebellion gegen die von Dozenten und Professoren übertragenen Aufgaben oder das von den Eltern geforderte Studium generell führen zu niedriger Motivation.

4 Nebenjobs und Hobbys: Einmal ausgezogen verdienen viele während des Studiums erstmalig ihr eigenes Geld. Dies kann dazu führen, dass der Nebenjob zur Hauptbeschäftigung mutiert und das Studium immer unwichtiger wird. Ebenso kann die große Begeisterung für eine Sportart, ein neues Hobby oder das studentische Nachtleben die Motivation für das Studium senken.

5 Aufschieberitis und Versagensängste: Diese beiden Aspekte sollen hier lediglich genannt werden. Da Studenten zunehmend von diesen beiden Problemen betroffen sind, wird Ihnen jeweils ein eigenes Kapitel gewidmet.

Nutzen Sie die eben angesprochenen Punkte und hinterfragen Sie sich selbst, sobald Sie das Gefühl haben Ihre Motivation lasse nach. Vielleicht erkennen Sie sich in dem einen oder anderen Punkt wieder und können diesen ändern. Noch wichtiger jedoch ist es, Ihre Motivation positiv zu beeinflussen:

Fünf Wege zu maximaler Motivation

Setzen Sie sich realistische Ziele.

Es ist schwierig die Motivation hochzuhalten, wenn die Arbeit uns nichts bedeutet. Realistische Ziele, die wir uns setzen, geben uns die Richtung vor und halten unsere Motivation hoch. Wie eine Landkarte oder ein Navigationssystem können Ziele uns durch das Studium führen. Große, langfristige Ziele sind zu vergleichen mit unseren Zielorten: Sie geben die Richtung vor. Kurzfristige Ziele hingegen funktionieren wie Checkpoints. Sie zu erreichen gibt uns die Bestätigung, dass wir noch immer auf dem richtigen Weg sind.

Belohnen Sie sich.

Belohnungen funktionieren! Auch bei uns Erwachsenen. Indem Sie sich selbst belohnen, sobald Sie eines Ihrer Ziele erreicht oder eine Aufgabe erledigt haben, halten Sie Ihre Motivation hoch. Diese Belohnung muss nichts Großartiges sein. Es reicht schon, wenn Sie sich beispielsweise nach einer intensiven Lerneinheit ein leckeres Abendessen gönnen oder die Abgabe Ihrer Hausarbeit mit einem Kinoabend feiern.

Gönnen Sie sich Pausen und variieren Sie Ihre Arbeit.

Selbstverständlich kann es im Studium nicht nur Aufgaben geben, für die wir brennen. Neben all den Dingen, an die wir mit großer Leidenschaft herangehen und für die wir gerne Nachtschicht um Nachtschicht einlegen, stehen natürlich auch unangenehme Aufgaben an. Halten Sie Ihre Motivation auch bei langweiligen, monotonen Aufgaben hoch, indem Sie regelmäßige Pausen einlegen. Eine andere Möglichkeit ist es, zwischen herausfordernden und langweiligen Tätigkeiten abzuwechseln.

Finden Sie geeignete Lernpartner.

Die Bildung von Lerngruppen kann sich sehr positiv auf Ihre Motivation auswirken, kann allerdings auch das Gegenteil leisten. Beginnen Sie zunächst, mit nur einem anderen Studenten zusammen zu arbeiten. Wenn die Zusammenarbeit funktioniert, können Sie sich im Laufe der Zeit vergrößern und eine richtige Lerngruppe bilden. Legen Sie großen Wert auf die Auswahl Ihrer Partner: es ist nicht Ihr Ziel, unmotivierte, chaotische Studenten durch das Studium zu schleppen. Mehr zur Bildung einer effizienten Studiengruppe erfahren Sie im Kapitel „Study smarter – not harder".

Erstellen Sie einen guten Stundenplan.

Anders als in der Schule haben Sie großen Einfluss auf die Gestaltung Ihres Stundenplans. Investieren Sie dafür zu Semesterbeginn lieber etwas mehr Zeit. Wenn Sie als Langschläfer sich an drei Tagen pro Woche für eine Veranstaltung einschreiben, die morgens um acht Uhr beginnt, müssen Sie sich nicht wundern, wenn Sie am Semesterende aufgrund zu hoher Fehlzeiten zu einigen Prüfungen nicht zugelassen werden. Achten Sie darauf, Ihre Veranstaltungen so über die Woche zu verteilen, dass Sie ausreichend Zeit für anderes haben. Auch der fleißigste Studierende braucht einen Ausgleich.

Planen, planen und nochmals planen

Erfolgreiches Selbstmanagement beinhaltet sowohl die anstehenden Tätigkeiten zu priorisieren als auch parallel an mehreren Aufgaben zu arbeiten. Gerade die

Wichtigkeit einzelner Aufgaben zu beurteilen, ist im Studium nicht immer einfach. Oder können Sie auf Anhieb entscheiden, was heute wichtiger ist:
- die wenig aufwändige Vorbereitung eines Referates, das in 14 Tagen gehalten werden muss oder
- das Lernen auf eine umfangreiche Prüfung, die in vier Wochen ansteht?

Um erfolgreich Prioritäten setzen und zielgenau arbeiten zu können, ist es notwendig, dass Sie mit kurzfristigen Wochenplänen ebenso arbeiten wie mit langfristigen Plänen.

Langfristige Planung

Ein Semesterplaner hinter dem Schreibtisch, über dem Bett oder an der Küchenwand gibt Ihnen die Möglichkeit, Ihre Verpflichtungen langfristig zu planen. Kontinuierlich erinnert er Sie an anstehende Termine und Abgabefristen.
- Platzieren Sie Ihren Semesterplaner so, dass Sie ihn bei der Arbeit ständig im Blick haben.
- Tragen Sie alle studienrelevanten Termine ein, sobald diese Ihnen mitgeteilt werden.
- Kalkulieren Sie, wie lange Sie benötigen werden, um die einzelnen Aufgaben zu erledigen. Gehen Sie mit Ihrer Zeit eher großzügig um und planen Sie lieber mehr ein als zu wenig.
- Denken Sie daran, dass im Laufe der Zeit vermutlich noch zusätzliche Aufgaben hinzukommen werden. Verplanen Sie deshalb zunächst nicht jede freie Minute.
- Setzen Sie sich klare Termine, zu denen Sie mit den einzelnen Aufgaben beginnen. Je mehr Tätigkeiten parallel erledigt werden müssen, desto früher müssen Sie mit jeder einzelnen beginnen.
- Zeichnen Sie farbige Linien von jedem einzelnen vorgegebenen Abgabe- und Prüfungstermin zum jeweils von Ihnen gewählten Beginn der Vorbereitung darauf. Auf diese Art und Weise wissen Sie stets, an welchen Aufgaben Sie arbeiten sollten.

Erfolgreiche Wochenplanung

Selbstverständlich können Sie als Wochenplan jeden üblichen Wochenplaner verwenden. Alternativ steht Ihnen eine Kopiervorlage unter www.utb-shop. de/9783825243166 zur Verfügung.
- Tragen Sie zunächst all Ihre zeitintensiven Verpflichtungen im Studium ein: Vorlesungen, Seminare, Tutorien.
- Anschließend notieren Sie Ihre Arbeitszeiten, wenn Sie Ihr Studium selbst finanzieren,

- tragen Trainingszeiten und Ähnliches ein, wenn Sie regelmäßig Hobbys nachgehen,
- notieren familiäre Verpflichtungen und
- Schlafenszeiten.

Durch diese Einträge ist ein Großteil der Woche bereits verplant, ohne dass Sie dies beeinflussen können. Die freien Felder beziehungsweise Zeiträume zeigen Ihnen, wie viel Zeit für eigenständiges Studieren zur Verfügung steht. In einem zweiten Schritt markieren Sie die frei gebliebenen Stellen und tragen die konkreten Tätigkeiten ein, die in Ihrem Studium anstehen.

Nutzen Sie auch kleine Zeitfenster

Viele Studierende sitzen dem Irrtum auf, sinnvolles Arbeiten sei nur möglich, wenn ihnen mehr als ein oder zwei Stunden am Stück zur Verfügung stehen. Die meisten gehen davon aus, dass es sich erst gar nicht lohnt Aufgaben anzugehen, wenn lediglich wenige Minuten zur Verfügung stehen. Mit ein wenig Übung können aber selbst zehn oder 15 Minuten sinnvoll genutzt werden. Nutzen Sie einfach unterschiedliche Zeitfenster für unterschiedliche Tätigkeiten:

kleine Zeitfenster (< 1 h)	mittlere Zeitfenster (1 – 2 h)	größere Zeitfenster (> 2 h)
Mitschriften aus Vorlesungen wiederholen, zusammenfassen, ergänzen	ausführliches Wiederholen, Zusammenfassen und Lernen von Mitschriften	intensive, abwechslungsreiche Lerneinheiten für bevorstehende Prüfungen
kurze Texte lesen, längere Texte vorab überfliegen (Preview Skimming)	Vorbereitung von Seminarveranstaltungen durch Lesen der angegebenen Texte	Arbeit an einer Präsentation oder einem Vortrag
einzelne Prüfungsthemen wiederholen (bspw. anhand von Karteikarten)	intensives Lernen für Prüfungen	intensives Lernen für Prüfungen
Bildersuche für Präsentationen	konzentriertes Lesen einschließlich Erstellen von Notizen und Zusammenfassungen	intensives Studieren umfangreicher/vieler Texte
Brainstorming für eine wissenschaftliche Arbeit	Arbeit an einer größeren schriftlichen Arbeit	Arbeit an einer größeren schriftlichen Arbeit

eine schriftliche Hausarbeit Korrektur lesen	Literaturrecherche für schriftliche Arbeit, Vortrag oder Prüfungsvorbereitung	intensive Arbeitssitzung in der Bibliothek
In diesem Bereich bietet es sich an, Fahrten mit Öffentlichen Verkehrsmitteln oder Mittagspausen zu nutzen.	**Ein- bis zweistündige Arbeitsphasen sind ideal für hochkonzentriertes Arbeiten.**	**Stehen besonders lange Zeitspannen für Arbeiten zur Verfügung, sollten Sie von vornherein Pausen einplanen, um konzentriert arbeiten zu können.**

Werkzeuge erfolgreicher Selbstorganisation

Pareto-Prinzip – oder sich auf das Wichtige konzentrieren

Das Pareto-Prinzip kann Ihnen helfen, sich im Studium auf die Dinge zu konzentrieren, die Ihnen den größten Nutzen bringen. Die so genannte 80-20-Regel geht ursprünglich auf den italienischen Ökonomen und Volkswirtschaftler Wilfredo Pareto zurück, der der Erzählung nach als begeisterter Hobbygärtner im Italien des 19. Jahrhunderts eine interessante Entdeckung machte: 20 % der Bäume und Sträucher in seinem Garten lieferten ganze 80 % des gesamten Ertrags. Dieses Prinzip konnte er auch in anderen Bereichen beobachten und auf ökonomische Zusammenhänge übertragen.

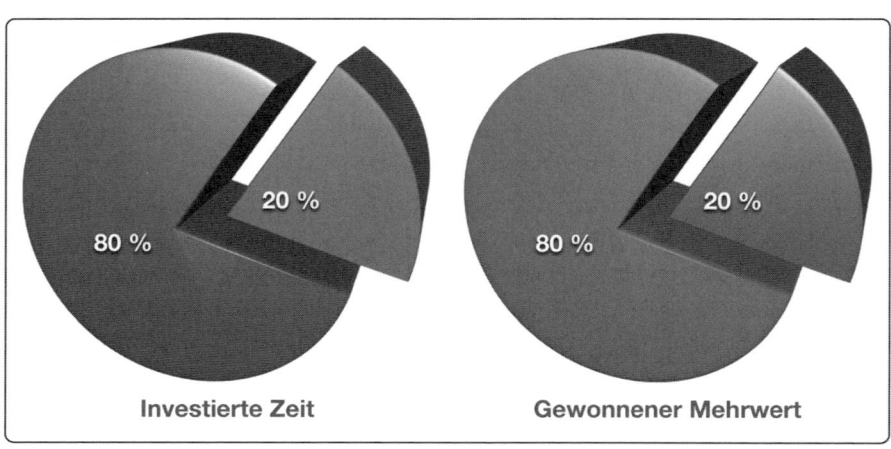

Investierte Zeit   Gewonnener Mehrwert

Pareto formulierte dieses Prinzip folgendermaßen:

„In einer beliebigen Menge von Elementen, die etwas bewirken sollen, bewirkt immer eine zahlenmäßig kleine Menge von Elementen den größten Effekt" (Sombart 67)

Noch heute findet sich die 80-20-Regel beispielsweise durch Aggteleky (1982) und Pfeifer (2001) in der Welt der Ökonomie bestätigt:

- 20 % der Kunden generieren 80 % des Umsatzes.
- In 20 % der für Konferenzen aufgewandten Zeit werden 80 % der Beschlüsse gefasst.
- Im Sales-Bereich erwirtschaften 20 % der Verkäufer 80 % des Gewinns.
- 80 % der Kaufanfragen beziehen sich auf 20 % der Artikel des Sortiments.

Einfacher, zeitgemäßer und auf den Bereich der Selbstorganisation übertragen, ließe sich Paretos Regel folgendermaßen formulieren: Bei zielgerichteter Zeitplanung sollten 80 % der Ergebnisse in 20 % der Zeit zu erreichen sein.

So profitieren Sie vom Pareto-Prinzip

Viele Studierende vergeuden viel Zeit, in dem sie sich mit Nebensächlichkeiten aufhalten, die keinen wirklichen Erfolg versprechen:

- Bei einer Seminararbeit wird großer Wert auf die farbige Gestaltung der Abbildungen gelegt, obwohl ausschließlich der Inhalt bewertet werden wird.
- Ein Studierender investiert Zeit und Geld, um die Arbeit professionell binden zu lassen, obwohl der korrigierende Dozent ausdrücklich darauf hingewiesen hat, dass die Abgabe in einem Schnellhefter ausreichend ist.
- Viel Zeit wird mit der Suche nach einem noch besser geeigneten Bild für eine Präsentationsfolie verschwendet, obwohl der Referent inhaltlich noch unsicher ist.

All diese Dinge sind schön und gut und hätten Ihnen in der Grundschule sicherlich ein Sternchen oder Fleißbildchen eingebracht. In der Welt der Hochschule jedoch bedeutet dies nur, dass Sie viel Zeit damit verbracht haben, Perfektion zu erreichen ohne dass Sie dafür in guten Noten belohnt werden.

Wenn wie im Diagramm gezeigt nach der 80-20-Regel bereits 20 % an aufgewendeter Zeit und Energie 80 % des Erfolgs ausmachen, stellt sich bei vielen Projekten die folgende Frage: Ist es wirklich sinnvoll, die restlichen 80 % Aufwand zu betreiben, nur um ein minimal besseres Ergebnis zu erzielen und Perfektion zu erreichen? Mit anderen Worten: Wenn eine in kürzester Zeit geschriebene, inhaltlich tadellose Seminararbeit ausreicht, um eine 1,0 oder 1,3 zu erreichen, ist es dann wirklich sinnvoll, Unmengen an Zeit zu investieren, um Sie mit passenden Bildern zu illustrieren oder perfekt zu formatieren?

Bitte betrachten Sie die Angabe der Prozentwerte bei Pareto nicht als absolute mathematische Größen, sondern lediglich als Richtwerte. Dies gilt für ökonomische Zusammenhänge, mehr noch jedoch für den Bereich der Selbstorganisation. Versuchen Sie zu verinnerlichen, dass Sie von unterschiedlichen Aufgaben in unterschiedlichem Ausmaß profitieren und Sie Ihre Zeit und Mühe natürlich besonders ertragreich in die Aufgaben investieren, die großen Einfluss auf Ihre Noten haben.

So setzen Sie Paretos Prinzip um

Wenngleich die bei Pareto genannten Prozentsätze nicht als fixe Größen zu sehen sind, weisen sie doch auf etwas ganz Zentrales hin:

> DIE MEISTEN STUDENTEN KÖNNEN MIT WESENTLICH
> WENIGER AUFWAND SEHR GUTE ERGEBNISSE ERZIELEN.

Stehen Ihnen für eine Seminararbeit zwei Monate Zeit zur Verfügung, in denen sie normalerweise intensiv an Ihrem Schriftstück feilen würden, so setzen Sie sich eine persönliche Deadline von maximal zwei Wochen. Natürlich erscheint es auf den ersten Blick kaum möglich, in dieser Zeit eine qualitativ gute Arbeit zu erstellen. Doch mit etwas Planung wird es Ihnen gelingen.

Schreiben Sie dazu zunächst all die Aufgaben zusammen, die zwingend notwendig erledigt werden müssen. Sie werden feststellen, so viele sind dies gar nicht. Viele kleine Teilaufgaben lassen sich problemlos streichen, ohne dadurch die Qualität der Seminararbeit nennenswert negativ zu beeinflussen. Allein das liebevolle Gestalten von Kopf- und Fußzeile und Abbildungen hat keinen Einfluss auf die Note, kann jedoch ganze Nächte füllen.

Gewöhnen Sie sich ab, zu viel Zeit mit unwichtigen Details zu vergeuden und Dinge zu tun, die nicht wirklich gewinnbringend sind. Sein Studium und seinen Alltag nach der 80-20-Regel zu gestalten, bedeutet auch, auf Bequemlichkeiten wie beispielsweise auf zielloses Surfen im Internet zu verzichten.

Verweisen Sie Ihren eigenen Perfektionismus in die Schranken

Auf den ersten Blick und in der Theorie scheint die Pareto-Regel ja ganz einleuchtend, aber für Sie ist das natürlich nichts? Sich mit 80 % zufrieden zu geben, ist nicht Ihr Ding? Nehmen Sie sich eine Minute Zeit und hinterfragen Sie dieses Denken. Perfektionismus klingt auf den ersten Blick sehr positiv und scheint maximalen Erfolg zu versprechen. In der Realität jedoch wird er Sie früher oder später in Wahnsinn und Burn Out treiben und Ihrem Erfolg sogar schaden. Wenn Sie stets nach Perfektion streben und bei jeder einzelnen Aufgabe 100 Prozent erreichen wollen, bereiten Sie sich selbst ein Maximum an Stress und vergeuden Energie, Zeit und Arbeitskraft.

Gerade bei den 80 % der Aufgaben, die nur wenig Gewinn versprechen, ist Perfektionismus unnötig. Geben Sie sich bei diesen schon zufrieden, lange bevor Sie Perfektion erreicht haben. Genießen Sie die dadurch freigewordene Zeit oder widmen Sie sich lieber anderen Aufgaben, aus denen Sie mehr Profit ziehen.

Führen Sie sich vor Augen, wie viel Zeit und Energie Sie einsparen, wenn Sie sich wenigstens bei einigen Aufgaben darauf beschränken nur die wichtigsten Teilschritte zu erledigen. Beginnen Sie ganz langsam und stellen Sie das Pareto-Prinzip auf die Probe. Wenden Sie es zunächst nur bei kleinen, weniger wichtigen Dingen an. Geben Sie sich doch beispielsweise bei einer E-Mail mit den *passenden* Worten zufrieden und verzichten darauf, minutenlang nach den *besten* Worten zu suchen.

Unbewusst neigen viele Menschen dazu, die Wichtigkeit einer Aufgabe anhand der investierten Zeit zu bemessen. Viele Studierende betrachten eine Aufgabe als umso wichtiger, je mehr Zeit sie in diese investieren. Logisch betrachtet ist allerdings jedem klar, dass der Stellenwert einer Leistung nicht allein dadurch größer wird, dass Sie sich dabei besonders viel Mühe gegeben haben. Macht die Note der Bachelorarbeit 15 Prozent der Gesamtnote aus, so ändert sich dieser Prozentsatz nicht, egal ob Sie Ihre Arbeit in wenigen Tagen fertig stellen oder Sie über Monate hinweg sorgfältig daran arbeiten. Gewinnbringender kann es sein, hier Zeit und Energie einzusparen und in die Vorbereitung auf Prüfungen zu investieren. Lösen Sie sich von dem Denken, die Wichtigkeit einer Aufgabe an der investierten Zeit festzumachen. Legen Sie vorab genau die Zeit fest, die Sie bereit sind in eine Aufgabe zu investieren.

Außerdem beeinflusst in der Wahrnehmung Studierender die für eine Aufgabe zur Verfügung stehende Zeit den dafür zwingend nötigen Aufwand. So wird in der Regel für ein Referat, dessen Termin weit im Voraus feststeht, deutlich mehr Zeit investiert als in ein Referat, das bereits 14 Tage nach Bekanntgabe des Termins zu halten ist. In den seltensten Fällen jedoch verbessern sich dadurch Qualität und Note.

Gewöhnen Sie sich an, im Vorfeld einer Arbeit deren Stellenwert und den wirklich benötigten Zeitbedarf sorgfältig abzuschätzen.

ABC-Analyse – Prioritäten setzen

Die ABC-Analyse kann als Grundlage für die praktische Anwendung des Pareto-Prinzips dienen. In der Selbstorganisation wird sie eingesetzt, um einzelne Aufgaben hinsichtlich ihres Verhältnisses von Aufwand zu Ertrag zu kategorisieren. Dadurch ermöglicht sie eine zielgenaue Zeitplanung und Selbstorganisation und hilft Ihnen, Ihre Zeit und Energie gezielt in die Aufgaben zu investieren, von denen Sie maximal profitieren.

Kategorisierung und Nutzung

Die ABC-Analyse teilt die zu erledigenden Aufgaben in drei Kategorien ein:

Kategorie A – hohe Wichtigkeit

1 In dieser Gruppe finden sich die Aufgaben, die zwingend zu erledigen sind. In der Berufswelt kommt eine derartige Einstufung entweder durch klare Anweisungen von Vorgesetzten oder eindeutige Bedürfnisse wichtiger Kunden und Klienten zustande. Im Rahmen des Studiums fallen in diese Kategorie Aufgaben mit einer klaren Deadline und solche, die besonders große Auswirkungen auf den Studienerfolg haben. So fällt die Vorbereitung eines benoteten Vortrags inklusive der Erstellung von Präsentation und Handout in diese Kategorie.

Kategorie B – normale, durchschnittliche Wichtigkeit

2 Mittlere Bedeutung wird den Aufgaben zugewiesen, die zwar zum Erfolg beitragen, diesen jedoch nicht alleine ausmachen. Sie sind nicht grundlegend für Bestehen und herausragende Zensuren. Als Beispiele für diese Kategorie können freiwillige Leistungen sowie die ansprechende Formatierung eines Handouts und die Suche nach weiterführender Literatur bei einem Referat genannt werden.

Kategorie C – geringe Wichtigkeit

3 In die Kategorie C fallen all die Aufgaben, die nur wenig zu Ihrem Erfolg beitragen und somit geringe Wertigkeit besitzen. Meist handelt es sich um Aufgaben, die Vergnügen bereiten, wenig anstrengend sind und keine große Herausforderung darstellen. Ein Indikator für diese Aufgaben ist, dass sie sich erledigen lassen, während nebenbei das Fernsehen läuft. Die aufwändige Internetsuche nach geeigneten Bildern, mit denen ein Vortrag aufgepeppt werden soll, fällt ebenso in diese Kategorie wie das neu Formatieren von Überschriften einer Hausarbeit: Beide Tätigkeiten können gestrichen oder hintenangestellt werden, ohne dass dadurch der Erfolg beeinflusst wird.

Ihre Arbeit mit der ABC-Analyse

Selbstverständlich ist die Einstufung einzelner Aufgaben nicht endgültig, sondern flexibel. In welche Kategorie eine Tätigkeit eingestuft wird, hängt vor allem vom jeweiligen Zeitpunkt ab, an dem diese Liste erstellt wird. Aufgaben, die heute nur in die Kategorie B fallen, können morgen bereits mit A klassifiziert werden.

Acht Wochen vor Abgabetermin einer schriftlichen Seminararbeit fällt die Literaturrecherche lediglich in Kategorie B – langsam aber sicher sollte damit begonnen werden. Rückt die Deadline jedoch näher, wird die Literatursuche immer dringlicher und wandert langsam und unaufhaltsam in Kategorie A. Sie muss nun erledigt werden, da sie zentrale Voraussetzung für das Schreiben der Seminararbeit ist und somit grundlegend für das Bestehen des Semesters. Andererseits kann eine in Kategorie B eingeordnete Aufgabe in Kategorie C wandern, wenn sich die Rahmenbedingungen ändern und beispielsweise ein Dozent die Ausgabe eines Handouts den Referenten freistellt.

Ähnlich wie bei der 80-20-Regel wird auch in der ABC-Analyse davon ausgegangen, dass die wirklich wichtigen und dringlichen Aufgaben nur einen geringen Anteil aller Tätigkeiten ausmachen. Es liegt in der Natur der Dinge, dass sehr wichtige Tätigkeiten (A-Aufgaben) einen höheren Wirkungsgrad haben als weniger wichtige (B-Aufgaben), so dass Ihre Zeit und Energie hier sinnvoller investiert sind.

Eisenhower-Matrix – Wie Sie sich organisieren

Das Eisenhower-Prinzip ist nach Pareto- und ABC-Methode der folgerichtige dritte Schritt auf dem Weg zu erfolgreicher Selbstorganisation: Bislang haben Sie mit dem Pareto-Prinzip die Notwendigkeit kennengelernt, Ihren Fokus auf die Aufgaben zu legen, die Ihnen den größten Nutzen versprechen, während Ihnen die ABC-Methode hilft, die anstehenden Aufgaben nach der jeweiligen Wichtigkeit zu sortieren. Im Alltag jedoch reicht diese Einteilung oftmals noch nicht aus, da Arbeitswelt und Studium meist stark von Termindruck und Abgabefristen geprägt sind. Dabei verlieren viele Studenten eines schnell aus den Augen:

DIE WICHTIGKEIT EINER AUFGABE HAT NICHTS
MIT DEREN DRINGLICHKEIT ZU TUN!

Eine reine Orientierung an der Dringlichkeit, wie sie das Studium oftmals zu erfordern scheint, führt schnell dazu, dass die Wichtigkeit der einzelnen Aufgaben in den Hintergrund tritt. Sie kommen in die Situation, wie ein Hamster im Laufrad schneller und schneller zu arbeiten, um wenigstens die anstehenden Deadlines einzuhalten. Sie wenden Ihre Zeit und Energie auf, um unmittelbar anstehende C-Aufgaben zu erledigen, während wirklich wichtige A-Aufgaben aufgeschoben werden und unerledigt bleiben. Gerade wenn Sie sehr ehrgeizig sind, laufen Sie Gefahr, sich in Nebensächlichkeiten zu verzetteln, da Sie sich nicht erlauben, Dinge unerledigt zu lassen.

Hier sorgt das Eisenhower-Prinzip für Abhilfe, das sowohl Wichtigkeit als auch Dringlichkeit in die Bewertung der anstehenden Tätigkeiten einbezieht. Ihr Ziel sollte es sein, sich weniger von der Dringlichkeit anstehender Tätigkeiten leiten zu lassen und vielmehr von deren Wichtigkeit. Fragen Sie sich bei einer neu hinzugekommenen Aufgabe ganz konkret: Ist dies wirklich wichtig für meinen Erfolg oder ist es nur dringend?

Die vier Kategorien der Eisenhower-Matrix

Wie die Abbildung zeigt, integriert die Eisenhower-Methode die Dimensionen Dringlichkeit (von *sehr dringlich* bis *nicht dringlich*) auf der x-Achse und Wichtigkeit (von *sehr wichtig* bis *unwichtig*) auf der y-Achse. Daraus ergeben sich die vier Quadranten I bis IV.

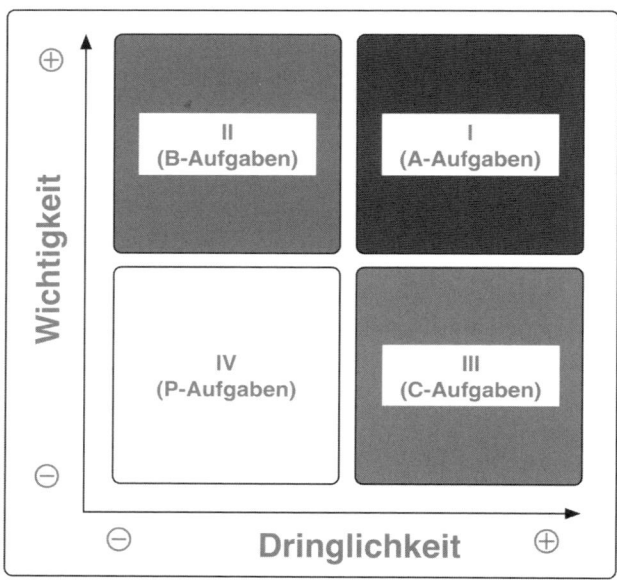

Quadrant I – wichtig und dringlich:
In diesen Quadranten fallen die klassischen A-Aufgaben der ABC-Analyse, die wichtig sind und sofort erledigt werden müssen. Stehen diese Tätigkeiten an, müssen Sie unmittelbar aktiv werden, da Sie ansonsten unangenehme Konsequenzen zu tragen haben.

Bei der Pareto-Methode haben Sie erfahren, dass es einige wenige Aufgaben sind, die Ihren Erfolg besonders stark beeinflussen. Diese Aufgaben finden Sie vor allem in diesem Bereich der Eisenhower-Matrix. Konzentrieren Sie sich auf diese Aufgaben und optimieren Sie Ihren Erfolg. Wählen Sie hierzu eine Tageszeit, zu der Sie besonders leistungsfähig sind und hochkonzentriert arbeiten können. Stellen Sie sicher, dass Sie während der Erledigung der A-Aufgaben ungestört und ohne Unterbrechung arbeiten können – legen Sie Ihr Mobiltelefon zur Seite und stellen Sie die automatische Benachrichtigung für eingehende E-Mails ab.

Typische Beispiele für diesen Sektor sind anstehende Termine und ungelöste Probleme, für Studierende vor allem nicht eingehaltene Abgabetermine für Seminararbeiten, nicht wahrgenommene Besprechungs- und Prüfungstermine und sonstige von Professoren und Dozenten gesetzte Deadlines.

Quadrant II – wichtig, jedoch nicht dringlich:
Die große Stärke des Eisenhower-Prinzips zeigt sich vor allem in Quadrant II. Hier sammeln sich die B-Aufgaben an, die zwar wichtig, zum jetzigen Zeitpunkt jedoch nicht dringlich sind. Wenn Sie dazu neigen, schlecht organisiert zu arbeiten, werden diese Aufgaben häufig zu kurz kommen. In den meisten Fällen orientieren Studierende sich nämlich an der Dringlichkeit und stürzen sich nach den A-Aufgaben sofort auf die wenig wichtigen C-Aufgaben.

Die Eisenhower-Methode gibt Ihnen die Möglichkeit, die B-Aufgaben langfristig zu planen. Sie sollten unter ähnlich guten Arbeitsbedingungen erledigt werden wie die Aufgaben aus Quadrant I: in möglichst störungsfreier Atmosphäre. Planen Sie die Erledigung dieser Tätigkeiten gründlich und terminieren Sie die Einzelaufgaben genau. Planen Sie täglich Zeit für die Aufgaben in diesem Quadranten ein und gehen Sie die B-Aufgaben an, sobald keine A-Aufgaben anstehen.

Diese Vorgehensweise hilft Ihren Stress im Alltag zu minimieren, da Sie viele wichtige Aufgaben erledigt haben, bevor diese dringend werden und Sie unter Druck setzen.

Quadrant III – dringlich, jedoch nicht wichtig:
Die C-Aufgaben in Quadrant III werden von weniger gut strukturierten Studierenden aufgrund ihrer Dringlichkeit vorrangig behandelt, obwohl sie kaum Einfluss auf ihren Studienerfolg haben. Allein die Tatsache, dass ein Abgabetermin oder eine Deadline näher rückt, gibt ihnen das Gefühl, die zu erledigende Aufgabe sei besonders wichtig. In diese Kategorie fallen oftmals die folgenden Tätigkeiten:
• Anrufe und eingehende E-Mails
• Besprechungen mit anderen Studierenden, bspw. in der Vorbereitung von Referaten
• viele wenig fordernde Tätigkeiten, bspw. die Neuformatierung einer schriftlichen Hausarbeit
Im Berufsalltag, vor allem in Führungspositionen, würde man die Erledigung dieser Aufgaben und die damit verbundene Verantwortung an Mitarbeiter delegieren. Im Studium ist dies meistens bei Teilaufgaben möglich, die im Rahmen von Gruppenarbeiten anfallen. Schrecken Sie nicht davor zurück, innerhalb der Gruppe die Führungsrolle zu übernehmen und für eine sinnvolle Aufgabenverteilung zu sorgen. Die anderen Studierenden werden dankbar dafür sein.

Auch wenn es die Möglichkeit zu delegieren im Studium eher selten gibt, sollten Studierende sich die folgenden Fragen stellen:
• Wie wichtig beziehungsweise unwichtig ist diese Aufgabe für meinen Studienerfolg? Muss diese Aufgabe wirklich mit maximaler Sorgfalt und Perfektion erledigt werden oder ist es möglich, weniger Aufwand zu betreiben? Haben Sie

den Mut, eine Aufgabe nicht perfekt zu erledigen und lediglich fertigzustellen, um Abgabefristen einzuhalten.

- Ist diese Aufgabe auch wirklich für mich dringlich oder scheint dies nur so, weil andere Personen ihr Priorität einräumen. Stellen Sie sicher, dass sie sich nicht unter Druck setzen, um den Erwartungen anderer gerecht zu werden. Ein typischer Fall wäre die Vorbereitung eines Gruppenreferats. Hier fällt unter Umständen die eine oder andere Teilaufgabe an, die Ihre Kommilitonen als besonders wichtig und dringend ansehen. Haben Sie den Mut diese Aufgabe hintenanzustellen, wenn Sie die Meinung der anderen nicht teilen.

Gewöhnen Sie sich an, C-Aufgaben zu clustern. Dies bedeutet, dass Sie immer mehrere dieser unwichtigen Tätigkeiten am Stück erledigen. Investieren Sie dafür möglichst wenig Zeit und arbeiten Sie zuerst die Aufgaben ab, die schnell erledigt sind (beispielsweise kurze E-Mails verfassen).

Quadrant IV – weder wichtig noch dringlich:
Auf A-, B- und C-Aufgaben müssten im letzten Sektor nun logischerweise die D-Aufgaben folgen. Passender ist es aber, hier von P-Aufgaben zu sprechen. P steht hierbei für Papierkorb, da diese Aufgaben weder dringend noch wichtig sind.

Viel gibt es zu den Tätigkeiten, die sich im letzten Quadranten ansammeln, nicht zu sagen. Nur soviel: Sehen Sie zu, dass Sie diesen Quadranten möglichst schnell verlassen. Jede hier investierte Minute ist vergeudete Zeit. Dinge, die weder wichtig noch dringend sind (beispielsweise zielloses Surfen im Internet, Computerspiele und Fernsehen), sollten sie allerhöchstens für Ihre Freizeit aufsparen.

Ihr Umgang mit der Eisenhower-Matrix

Setzen Sie sich das Ziel, möglichst viel Zeit mit den Aufgaben in Sektor II zu verbringen. Davon profitieren Sie in zweifacher Hinsicht:

1 Wichtige Aufgaben sind erledigt, bevor diese dringlich werden, so dass Quadrant I nahezu leer bleibt. So bewahren Sie sich davor eine wichtige Aufgabe unter dem Druck einer bald anstehenden Abgabefrist erledigen zu müssen und in Stress zu kommen. Das beeinflusst auch die Qualität Ihrer Arbeit positiv.

2 Wie alle effektiven Arbeiter verschwenden Sie kaum Zeit mit unwichtigen Aufgaben und können sicher sein, dass die von Ihnen investierte Zeit ein Maximum an Erfolg mit sich bringt.

Der Vorteil der Eisenhower-Methode liegt unter anderem in ihrer einfachen Handhabung. Nehmen Sie davon Abstand, Ihre Aufgaben digital zu planen und greifen Sie zurück auf die guten alten Post-its. Unterteilen Sie eine freie Fläche – die Wand hinter Ihrem Schreibtisch, die Kühlschrank- oder Zimmertüre – in vier Sektoren und bringen Sie dort Ihre Klebezettel sortiert nach Wichtigkeit und Dringlichkeit an. Notieren Sie auf jedem Zettel nur eine konkrete Aufgabe und vermerken Sie, falls vorhanden, die Ihnen gesetzte Deadline. Sollten Sie einen Zettel dem zweiten Sektor zuordnen, notieren Sie auch den geschätzten Zeitaufwand und einen genauen Termin, an dem Sie diese Aufgabe erledigen werden. Es ist nicht nur praktisch, sondern auch äußerst motivierend, wenn Sie zusehen wie Ihre Eisenhower-Matrix sich nach und nach leert. Alternativ verwenden Sie die Kopiervorlage, die Sie unter www.utb-shop.de/9783825243166 finden.

Zehn goldene Regeln zum Selbstmanagement

1 Gliedern Sie große Projekte wie beispielsweise schriftliche Seminararbeiten und umfangreiche Vorträge in kleine Teilaufgaben. So fällt Ihnen die Planung leichter und Sie bleiben motiviert.

2 Verwenden Sie Wochen- und Semesterpläne, um Ihr Vorgehen zu planen, anstehende Termine vor Augen zu haben und sich selbst zu kontrollieren.

3 Setzen Sie sich Tag für Tag kleinere Ziele, die Sie Ihrem großen Ziel ein Stück näher bringen.

4 Seien Sie realistisch und planen Sie im Vorfeld für die einzelnen Aufgaben lieber zu viel als zu wenig Zeit ein.

5 Werden Sie sich über Ihre Ziele im Studium klar und nutzen Sie dieses Bewusstsein, um Prioritäten zu setzen.

6 Hängt die Erledigung einer Aufgabe nicht von Ihnen alleine ab – beispielsweise die Vorbereitung eines Gruppenreferates – beziehen Sie die anderen in Ihre Planungen von vornherein mit ein.

7 Seien Sie ehrlich zu sich. Es nutzt nichts, wenn Sie jede freie Sekunde mit Arbeit verplanen, nur um später festzustellen, dass auch Sie Pausen benötigen und Ihre Pläne so nicht umsetzen können.

8 Bleiben Sie trotz aller Planung flexibel und seien Sie vorbereitet auf das Unerwartete.

9 Gehen Sie nie davon aus, dass alles reibungslos verläuft. Bemühen Sie sich, Schwierigkeiten und Hindernisse frühzeitig zu erkennen und planen Sie Pufferzeiten ein.

10 Gewöhnen Sie sich an, „Nein" zu sagen. Ein ehrliches, höfliches „Nein" ist durchaus eine akzeptable Antwort und angesichts vielfältiger Belastungen verständlich.

**Wenn Prüfungen anstehen, ist die Wohnung besonders sauber –
Aufschieberitis überwinden**

Der Abgabetermin der Bachelorarbeit naht in großen Schritten, doch das Bade-
zimmer schreit lauter als je zuvor: „Putz mich!" Die wichtige Klausur steht unmittelbar bevor, doch genau jetzt ist der richtige Zeitpunkt, sich endlich wieder
mit täglichem Training im Fitnessstudio in Form zu bringen. Der Termin für das
Referat rückt immer näher, doch die Staffel der Lieblingsserie wird spannender
und spannender.

Aufschieberitis, oder etwas professioneller ausgedrückt Prokrastination, rückt
zunehmend in den Mittelpunkt wissenschaftlicher Untersuchungen und gerade
Studierende scheinen davon betroffen. Wissenschaftlichen Studien zufolge sind
zwischen 25 und 50 Prozent aller aktiven Studenten davon betroffen und geraten
regelmäßig dadurch in Schwierigkeiten, dass sie Aufgaben so lange wie möglich
vor sich herschieben (vgl. Ferrari 1995, 11ff).

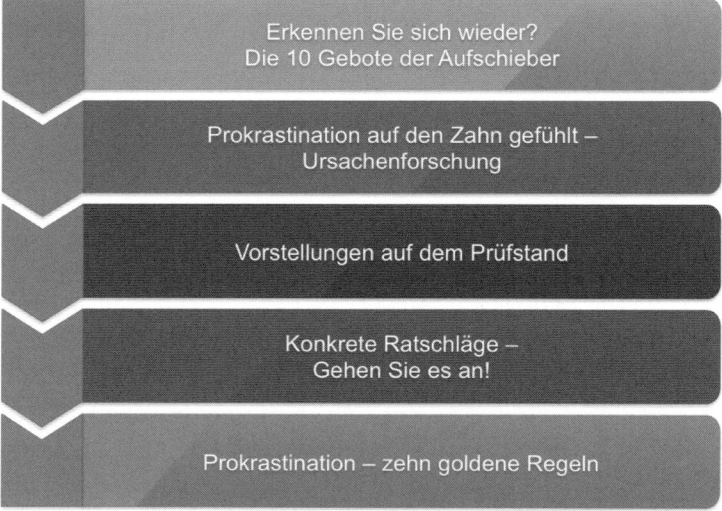

Erkennen Sie sich wieder? Die zehn Gebote der Aufschieber

Burka et al. haben den Code der Prokrastinierenden oder auch die zehn Gebote
der Aufschieberitis formuliert. Lesen Sie diese und reflektieren Sie Ihre innere
Einstellung. Erkennen Sie sich in dem einen oder anderen Gebot wieder? Kreuzen
Sie die auf Sie zutreffenden Aussagen an. Dies ist eine Möglichkeit der Selbstdi-
agnose, aber auch eine Möglichkeit, der Ursache Ihrer Prokrastination auf den
Grund zu gehen.

1 Ich muss perfekt sein.

2 Was auch immer ich tue, es sollte einfach und ohne allzu große Anstrengung vonstattengehen.

3 Es ist sicherer, nichts zu tun, als ein Risiko einzugehen und zu versagen.

4 Eine Aufgabe, die nicht hundertprozentig erledigt werden kann, ist es nicht wert, überhaupt getan zu werden.

5 Herausforderungen müssen vermieden werden.

6 Wenn ich erfolgreich bin, verletze ich dabei andere.

7 Wenn ich diesmal gute Leistungen erbringe, schüre ich Erwartungshaltungen und muss immer Top-Leistungen erbringen.

8 Sich an Regeln zu halten, die andere aufgestellt haben, bedeutet sich aufzugeben und Kontrolle zu verlieren.

9 Wenn ich mein wahres Ich offen zeige, werden die anderen mich nicht (mehr) mögen.

10 Es gibt die eine einzig richtige Lösung und ich warte, bis ich diese gefunden habe (vgl. Burka et al. 1983).

Als klassische Folgen von Aufschieberitis werden oftmals Angstgefühle, Stress, Müdigkeit und natürlich Enttäuschung über erbrachte Leistungen genannt. Aber auch unabhängig davon ist das Risiko groß, Aufgaben bis zur letzten Minute aufzuschieben, da plötzliche Krankheiten und Computerprobleme, aber auch eine falsche Einschätzung des Arbeitsaufwands schnell dafür sorgen können, dass eine Deadline nicht eingehalten werden kann.

Prokrastination auf den Zahn gefühlt – Ursachenforschung

Auch wenn schlechtes Zeitmanagement eine Teilursache von Prokrastination darstellt, dürfen beide Begriffe nicht gleichgesetzt werden. Prokrastination oder auch Aufschieberitis ist dadurch gekennzeichnet, dass Aktivitäten, die relevant für wichtige Ziele sind, zugunsten anderer Aktivitäten aufgeschoben werden. Zusätzlich finden sich die folgenden Merkmale:
- das Verhalten beeinflusst die Qualität der erbrachten Leistung negativ
- die aufgeschobene Tätigkeit wird als negativ empfunden
- das Aufschieben selbst löst negative Empfindungen aus
- der Aufschieber ist sich seiner (Vermeidungs-)Handlungen bewusst
- das Aufschieben wird als habituell angesehen und tritt nicht nur kurzfristig auf

Der gesunde Menschenverstand lässt vermuten, dass gerade Studierende mit schlechten Leistungen von Prokrastination betroffen sind, während gute Studierende Aufgaben weniger häufig aufschieben. Untersuchungen jedoch widersprechen dem. Scheinbar sind es leistungsstarke Studenten und Arbeitnehmer, denen es gelingt selbst auf den letzten Drücker überdurchschnittliche Leistungen zu erbringen. In klaren Worten: Bei intelligenten, leistungsstarken Studenten hat sich oftmals der Eindruck verfestigt, die übertragenen Aufgaben seien für sie so einfach, dass sie selbst in letzter Minute zufriedenstellend zu erledigen seien.

Nachdem Sie sich dem Problem stellen, ist es der erste Schritt im Kampf gegen Aufschieberitis, nach der Wurzel des Übels zu forschen und sie zu erkennen. Weshalb zögert man selbst die Erledigung wichtigster Aufgaben regelmäßig bis zum letzten Moment hinaus und bringt sich so in Schwierigkeiten? Deshalb im Folgenden die drei häufigsten von Betroffenen selbst angeführten Ursachen:

Generelle oder partielle Faulheit: Häufig bezeichnen sich Arbeitnehmer und Studierende, die regelmäßig Aufgaben und andere Dinge aufschieben, selbst als faul. Sie beziehen diese Faulheit entweder auf alle Bereiche ihres Lebens oder lediglich auf einige wenige, wie bspw. ihr Studium. Als schlüssige Begründung jedoch taugt dies nicht, da Faulheit prinzipiell ein Persönlichkeitsmerkmal ist, das sich nicht auf einige wenige Lebensbereiche beschränkt. Vielmehr sollte in solchen Fällen die Motivation und somit die Studien- bzw. Berufswahl hinterfragt werden.

Leistungsfähigkeit unter Druck: Andere Studierende sprechen davon, der Druck, der durch das Aufschieben entstehe, beflügle ihre Leistungsfähigkeit. Erst wenn der Abgabetermin unmittelbar bevorsteht, laufen sie in ihrer eigenen Wahrnehmung zur Höchstform auf. Genau betrachtet ist auch diese Begründung nicht wirklich einleuchtend, da viele Aufschieber nichts anderes kennen, als ihre Leistung unter höchstmöglichem Druck zu erbringen. Sie können keine wirklich fundierte Aussage über die Qualität der Arbeit treffen, die sie erbringen ohne unter Druck zu stehen. Zwar ist es richtig, dass ein klein wenig Stress die Produktivität erhöhen kann, doch lässt sich dies nicht auf Prokrastination beziehen. Hier führt der enorme Druck und der Umstand, dass eine Aufgabe oftmals zeitaufwändiger als erwartet ist, dazu, dass schludrig gearbeitet wird, um die Deadline einzuhalten.

Motivationsverlust auf halbem Wege: Auffällig viele Studierende klagen darüber, mit der Anfertigung einer Seminararbeit oder Prüfungsvorbereitung zwar rechtzeitig anzufangen, auf halbem Wege jedoch das Ziel aus den Augen und somit die Motivation zu verlieren. Je umfangreicher eine Arbeit, je zeitaufwändiger eine Aufgabe und je ferner das angestrebte Ziel ist, desto lauter schreien Bügelwäsche, schmutzige Fenster und andere Aufgaben danach, endlich erledigt zu werden. Die Arbeit, der eigentlich die höchste Priorität eingeräumt werden sollte, rückt kontinuierlich weiter in den Hintergrund. Letztendlich bleibt sie zugunsten von Nebensächlichkeiten solange liegen, bis sie unter größtmöglichem Druck in einer Nachtschicht fertiggestellt werden muss, um den lange zuvor bekannten Abgabetermin einzuhalten.

Viele Studenten und gerade Berufsanfänger führen mehrere Ursachen an und sprechen davon, eigentlich faul zu sein, jedoch hart und effektiv arbeiten zu können, wenn sich dies durch eine unmittelbar bevorstehende Deadline nicht mehr verhindern lässt.

Vorstellungen auf dem Prüfstand

Derjenige, der seine Prokrastination überwinden will, muss sie tiefgehend analysieren und die eigenen Vorstellungen auf den Prüfstand stellen. Werden Sie sich einiger Tatsachen bewusst:

Prokrastination ist nicht ihr Freund und Helfer.

Aufschieberitis wird Ihnen als Freund und Weggefährte begegnen, der Ihnen ein angenehmes Leben verspricht. Und ja, es klingt verlockend: In einem ersten Schritt trübt keine zu schreibende Hausarbeit und keine nervige Prüfungsvorbereitung Ihre Freizeit: Sport, Treffen mit Freunden, Internet und Fernsehprogramm füllen die Tage. In einem zweiten Schritt konzentrieren sich die zu erledigenden Aufgaben auf einen äußerst kurzen Zeitraum, der volle Konzentration und effizientestes Arbeiten verlangt; hoch motiviert besteht der klassische Aufschieber diese Herausforderung – soweit das Versprechen.

Die Realität sieht anders aus: Im Moment größter Not, wenn der letztmögliche Abgabetermin unmittelbar bevorsteht, wendet sich der vermeintliche Freund von Ihnen ab. Keine Tränen, keine Reue und keine Panikanfälle helfen und Nachtschicht um Nachtschicht muss das Versäumte nachgeholt werden. Jeder, der im Laufe seines Studiums eine Seminararbeit noch in der Nacht vor der Deadline fertigstellen musste, vielleicht noch am Morgen vor der Seminarveranstaltung mit rotgeränderten Augen Korrektur zu lesen versuchte, kann ein Lied davon singen – und wird vermutlich auch in Zukunft nicht früher mit den Arbeiten beginnen.

Prokrastination schützt nicht vor Enttäuschung.

Aufschieberitis dient im Leben vieler Studierender als Schutzschild vor Enttäuschung und Versagen. Gerade bei besonders schwierigen Aufgaben neigen wir dazu, diese aufzuschieben, um einem eventuellen Misserfolgserlebnis vorzubeugen. In anderen Worten könnte man sagen: Lieber faul und schlecht vorbereitet als unfähig.

Die für eine Hausarbeit erhaltene schlechte Note führt nämlich dann nicht zu Zweifeln an den eigenen Fähigkeiten, wenn sie in den wenigen Stunden einer einzigen Nachtschicht geschrieben wurde. Schuld gewesen ist in diesem Fall ausschließlich die geringe Investition und der niedrige Aufwand, den man betrieben hat. Im Falle eines Studierenden allerdings, der sich sehr sorgfältig und mit großem Zeitaufwand auf eine Prüfung vorbereitet hat, lässt eine schlechte Note schnell das eigene Können hinterfragen.

Der Aufschieber hat den Eindruck, seine Kompetenz sei eigentlich größer als seine Performanz erahnen lässt und sieht keinen Grund, am eigenen Genie zu zweifeln. Solange er Aufgaben stets aufschiebt und in letzter Minute erledigt, wird er nie mit den Grenzen seiner Leistungsfähigkeit konfrontiert werden (vgl. Ferrari 71, Burka 22).

Halten Sie sich vor Augen, dass diese Vorgehensweise lediglich ein feiges Unter-den-Teppich-Kehren von Problemen ist. Uns allen sind Grenzen gesetzt und gerade als Erwachsene sollten wir uns diese eingestehen. Ein Aufschieben zu erledigender Dinge ist im Grunde nichts anderes als eine künstliche Einschränkung der eigenen Leistungsfähigkeit.

Gerade Aufgaben mit hoher Priorität werden aufgeschoben.

Minskys Gesetz besagt, „dass die Intentionen, denen wir höchste Priorität zumessen, diejenigen sind, die mit der geringsten Wahrscheinlichkeit umgesetzt werden" (Höcker et al. 36). Dies kann darauf zurückgeführt werden, dass besonders wichtige Aufgaben in den Augen vieler eine besonders störungsarme Atmosphäre und größere Zeitblöcke erfordern. So lange diese äußeren Faktoren jedoch nicht stimmen, neigen wir dazu, diese Aufgaben gar nicht erst anzugehen.

Behalten Sie dies im Hinterkopf und arbeiten Sie auch dann an wichtigen Aufgaben, wenn die Rahmenbedingungen einmal nicht zu 100 Prozent ideal sind.

Veränderung braucht Zeit!

Als Gewohnheitstier fällt es uns Menschen generell sehr schwer, lange Zeit gepflegte Gewohnheiten abzustellen. Nicht umsonst sind die Raucherentwöhnungsprogramme am erfolgreichsten, die den Nikotinkonsum nicht ersatzlos streichen, sondern durch eine neue Gewohnheit wie Sporttreiben, Spaziergänge oder andere Hobbies ersetzen.

Hilfreich kann es sein, sich den Prozess vor Augen zu führen, in dem wir eine Angewohnheit ablegen. Dies verläuft meist in zwei Phasen:

Während der Anfangszeit ist unsere Motivation sehr hoch, fällt jedoch nach und nach ab. Gleichzeitig steigt die

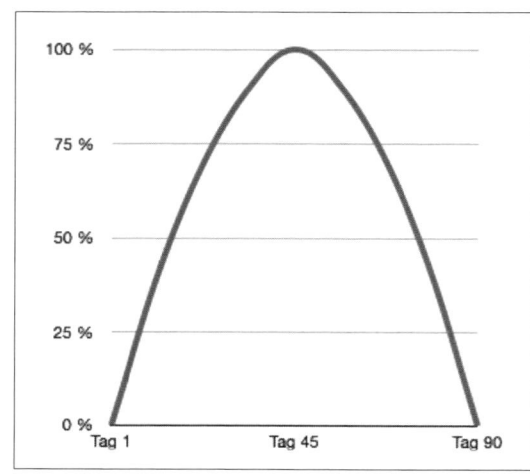

Anstrengung an, die es uns kostet nicht in alte Gewohnheiten zurückzufallen. Nach einer Dauer von etwa sechs Wochen ist die Rückfallgefahr am höchsten.

Ist diese Widerstandsphase jedoch einmal überwunden, fällt es uns zunehmend leichter die negative Gewohnheit zu unterlassen. Als Richtwert lassen sich weitere sechs Wochen nennen, die es dauert, die alte Gewohnheit gänzlich abzulegen.

Schließen Sie also mit sich selbst ein Abkommen und versprechen Sie sich, während der nächsten 90 Tage die folgenden Ratschläge zu beherzigen.

Konkrete Ratschläge – Gehen Sie es an!

Splitten Sie große Aufgaben in Teilaufgaben auf.

Richten Sie Ihre Aufmerksamkeit nicht auf die zu erledigende Aufgabe in ihrer Gesamtheit. Gerade bei größeren, umfangreichen Aufgaben verlieren Sie sonst leicht das Ziel aus den Augen. Splitten Sie größere Aufgaben auf und entwickeln Sie daraus Teilziele, die sich schneller erreichen lassen. Zumeist erfordern diese Ziele zudem unterschiedliche Kompetenzen und rufen bei den Studierenden unterschiedliche Gefühle hervor.

Gerade beim Verfassen einer Hausarbeit ist eine Vielzahl einzelner Tätigkeiten notwendig:

- Erstellen einer Gliederung
- Literaturrecherche und -beschaffung
- Lesen von Texten
- Schreiben einzelner Kapitel und Unterpunkte
- Korrekturlesen der erstellten Teiltexte

Sollten Sie nicht sofort erkennen, mit welcher Aufgabe zu beginnen ist, erstellen Sie eine Übersicht über alle notwendigen Einzeltätigkeiten und beginnen Sie anschließend mit der, die Ihnen den besten Zugang zu bieten scheint.

Auf diese Art und Weise haben Sie viele kleine, aber schnell erreichte Erfolgserlebnisse und nähern sich dem großen Ziel schrittweise an. Außerdem ist durch diese Ansammlung kleiner, wenig zeitaufwändiger Tätigkeiten eine häufig gebrauchte Ausrede hinfällig: Sie werden nie wieder behaupten können, es lohne sich gerade nicht, an der Aufgabe zu arbeiten, da sie nur eine kleine Zeitspanne und nicht den ganzen Nachmittag zur Verfügung haben. Fordern Sie sich selbst heraus und überprüfen Sie, wie viel sich in einer einzigen zur Verfügung stehenden Stunde erledigen lässt.

Beobachten Sie sich selbst, belohnen Sie sich selbst.

Seien Sie kritisch gegenüber dem eigenen Handeln. Dies setzt voraus, dass Sie Ihr eigenes Tun zunächst beobachten und festhalten. Hierzu eignet sich ein so genannter *unschedule,* ein Tages- oder Wochenplan, in dem Sie eintragen, womit

Sie Ihre Zeit verbringen WOLLEN und die Tätigkeiten, mit denen Sie Ihre Zeit TATSÄCHLICH verbracht haben. Machen Sie sich bereits während des Tages regelmäßig Notizen über Ihre Tätigkeiten und nehmen Sie sich am Ende des Tages nochmals fünf Minuten Zeit. In dieser Zeit vervollständigen Sie Ihre Übersicht und tragen Tätigkeiten nach, die Sie zunächst vergessen hatten.

Nutzen Sie diese Zeit auch, um das eigene Handeln zu hinterfragen und Tätigkeiten zu identifizieren, die lediglich dazu dienten, Wichtigeres aufzuschieben. Fragen Sie sich genau, ob das viergängige Menü, dessen Zubereitung in der WG-Küche 120 Minuten kostete, wirklich ausgerechnet in der Prüfungsvorbereitung notwendig war.

Bleiben Sie motiviert.

Es ist ganz normal, dass die Motivation sowohl in einem auf mehrere Jahre angelegten Studium als auch während einer über Monate hinweg zu erledigenden Semesterarbeit nicht konstant bleibt. Sollten jedoch Phasen niedriger Motivation deutlich überwiegen und mangelnde Motivation wieder und wieder zu schlechten Leistungen und Zensuren führen, dann hinterfragen Sie sich kritisch.

Weshalb wollen Sie diesen Studiengang absolvieren, weshalb diese Arbeit fertigstellen? Sehen Sie die Ziele, die hinter den Aufgaben stehen.

Achten Sie darauf, dass es sich bei diesen Zielen um Ihre ganz persönlichen Ziele handelt. Der Wunsch Ihrer Eltern, Sie mögen die Praxis des Vaters übernehmen, oder auch das Ziel Ihrer Partnerin, ein Leben an der Seite eines erfolgreichen Managers zu führen, ist für Sie nicht zielführend. Achten Sie auch darauf, dass es sich um positive Ziele handelt, und es Ihnen nicht darum geht, es anderen zu zeigen.

Behalten Sie stets im Hinterkopf, dass Phasen niedriger Motivation normal sind, diese jedoch nicht zur Gewohnheit werden dürfen.

Prokrastination – zehn goldene Regeln

1 Operationalisieren Sie Ihre Ziele und splitten Sie Aufgaben auf.
Unterteilen Sie Ihre Aufgabe in Teilaufgaben und arbeiten Sie auf schnell erreichbare Teilziele hin. Achten Sie darauf, dass diese eindeutig formuliert sind und Sie klar erkennen, wann Sie eines erreicht haben.

2 Nutzen Sie das Perpetuum Mobile des Erfolgs.
Schöpfen Sie Motivation aus dem Erreichen eines kleinen Teilziels auf dem Weg zum Endergebnis.

3 Selbstdisziplin
Sie sind begeisterter Sportler und lassen keine Trainingseinheit ausfallen? Das Treffen mit Freunden an jedem ersten Donnerstag im Monat ist Ihnen

heilig? Übertragen Sie die Disziplin, die Sie in anderen Lebensbereichen aufbringen, auf Ihre Arbeit oder Ihr Studium!

4 Ersetzen Sie alte, negative Gewohnheiten durch neue, positive.
Mit dem Rauchen aufzuhören ist recht einfach, vielen Menschen gelingt dies sogar mehrmals im Jahr. Nicht allein Raucher wissen, schlechte Angewohnheiten lassen sich nur schwerlich löschen. Ersetzen Sie diese besser durch neue, positive Angewohnheiten. Legen Sie Ihren Fokus nicht darauf, nicht mehr Aufzuschieben, sondern darauf, Dinge frühzeitig zu erledigen.

5 Visualisieren Sie Ihre Erfolge.
Haben Sie die große zu bewältigende Aufgabe in kleinere Teilaufgaben unterteilt, dann fixieren Sie diese schriftlich und haken Sie jeden erledigten Teilschritt ab. Sehen Sie so zu, wie Sie sich schrittweise dem großen Endziel nähern. Eine To-do-Liste neben dem Computerbildschirm oder eine Liste in Plakatgröße an prominentem Ort in der Wohnung kann Ihnen dabei helfen.

6 Nehmen Sie sich Vorbilder.
Beobachten Sie Menschen in Ihrer Umgebung, die ein vorbildliches Arbeitsverhalten zeigen und überlegen Sie, was genau Sie von ihnen übernehmen können.

7 Schlafen Sie.
Ausreichend Schlaf gibt Ihnen die Energie, die Sie benötigen um Höchstleistung zu erbringen. Gehen Sie sorgsam mit Ihren Ressourcen um und gönnen Sie sich gerade in arbeitsintensiven Lebensphasen genug Schlaf.

8 Zeitmanagement
Überprüfen Sie Ihr persönliches Zeitmanagement und berücksichtigen Sie die im vorherigen Kapitel gegebenen Tipps.

9 Gönnen Sie sich Ruhepausen.
Planen Sie pro Tag wenigstens einige Minuten ein, an denen Sie bewusst nichts tun. Schalten Sie Computer, Mobiltelefon ab und legen Sie auch Ihren iPod zur Seite. Schon mal an Yoga und/oder Meditation gedacht?

10 Belohnen Sie sich.
Haben Sie ein Teilziel erreicht, belohnen Sie sich bewusst. Gönnen Sie sich trotz Prüfungsstress den Luxus, einen Abend in der Badewanne zu verbringen oder eine Folge Ihrer Lieblingsserie anzusehen. Durch diese Form der positiven Verstärkung besetzen Sie Ihre Arbeit nach und nach mit positiven Gefühlen.

Study smarter – not harder: Ratschläge zum effizienten Lernen

Dieses Kapitel widmet sich den Fragen, wie Sie sich neues Wissen besonders effizient aneignen und es wirklich langfristig und nachhaltig behalten.

Diese Ausführungen stellen die Grundlage für das nachfolgende Kapitel *Gute Zensuren erwerben* dar. Nur wenn Sie umfangreiches Hintergrundwissen haben, gelingt es Ihnen, in mündlichen Prüfungen zu brillieren, Klausuren mit Bestnote zu bestehen, in Referaten souverän mit Zwischenfragen umzugehen und den Gegenstandsbereich einer schriftlichen Seminararbeit wirklich wissenschaftlich zu analysieren und zu bearbeiten. Nahezu jede Note, die Sie erhalten, basiert letztendlich zum Großteil auf dem Wissen, dass Sie sich in Vorlesungen und Seminaren sowie durch eigenständiges Literaturstudium angeeignet haben. Dieses Kapitel hilft Ihnen, die folgenden Fragen für Sie selbst zu beantworten:
Wie profitieren Sie maximal von Lehrveranstaltungen?
Wie gestalten Sie Ihr Literaturstudium besonders effizient?
Weshalb vergessen wir einmal Gelerntes?
Wie wirken Sie dem Vergessensprozess entgegen?

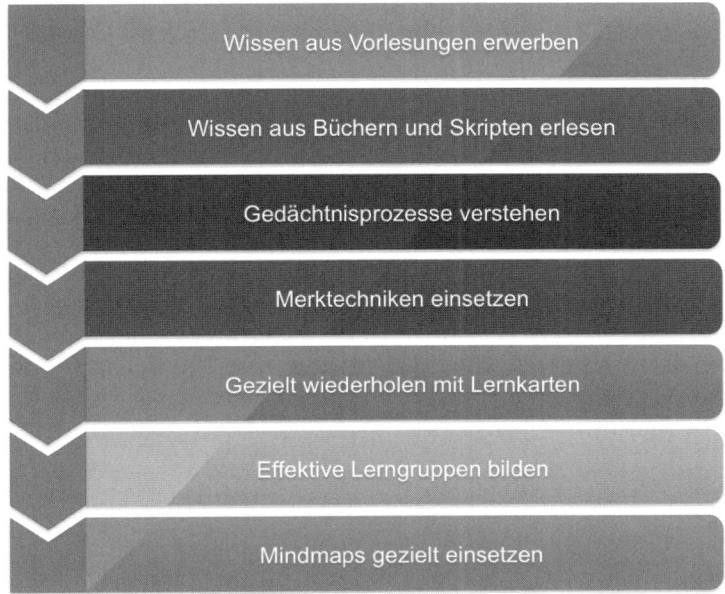

Wissen aus Vorlesungen erwerben

Wissen aus Büchern und Skripten erlesen

Gedächtnisprozesse verstehen

Merktechniken einsetzen

Gezielt wiederholen mit Lernkarten

Effektive Lerngruppen bilden

Mindmaps gezielt einsetzen

Schätzen Sie sich ein – welcher Lerner sind Sie?

Egal ob Schüler, Student oder Berufstätiger – jeder von uns lernt auf unterschiedliche Art und Weise. Lange Zeit ging man davon aus, dass in erster Linie vier unterschiedliche Lerntypen zu unterscheiden seien:

- der visuelle Lerntyp, der am besten lernt, indem er Informationen aus Texten aufnimmt oder Grafiken und Bilder betrachtet
- der auditive Lerntyp, dem es besonders leicht fällt, gehörte Informationen zu behalten
- der motorische Lerntyp, der Prozesse und Zusammenhänge entweder persönlich durchführen oder zumindest direkt beobachten muss, um diese zu behalten
- der kommunikative Lerntyp, der sich mit anderen über neues Wissen austauschen muss, um es zu behalten

So weit verbreitet und bekannt diese Systematik auch sein mag, gilt sie heute dennoch als überholt. Vielmehr geht die Forschung mittlerweile davon aus, dass Menschen beim Lernen unterschiedliche Methoden bevorzugen, verschiedene Techniken anwenden und im Lauf der Zeit einen eigenen, für sie effizienten Lernstil entwickeln. Eines der bekanntesten Konzepte dazu ist das *Inventory of Learning Styles* nach Richard M. Felder. Da der zugrundeliegende Test 120 Fragen umfasst und somit sehr umfangreich ist, wird an dieser Stelle auf eine vollständige Darstellung verzichtet. Vielmehr soll Ihnen das zugrundeliegende Konzept gezeigt werden, so dass Sie Ihr eigenes Lernverhalten analysieren und bestmöglich von den Ratschlägen Felders profitieren können.

Felder bildet wie im Folgenden dargestellt vier Begriffspaare, die der Einschätzung jedes Lerners dienen. Wo zwischen den beiden Polen würden Sie sich jeweils einordnen? Kreuzen Sie an!

aktiv   reflektiv

Sind Sie eher der aktive Typ, der neue Informationen anwenden muss, um sie zu behalten, oder aber der reflektive Typ, der Ruhe und Zeit benötigt, um über den Lernstoff nachzudenken und ihn theoretisch zu verarbeiten?

Bevorzugen Sie als sensorischer Typ beim Lernen Daten und Fakten sowie bewährte Lösungswege oder sind Sie eher der intuitive Typ, der Innovationen bevorzugt und neue, komplexe Konzepte schnell versteht und behält?

Erinnern Sie sich besser an Informationen, die Sie Bildern, Diagrammen, Filmen oder Demonstrationen entnehmen (visueller Lernstil) oder an schriftlich oder mündlich vermitteltes Wissen (verbaler Lernstil)?

Arbeiten Sie als sequenzieller Lerner den Stoff eher in logischer und chronologischer Reihenfolge Schritt für Schritt durch oder stellen sich Fortschritte bei Ihnen eher sprunghaft ein und es erschließen sich Ihnen mit einem Mal Zusammenhänge, die Ihnen noch kurz zuvor unverständlich waren (globaler Lerner)?

Bei dieser Einschätzung müssen Sie sich nicht endgültig für den einen oder anderen Pol entscheiden, sondern können sich auf jedem Punkt zwischen diesen verorten. Ihr Ergebnis könnte folgendermaßen aussehen:

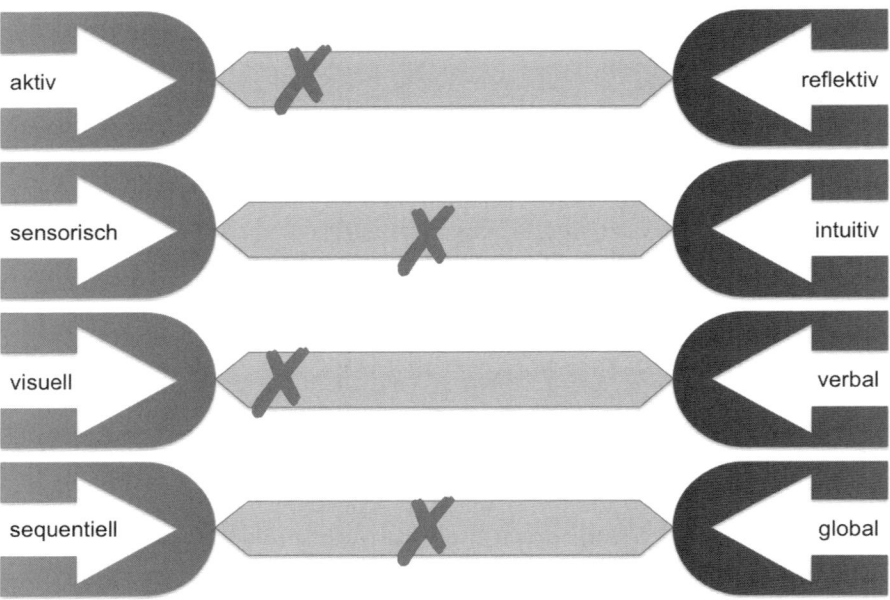

Dieses Beispiel beschreibt einen Studenten, der seinen bevorzugten Lernstil ganz klar als aktiv und visuell bezeichnet. Hinsichtlich der Aspekte sensorisch/intuitiv und sequentiell/global jedoch hat er keinerlei individuelle Präferenzen.

Je nachdem, wo Sie den eigenen Lernstil verortet haben, profitieren Sie von den folgenden Ratschlägen:

Aktiver oder reflektiver Lernstil

eher aktiver Lernstil	eher reflektiver Lernstil
Bemühen Sie sich als eher aktiver Lerner um eine Lerngruppe. Arbeiten Sie mit anderen zusammen und diskutieren Sie, welche Aufgaben man Ihnen in der Prüfung stellen könnte. Lösen Sie diese gemeinsam und diskutieren Sie die unterschiedlichen Lösungsansätze. Auf diese Weise behalten Sie das Gelernte besonders gut, da Sie es sofort in einen Anwendungszusammenhang setzen. Vermutlich profitieren Sie auch besonders stark von der Anfertigung von Mindmaps.	Wenn Sie den eher reflektiven Lernstil bevorzugen, nutzt es wenig, Lernstoff lediglich zu lesen und memorieren zu wollen. Legen Sie beim Lesen regelmäßig Pausen ein, in denen Sie das eben Erfahrene in eigenen Worten wiederholen und sich Gedanken machen über Zusammenhänge oder daraus resultierende Konsequenzen. Eine gute Idee ist es für Sie auch knappe, selbstverfasste Zusammenfassungen des Lernstoffs zu erstellen.

Sensorischer oder intuitiver Lernstil

eher sensorischer Lernstil	eher intuitiver Lernstil
Mit Ihrem sensorischen Lernstil haben Sie vor allem dann ein Problem, wenn Sie abstrakte, sehr theoretische Inhalte lernen müssen. Fragen Sie Ihre Dozenten nach konkreten Beispielen und informieren Sie sich, wie sich das theoretische Wissen in die Praxis umsetzen lässt.	Bitten Sie Ihren Dozenten um Konzepte und Theorien, die die einzelnen zu lernenden Daten und Fakten miteinander verknüpfen oder finden Sie diese eigenständig. In der Prüfung selbst sollten Sie die Fragen besonders sorgfältig lesen und bei Multiple-Choice-Aufgaben wirklich alle Antwortmöglichkeiten studieren. Vermutlich neigen Sie zu Leichtsinnsfehlern, da Sie sich nicht mit Details aufhalten wollen.

Visueller oder verbaler Lernstil

eher visueller Lernstil	eher verbaler Lernstil
Wenn Sie den visuellen Lernstil bevorzugen, sollten Sie sich auf die Suche nach Abbildungen, Diagrammen und Filmen machen, die den Lernstoff darstellen. Auch als visueller Lerner profitieren Sie besonders stark von der Anfertigung von Mindmaps.	Lesen Sie den Lernstoff mehrmals durch und setzen Sie dabei unterschiedliche Lesestrategien ein. Außerdem behalten Sie Inhalte dann besonders gut, wenn Sie Zusammenfassungen schreiben oder sich in Lerngruppen den Stoff gegenseitig erläutern.

Sequenzieller oder globaler Lernstil

eher sequenzieller Lernstil	eher globaler Lernstil
Als eher sequenzieller Lerner werden Sie dann Probleme bekommen, wenn Ihr Dozent in der Tradition eines verwirrten Professors willkürlich von Themengebiet zu Themengebiet springt ohne dabei Zusammenhänge aufzuzeigen oder logisch vorzugehen. Legen Sie wenigstens außerhalb der Lehrveranstaltungen großen Wert darauf, den Stoff in logischer Reihenfolge zu lernen. Außerdem sollten Sie Ihre Fähigkeit, global zu denken, schulen, indem Sie jedes neue Stoffgebiet mit einem alten, bekannten verknüpfen.	Behalten Sie als globaler Lerner stets im Hinterkopf, dass Sie zunächst einen groben Überblick benötigen, bevor Sie sich daran machen können, Details zu lernen. Überfliegen Sie zunächst die einzelnen Kapitel, bevor Sie beginnen, diese genau zu lesen und zu lernen. Vermutlich profitieren Sie auch von besonders umfangreichen Lerneinheiten, in denen Sie sich sehr ausführlich mit ein und demselben Gegenstandbereich beschäftigen.

Wissen aus Vorlesungen erwerben

Die Inhalte der Vorlesungen sind für die Vorbereitung auf Prüfungen und somit für den Erfolg im Studium besonders wichtig. Gerade in diesem Bereich wird jedoch an Hochschulen einiges von den Studierenden erwartet:
- aktives Zuhören
- Wahrnehmen zentraler Aspekte
- Aussieben unwichtiger Details
- eigenständiges Anfertigen schlüssiger Aufzeichnungen

Deshalb zeigt Ihnen das folgende Kapitel, wie Sie durchdachte und übersichtliche Aufzeichnungen anfertigen und maximal von Vorlesungen profitieren.

Die zehn klassischen Probleme Studierender

Im Verlauf der letzten Jahre und im Gespräch mit einer Vielzahl Studierender konnten zehn typische Fehler identifiziert werden, die gute Zuhörer von schlechten Zuhörern unterscheiden. Auch wenn diese bei privaten Gesprächen ebenso auftreten, beeinflussen sie vor allem das Ausmaß, in dem ein Studierender von Vorlesungen und Seminaren profitiert.

1 Desinteresse am Thema
Schlechte Zuhörer finden eine Thematik sehr schnell trocken und langweilig, weshalb sie ihre Aufmerksamkeit schon nach kurzer Zeit auf etwas anderes lenken und ihre Gedanken abschweifen lassen. Im Gegensatz dazu suchen gute Zuhörer noch im zehnten Vortrag zu einem Thema nach etwas für sie Neuem. Gute Zuhörer sind geradezu Jäger auf der Suche nach dem einen Aspekt eines Vortrags, der sie weiterbringt.

2 Kritik am Redner
Selbstverständlich gibt es an Hochschulen auch Dozenten, denen man am liebsten einen Ratgeber zu Rhetorik und Präsentation in die Hand drücken möchte. Aber gerade schlechte Zuhörer kritisieren den Redner besonders stark und ausufernd. Aussehen, Kleidung, Mimik und Gestik, aber auch Dialekt und andere Eigenarten werden kommentiert. Zwar kommentieren und kritisieren gute Zuhörer zu Beginn einer Veranstaltung besondere Auffälligkeiten oftmals auch, entscheiden sich jedoch schnell dafür, sich auf den Inhalt des Vortrags zu konzentrieren. Sie wissen, der Inhalt ist wichtiger als die Verpackung. Schon nach einigen wenigen Minuten haben gute Zuhörer sich an die Auffälligkeiten des Redners gewöhnt und lassen sich dadurch nicht mehr ablenken.

3 Überstimulierung
Schlechte Zuhörer hängen sich oftmals an einem Aspekt des Vortrags auf und konzentrieren sich so stark auf diesen, dass sie andere Inhalte gar nicht

wahrnehmen. Gute Zuhörer hingegen erkennen zwar ebenfalls einen zentralen Aspekt, lassen sich davon jedoch nicht von anderen ablenken. Sie bringen allerhöchstens ein Ausrufezeichen in ihren Aufzeichnungen an, um sich mit diesem Aspekt später noch intensiver auseinanderzusetzen.

4 Konzentration auf Fakten
Auf den ersten Blick wirkt es seltsam, wenn es heißt „schlechte Zuhörer konzentrieren sich vor allem auf Fakten". In der Tat ist es jedoch so, dass sie in einem Vortrag gar nicht alle Fakten aufnehmen, notieren und behalten können. Gute Zuhörer hingegen versuchen in erster Linie die Leitgedanken des Vortrags zu erfassen. Am Ende behalten sie ausgehend von diesen Leitgedanken sogar deutlich mehr Fakten.

5 Unflexibles Gliedern und Strukturieren
Natürlich ist es eine gute Idee, während einer Vorlesung eine Gliederung des Vortrags zu erstellen. Allerdings folgt nicht jede Rede einer logischen, nachvollziehbaren Gliederung. Anders als schlechte Zuhörer sind gute Zuhörer flexibel und passen die Form ihrer Aufzeichnungen dem Stil des Vortrags an.

6 Aufmerksamkeit vorspielen
In der Schule mag es funktioniert haben: den Kopf erhoben, das Kinn auf die Hand gestützt und den Lehrer fixierend nahm man Ihnen den hochkonzentrierten Zuhörer ab; das perfekte Alibi für schlechte Zuhörer, um sich gedanklich auf Wanderschaft zu begeben. Aufmerksames Zuhören ist allerdings harte Arbeit und lässt keine Energie für schauspielerische Auftritte.

7 Ablenkungen suchen, finden und genießen
Schwache Zuhörer sind leicht ablenkbar und neigen dazu, Ablenkungen aktiv herzustellen. Sie zeichnen, sprechen mit dem Nachbarn oder kramen im Rucksack. Gute Zuhörer hingegen ignorieren Ablenkungen; auch den gesprächswilligen Nachbarn.

8 Konzentration auf einfachste Aspekte
Viele eher schwache Zuhörer haben zu einem bestimmten Thema schon etliche Vorträge im Fernsehen oder auf einem Youtube-Channel gesehen. Zu fast jeder Thematik gibt es eine Vielzahl einfach gehaltener, nicht wirklich wissenschaftlicher Beiträge. Lieber konsumieren sie weitgehend passiv zweit- oder drittklassiges Material, als sich aktiv auf schwere aber tiefgehende und erstklassige Inhalte einzulassen.

9 Überreaktion auf „belastete" Wörter
Gerade (vermeintlich) hochengagierte Studierende neigen dazu, sich an der Wortwahl Vortragender aufzuhängen. Gute Zuhörer nehmen es zur Kenntnis, wenn der Professor genderunsensibel seine *Studenten* begrüßt. Der schwache, hochengagierte Zuhörer kann sich vor lauter Erregtheit nicht

mehr auf die Vorlesung konzentrieren. Es ist sogar schon vorgekommen, dass eine junge Dame die Veranstaltung verlassen hat, da weibliche *Studierende* ja offenbar nicht willkommen seien.

10 Nur Ausgesprochenes hören
Selbstverständlich können Zuhörer nur das hören, was der Redner auch wirklich ausgesprochen hat. Allerdings ist es so, dass Menschen – vor allem vor Publikum – deutlich weniger Wörter pro Minute sprechen, als ihre Zuhörer aufnehmen können. Schlechte Zuhörer empfinden dies als sehr angenehm und lehnen sich entspannt zurück. Geübte Zuhörer hingegen versuchen den nächsten Aspekt des Redners zu erahnen, rekapitulieren bisher Gesagtes und werfen einen Blick auf ihre Aufzeichnungen.

Vorbereitung ist die halbe Miete

Viele Studierende stehen regelmäßig vor der Entscheidung, eine Vorlesung zu besuchen oder diese zu „schwänzen". Anwesenheitspflicht besteht ja trotz der Umstellung auf Bachelor- und Masterstudiengänge an Hochschulen nicht durchgängig. Gerade wenn Professoren die Skripten zu ihren Veranstaltungen im Internet zum Download anbieten, verführt dies viele Studierende, etwas länger zu schlafen, lieber einen Kaffee trinken zu gehen oder noch eine zusätzliche Stunde zu kellnern. Sinnvoll ist dies trotz zur Verfügung gestellter Skripten nicht:

- Sie verpassen die detaillierten Ausführungen und Erklärungen der Dozenten und für das Verständnis wichtige Beispiele.
- Viele Skripten sind umfangreich und allgemein gehalten, damit die Professoren ihre Schwerpunkte in den Vorlesungen flexibel setzen können.
- In vielen Fällen sind Skripten ohne eigene Anmerkungen und Notizen nutzlos. Die Aufzeichnungen anderer sind meist schwer zu verstehen und werden nicht immer bereitwillig herausgegeben.
- Meist dauert es länger, die Skripten zuhause durchzuarbeiten, als die Veranstaltung zu besuchen.

Über den bloßen Besuch hinaus müssen Vorlesungen vorbereitet werden, um maximal von ihnen zu profitieren. Gerade wenn Dozenten auf Aufsätze, Skripten oder andere Texte verweisen, die zur nächsten Sitzung zu lesen sind, sollten Sie dies auch wirklich tun.

Dadurch können Sie nicht nur den Ausführungen in der Veranstaltung besser folgen, sondern verschwenden keine Zeit mit dem Notieren von Einzelheiten, die bereits in Ihrem Skript vermerkt sind. Wenn Sie das nächste Mal gut vorbereitet zu einer Veranstaltung erscheinen, achten Sie doch einmal darauf, wie viele der anderen Diagramme und Tabellen fleißig von der Präsentation abzeichnen, obwohl diese sich genau so in Skript oder Buch befinden.

Außerdem ist eine gründliche Vorbereitung wichtig, um aktiv zuhören, Schwerpunkte erkennen und den Ausführungen des Dozenten folgen zu können. Viele der Fragen, die sich bei der Lektüre der vorbereitenden Texte auftun, klären sich in der Vorlesung. Ohne Vorbereitung stellen sich diese erst in der unmittelbaren Prüfungsvorbereitung, und damit oftmals zu spät für eine Beantwortung.

Wenn ein Professor Skripten oder Powerpoint-Präsentationen zum Download anbietet, sollten Sie nicht ohne diese zur Vorlesung erscheinen. Darüber hinaus sollten Sie ausreichend Papier und Stifte für Ihre Notizen bereit halten. Es klingt nebensächlich, aber bei vielen Studierenden scheitert das Anfertigen eigener Notizen bereits an dieser Kleinigkeit.

Je nach Fachbereich und Dozent kann es sogar wie zu Schulzeiten sinnvoll sein, einen Ordner anzulegen, in dem Ausdrucke, Handouts, Notizen und kopierte Diagramme oder Abbildungen aus Aufsätzen und Büchern gesammelt werden. Ob Sie ein Notebook mitbringen, bleibt Ihnen überlassen – Pros und Contras finden Sie übersichtlich auf Seite 53.

Aktives Zuhören

Vor allem zu Beginn des Studiums fällt es vielen Studierenden schwer, wirklichen Nutzen aus Vorlesungen zu ziehen. Viele notieren einfach alles, was der Professor sagt. Ob die Informationen wirklich relevant sind, wie sie zusammenhängen oder ob sie sich vielleicht sogar im Skript finden, interessiert sie nur am Rande.

Aktives Zuhören bedeutet deutlich mehr. Aktives Zuhören heißt, den Ausführungen des Dozenten geistig zu folgen, Wichtiges zu erkennen, sich selbst Fragen zu stellen und all dies in die eigenen Notizen einfließen zu lassen. Studenten profitieren in den meisten Fällen dann besonders viel von Vorlesungen, wenn sie die folgenden Ratschläge berücksichtigen:

- Notieren Sie nicht einfach nur das, was der Dozent sagt oder an die Tafel schreibt. Versuchen Sie vielmehr seinem Gedankengang zu folgen und zu antizipieren, worauf er hinaus will.
- Achten Sie auf verbale Hinweise wie „erstens ... viertens". Diese deuten auf eine Liste wichtiger Aspekte hin und können für die Strukturierung Ihrer Notizen verwendet werden.
- Fallen Ihnen Schlüsselbegriffe oder Aussagen auf, die mehrmals wiederholt werden?
- Auch deutlich gesetzte Pausen oder ein veränderter Tonfall deuten oft auf Wichtiges hin.

Viele Professoren und Dozenten denken wie klassische Wissenschaftler und gehen von Fragestellungen aus, die es nach und nach zu beantworten gilt. Diese Struktur zeigt sich auch in vielen Vorlesungen. Behalten Sie dies im Hinterkopf, um auch anspruchsvollen Vorlesungen folgen zu können. Überlegen Sie bereits bei Ihrer Vorbereitung der Vorlesung welche zentrale Fragestellung im Mittelpunkt steht und welche untergeordneten Fragen sich daraus ableiten lassen. Das Frage-Antwort-Schema ist auch eine Möglichkeit, Ihre Aufzeichnungen zu strukturieren.

Aufzeichnungen erstellen

Weshalb sollten Sie Aufzeichnungen erstellen, wenn doch der Professor den Download eines Skripts anbietet oder Sie die Inhalte der Vorlesung in der Bibliothek nachlesen können? Tatsächlich gibt es eine Reihe guter Gründe dafür: Notizen zu erstellen, zwingt Studierende dazu, konzentriert zuzuhören und gibt eine erste Rückmeldung, ob das Gehörte auch wirklich verstanden wurde. Persönliche Notizen sind – sofern systematisch und sorgfältig erstellt – in der unmittelbaren Prüfungsvorbereitung besonders effektiv. Außerdem hilft das Notieren Ihnen, das Gehörte zu behalten. Sehen Sie Ihre Notizen einfach als ersten Schritt zum Lernen des neuen Wissens.

Die Fähigkeit, Wichtiges schriftlich festzuhalten, wird Ihre Arbeitsweise und Ihren Lernprozess deutlich effizienter machen. Dabei geht es gar nicht darum, den Inhalt des Vortrags bis ins Detail verstanden zu haben, bevor Notizen erstellt werden. Oftmals stellt sich die Erkenntnis erst beim Aufschreiben ein. Außerdem entwickeln Sie nach und nach automatisch ein Gespür für Wichtiges und Unwichtiges und erhalten Ansatzpunkte für weitere Recherchen oder Nachfragen.

Einige Ratschläge, basierend auf den Äußerungen befragter Studenten, die das Erstellen sinnvoller Notizen erleichtern können:

- Schreiben Sie nicht einfach alles auf, was gesagt wird. Lernen Sie, das wirklich Relevante zu erkennen.
- Ihre Notizen sollten aus Schlüsselwörtern und sehr kurzen Sätzen bestehen. Orientieren Sie sich an den Headlines der Bildzeitung.
- Bleiben Sie konkret und notieren Sie das wirklich Gesagte. Ändern Sie nicht den Sinn, auch wenn Sie Ihre eigenen Worte verwenden.
- Aufzeichnungen werden nicht zum Selbstzweck erstellt. Bemühen Sie sich um Aufzeichnungen, die zu einem späteren Zeitpunkt wirklich von Nutzen sein werden.
- Verwenden Sie ordentliches Papier – Schmierzettel erhöhen nur die Wahrscheinlichkeit, dass Ihre Notizen umsonst erstellt wurden und sehr schnell in den Papierkorb wandern.
- Gewöhnen Sie sich ein System an Abkürzungen und Zeichen an. So können Sie besonders schnell notieren. Vielleicht haben Sie Verwendung für die folgenden Beispiele oder können sie als Anregung nutzen:

P	Problem	=>	daraus folgt
Def.	Definition	<	kleiner, weniger als
U	Ursache, Auslöser	>	größer, mehr als
Lsg.	Lösung	*sd.*	sondern
A	Argument, Begründung	*gg.*	gegen

- Arbeiten Sie sehr großräumig und lassen Sie ausreichend Platz für spätere Ergänzungen und Anmerkungen.

Das System, von dem Studierende im angelsächsischen Raum besonders stark profitieren, ist das Cornell-Note-Taking-System. Leider wird weder dieses noch ein vergleichbares an deutschen Schulen vermittelt. Es stellt eine Möglichkeit dar, Aufzeichnungen zu organisieren und zu komprimieren, ohne diese mehrmals stumpfsinnig abschreiben zu müssen. Bei dieser Methode wird eine Seite so in drei Teile unterteilt wie in nebenstehender Abbildung (eine Kopiervorlage ohne Anmerkungen findet sich online unter www.utb-shop.de/9783825243166).

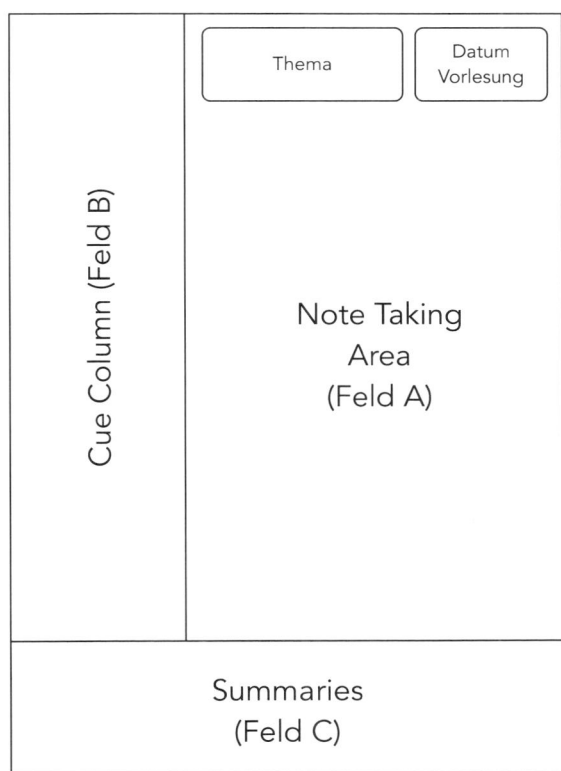

- In Feld A werden während der Vorlesung möglichst ausführliche Notizen gemacht. Dabei kommen Abkürzungen, Symbole und Markierungen zum Einsatz. Hier werden falls nötig auch Diagramme gezeichnet.
- Feld B bleibt dabei noch leer. Möglichst bald nach Ende der Vorlesungen sollte hier eine knappe, stichpunktartige Zusammenfassung entstehen, indem Sie Schlüsselbegriffe notieren. Außerdem sollten hier Zusammenhänge

vermerkt werden. Bei vielen Themen bietet es sich auch an, mögliche Testfragen zu entwerfen. Diese können später der Wiederholung und Prüfungsvorbereitung dienen.

• In Feld C sollten Sie jede einzelne Seite Ihrer Aufzeichnung in ein oder zwei kurzen Sätzen zusammenfassen.

Englischsprachige Lerner haben es besonders einfach, sich die einzelnen Schritte der Cornell-Methode zu merken. Sie sprechen einfach von der 5R-Methode:

Record	–	Aufzeichnungen erstellen (Feld A)
Reduce	–	Aufzeichnungen so knapp wie möglich zusammenfassen
Recite	–	Aufzeichnungen abdecken und in eigenen Worten wiederholen
Reflect	–	den Aufzeichnungen einen Sinn geben,
	–	sie in das eigene Vorwissen einordnen und
	–	in ein oder zwei Sätzen zusammenfassen (Feld C)
Review	–	vor der nächsten Vorlesung anhand der Felder B und C zehn Minuten lang wiederholen

Gerade der letzte Schritt ist im Hinblick auf Prüfungen besonders wichtig, da regelmäßige Wiederholungen die Wahrscheinlichkeit erhöhen, Wissen langfristig zu behalten. In vielen Fällen werden Sie somit auch den kommenden Vorlesungen besser folgen können.

Vorlesungen nachbereiten

So seltsam es klingen mag: Die Anfertigung eigener Aufzeichnungen endet nicht mit dem Ende der Vorlesung. Investieren Sie noch etwas Zeit, um Ihre Notizen zu überfliegen, gegebenenfalls zu ergänzen und zu sortieren. Notieren Sie zuverlässig das Datum auf Ihren Notizen und nummerieren Sie die einzelnen Seiten. Eine unmittelbare Wiederholung der Vorlesungsinhalte anhand eigener Notizen ist der erste Schritt zu einer erfolgreichen Prüfungsvorbereitung. Unterstreichen Sie dabei wichtige Elemente, verdeutlichen Sie Zusammenhänge mit Pfeilen und fügen Sie Nummerierungen hinzu.

Versuchen Sie danach innerhalb von 48 Stunden die Inhalte nochmals durchzugehen. Einige wenige Minuten reichen dazu normalerweise. Diesem geringen Zeitaufwand steht ein enormer Nutzen gegenüber. Wenn Sie dies allerdings länger als 48 Stunden aufschieben, wird daraus meist keine Wiederholung, sondern eher ein neues Lernen. Erstellen Sie ein Mind- oder Conceptmap oder eine Zusammenfassung und überprüfen Sie diese anhand Ihrer Aufzeichnungen.

Viele Studierende profitieren davon, ihre Notizen mit denen anderer abzugleichen. Bilden Sie nicht erst kurz vor Ihrem Examen eine Lerngruppe, sondern profitieren Sie bereits während des Semesters davon. Sie kann Ihnen auch helfen, Fragen zu klären, die sich während der Vorlesung für Sie ergeben haben. Wenn sich eine Frage nicht klären lässt, haben Sie keine Scheu die Sprechstunde Ihres

Dozenten zu besuchen oder ihn zu fragen, ob dieselbe Vorlesung zu einem anderen Zeitpunkt erneut gehalten wird und von Ihnen besucht werden kann.

Lohnt sich der Einsatz eines Notebooks?

Aufzeichnungen mit dem Notebook können eine feine Sache sein. Letztendlich müssen natürlich Sie die Frage in der Überschrift für sich beantworten. Vielleicht kann Ihnen diese Zusammenstellung von Pros und Contras die Entscheidung erleichtern.

Pros	Contras
Anders als mit der Hand gelingt es mit dem Notebook wirklich niemandem unleserlich zu schreiben.	Wenn es Ihnen schwerfällt, sich auf eine Vorlesung zu konzentrieren, bietet ein Notebook viel Ablenkung. Facebook und Co lassen grüßen.
Downloads des Dozenten und Ihre Aufzeichnungen lassen sich besser verknüpfen.	Gerade in überfüllten Vorlesungssälen steht nicht für jeden Zuhörer ein Tisch oder eine Steckdose zur Verfügung.
Digitale Texte können am Computer leicht durchsucht oder per E-Mail versandt werden.	Zeichnungen, Abbildungen und Diagramme lassen sich ohne die entsprechende Ausstattung per Hand oftmals schneller gestalten als am Computer.
Es müssen weniger lose Blätter aufgehoben und organisiert werden.	Computer sind störungsanfälliger als Bleistift und Papier.

Zehn Gebote erfolgreicher Studierender

In den meisten Studiengängen sind Vorlesungen die zentrale Quelle neuen Wissens, aber nur wenige Studierende profitieren wirklich davon. Ziehen Sie ab sofort maximalen Nutzen aus solchen Veranstaltungen! Folgen Sie diesen zehn Ratschlägen und werden Sie zum aktiven und zum guten Zuhörer:

1   Führen Sie sich vor Augen, weshalb das Gesagte wichtig für Sie ist. Ohne offensichtlichen Grund, einem Redner zuzuhören, sinken Motivation und Aufmerksamkeit unweigerlich.

2   Bereiten Sie sich auf Vorlesungen vor, indem Sie die empfohlenen Aufsätze und zur Verfügung gestellten Skripten lesen.

3   Vergessen Sie nie: Lernen ist immer Aufgabe des Lerners. Übernehmen Sie die Verantwortung für Ihr Interesse und Ihr Verstehen. Sitzen sie nicht passiv in der Vorlesung und lassen sich berieseln, nur um anschließend Kritik am Dozenten zu üben, der Ihnen nichts beibringen konnte.

4 Wählen Sie bewusst einen Sitzplatz, von dem aus Sie den Professor gut hören und sehen können. Gehen Sie Ablenkungen von vornherein aus dem Weg.

5 Hören Sie dem Redner wirklich zu. Blenden Sie das Gesagte nicht aus, nur weil es Ihnen inhaltlich nicht zusagt oder der Vortragende Ihnen unsympathisch ist. Seien Sie erst absolut sicher, dass Sie etwas richtig verstanden haben, bevor Sie sich dafür entscheiden es nicht aufzunehmen und zu behalten.

6 Versuchen Sie möglichst schnell die Struktur des Vortrags zu erfassen. Eine anfangs eingeblendete Gliederung beispielsweise kann Sie durch eine gesamte Vorlesung führen. Sie werden deutlich mehr verstehen, wenn sie von vornherein wissen, worauf die Ausführungen hinauslaufen und welche Einzelheiten der Professor auf dem Weg dorthin berücksichtigen wird.

7 Bemühen Sie sich, die Hauptidee der Vorlesung zu erfassen. Details und Fakten sind nur dann wichtig, wenn Sie diese richtig auf die Hauptidee beziehen können.

8 Vermeiden Sie Tagträume. Sobald Sie merken, dass Ihre Gedanken sich auf Wanderschaft begeben, rufen Sie sich in Erinnerung weshalb Sie dem Vortrag zuhören.

9 Machen Sie sich während der Vorlesung Notizen. Selbst Studierende, die meinen, das Gesagte behalten zu können, haben im Normalfall einen großen Teil bereits unmittelbar nach Ende der Vorlesung vergessen. Verwenden Sie dafür ein schlüssiges System.

10 Bereiten Sie Vorlesungen immer nach. Das Sortieren und Abheften der Aufzeichnungen und Skripten ist dabei das Mindeste.

Und zu guter Letzt:
Voller Bauch studiert nicht gern – nehmen Sie diese alte Binsenweisheit nicht zu ernst. Mit knurrendem Magen werden Sie sich nur schwerlich konzentrieren können.

Wissen aus Büchern und Skripten erlesen

Neben Vorlesungen sind es im Studium vor allem Bücher, aus denen Lerner ihre Informationen gewinnen. Anders als zu Schulzeiten handelt es sich dabei um wissenschaftliche Fachbücher und nicht um didaktisch aufbereitete Bücher, die Wissen in kleinen, verständlichen Häppchen servieren. Die Auseinandersetzung mit wissenschaftlicher Fachliteratur kann eine wahre Herausforderung sein, die sich jedoch mit einem durchdachten Herangehen und den richtigen Techniken gut bewältigen lässt.

Werden Sie zum aktiven Leser

In vielen Interviews haben Studierende angegeben, ihre Fachliteratur zu lesen während nebenbei der Fernseher läuft oder sie über Soziale Netzwerke oder Nachrichtenmessenger mit Freunden kommunizieren. Dies ist es, was wir als passives Lesen bezeichnen. Wirklichen Nutzen ziehen Sie aus Fachbüchern nur dann, wenn Sie zum aktiven Leser werden:

- Treten Sie in einen inneren Dialog mit dem Text und setzen Sie sich bewusst mit seinem Inhalt auseinander.
- Kommentieren Sie das Gelesene für sich selbst oder stellen Sie sich Fragen dazu.
- Suchen Sie während des Lesens Schlüsselideen und zentrale Punkte sowie deren Begründungen.

Konzentriertes Lesen schwieriger Texte ist harte Arbeit, und erfordert als solche einen anderen Rahmen als Sofa und TV-Gerät bieten können. Finden Sie einen Ort, an dem Sie weitgehend frei von Ablenkungen arbeiten können und schieben Sie potenziellen Störungen von vornherein einen Riegel vor. Schalten Sie doch beispielsweise Ihr Mobiltelefon einmal aus. Wenn Sie es gewohnt sind, auf dem Bett oder Sofa zu lesen, seien Sie kritisch mit sich selbst und überlegen Sie genau, ob dort wirklich konzentriertes Arbeiten möglich ist.

Außerdem sollten Sie Ihren Biorhythmus beachten und die Zeiten herausfinden, zu denen Sie besonders leistungsfähig sind. Gerade bei schwer verständlichen Texten ermüden Studierende in der Regel schnell, wenn diese früh am Morgen, spät abends oder direkt nach dem Mittagessen gelesen werden.

Legen Sie rechtzeitig Pausen ein. Wenn Sie aufmerksam sind und sich selbst beobachten, werden Sie es schnell merken, wenn Ihre Konzentration nachlässt. Im Idealfall haben Sie für diesen Zeitpunkt bereits eine kurze Pause eingeplant. Sie werden erstaunt sein, wie viel effizienter es ist, dreimal für je 20 Minuten zu lesen, wenn Sie es eigentlich gewohnt sind, eine ganze Stunde am Stück zu lesen. Probleme und Aufgaben, die nichts mit dem Text zu tun haben, sollten Sie während des Lesens nicht beschäftigen. Verschieben Sie die Gedanken daran ganz bewusst auf die Pausen.

Da das Lesen akademischer Texte große Flexibilität erfordert, sollten Sie sich verschiedene Techniken und Methoden angewöhnen. Im Folgenden lernen Sie einige besonders nützliche kennen, die Sie oft einsetzen können.

Skimming

Skimming bedeutet nichts anderes, als einen Text oder eine Textstelle kurz zu überfliegen, um einen ersten Eindruck über dessen Hauptaussage, die wichtigsten Punkte oder Ideen des Autors zu gewinnen. Im angloamerikanischen Raum, wo diese Technik deutlich systematischer angewandt wird als bei uns, unterscheidet man drei Varianten des Skimmings:

*   Preview-Skimming geht meist einem weiteren Skimming oder einem vollständigen Lesen voraus. Es soll neben den Hauptaussagen auch einen Einblick in die Struktur des Textes geben und dient vor allem dazu, ein Buch aus mehreren auszuwählen oder geeignete Inhalte als Basis für einen eigenen Text zu finden. Dazu wird der erste Absatz der Textstelle vollständig gelesen, im Folgenden jedoch nur noch die ersten Sätze jedes Absatzes und die Überschriften.
*   Overview-Skimming wird eingesetzt, wenn ein weiteres Lesen nicht geplant ist. Deshalb ergänzt es das Preview Skimming: Es werden weiterhin erster Absatz, Überschriften und erste Sätze gelesen, jedoch zusätzlich der Rest der einzelnen Absätze überflogen. Auf diesem Weg gewinnen Sie einen besseren Einblick in Zusammenhänge und Argumentationen und behalten mehr Details.
*   Review-Skimming wird eingesetzt, wenn ein Text schon einmal gelesen wurde und Sie sich nochmals mit ihm vertraut machen möchten. Sie bereiten diese Form des Skimmings vor, indem Sie ohne den Text zu nutzen versuchen, möglichst viel des Inhalts zu rekapitulieren. In vielen Fällen erinnern wir uns an deutlich mehr Details als wir im ersten Moment glauben. Überfliegen Sie anschließend den Text und stoppen Sie lediglich sobald Sie auf wichtige Details stoßen, die Sie notieren möchten, oder auf komplexe Ausführungen, die Sie genauer lesen möchten.

Im Gegensatz zum meist an deutschen Schulen angewendeten, wenig konkreten Überfliegen bietet Ihnen Skimming für jede Situation die passende systematische Vorgehensweise.

Scanning

Scanning kann Ihnen große Dienste erweisen, wenn Sie einen Text nach Namen, Buchtiteln, Definitionen oder der Antwort auf spezifische Fragen durchsuchen.

Scanning bedeutet, sich nicht ziellos auf die Suche zu begeben und zu hoffen, man werde schon irgendwie fündig dabei. Vielmehr beginnt Scanning schon vor dem eigenen Leseprozess, indem Sie sich eine klare Vorstellung von der gesuchten Information machen und versuchen sich vorzustellen, in welcher Form diese im Text stehen könnte. Anschließend führen Sie Ihre Augen auf der Suche danach mit Ihrem Finger gerade oder im Zickzack in der Mitte der Seite nach unten.

Lesestrategie SQ3R

Um ein Maximum an Wissen und Informationen aus einem wissenschaftlichen Text zu ziehen, ist es nötig, mit System an diesen heranzugehen. Eine international mit großem Erfolg angewendete Methode, um anspruchsvolle wissenschaftliche Texte zu verstehen und möglichst viel davon zu behalten, ist in Deutschland weitgehend unbekannt. Sie trägt den seltsam klingenden Namen SQ3R und besteht auf fünf einzelnen Phasen:

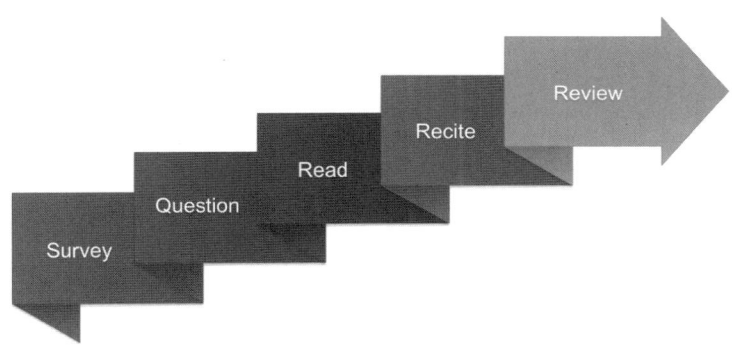

Erfolgreiche Leser verschaffen sich zu Beginn einen ersten Eindruck von dem, was sie bei der Lektüre erwartet. Sie studieren Inhaltsverzeichnis, Abbildungen und Klappentext und bekommen so wertvolle Informationen über Aufbau, Inhalt und Schwierigkeitsgrad des Textes. Diese erste Phase hilft Ihnen sogar, ganze Bücher oder einzelne Kapitel von vornherein von der Lektüre auszuschließen.

Formulieren Sie daraufhin konkrete Fragen an den Text und halten Sie so Ihre Konzentration hoch. Als Basis dieser Fragen bieten sich neben Ihrem Vorwissen die Überschriften des Textes an. Überlegen Sie, welche Fragen ein Kapitel mit dieser Überschrift wohl beantworten wird und auf welche Fragen Sie Antworten suchen. Werden Sie durch die Formulierung von Fragen zum aktiven Leser.

Das eigentlichen Lesen beginnen geübte Leser erst nach Durchführung dieser beiden Phasen. Um wirklich von der Lektüre zu profitieren, ist es notwendig, aktiv zu lesen. Unterstreichen Sie wichtige Aussagen, bringen Sie Hinweise und Markierungen an. In dieser Frage bemühen Sie sich auch, die zuvor gestellten Fragen zu beantworten.

Legen Sie spätestens am Ende eines Kapitels eine kurze Lesepause ein, um anhand Ihrer Markierungen und Unterstreichungen das Gelesene zu wiederholen. Erstellen Sie dabei eine knappe Zusammenfassung, am besten in Form einer Zeichnung. So bekommen Sie sofort eine Rückmeldung, ob das Gelesene auch wirklich verstanden wurde.

Abschließend betrachten Sie den gesamten Text und verbinden die Aussagen der einzelnen Kapitel miteinander. Erstellen Sie eine Zusammenfassung des ganzen Textes. Diese abschließende Phase sollten Sie bei der Vorbereitung auf Prüfungen mehrmals durchlaufen, um sicherzugehen, dass Sie die Inhalte auch wirklich behalten haben.

Speed Reading

Eine unheimlich effiziente Methode, um gerade im Studium nicht nur deutlich stärker von Texten zu profitieren, sondern darüber hinaus enorm viel Zeit zu sparen, ist das Speed Reading. Hierbei handelt es sich um eine Technik, durch die Sie Ihre Lesegeschwindigkeit bei gleichbleibendem oder gesteigertem Textverständnis deutlich erhöhen können. Im Folgenden nur ein erster Einblick in die Wunderwaffe Speed Reading (Wenn Sie sich entschließen, dies richtig zu erlernen, werfen Sie am besten einen Blick auf die weiterführende Literatur auf Seite 171).

Stellen Sie zunächst fest, wie schnell Sie momentan lesen. Stoppen Sie die Zeit, die Sie für zwei Seiten eines Ihnen unbekannten Artikels benötigen und zählen Sie anschließend die dort enthaltenen Wörter. Teilen Sie die benötigte Zeit durch die Anzahl der Wörter und Sie bekommen Ihr momentanes Lesetempo in Words per Minute (WpM). So können Sie Verbesserungen feststellen und Ihre Motivation hochhalten.

- Schließen Sie sämtliche Ablenkungen von vornherein aus und schalten Sie Mobiltelefon, Computer und Klingel ab.
- Führen Sie Ihre Augen mit einer Zeigehilfe (Bleistift oder Ähnliches) über die Zeilen.
- Gewöhnen Sie es sich ab, im Text zurückzuspringen.
- Vermeiden Sie das so genannte Subvokalisieren, die innere Stimme, die Ihnen den Text lautlos vorliest.
- Nutzen Sie Ihr peripheres Sehvermögen, indem Sie Einsparungen an den Rändern des Textes vornehmen und Wortgruppen im Ganzen wahrnehmen.

Selbstverständlich reichen diese wenigen Zeilen nicht, um Speed Reading wirklich zu erlernen. Aber eventuell haben sie Ihr Interesse geweckt, sich diese Technik tatsächlich anzueignen. Bisher gelang es den meisten Seminarteilnehmern mit dieser Technik die eigene Lesegeschwindigkeit bei mindestens gleichbleibendem Textverständnis um mehr als 50 Prozent zu steigern.

Notieren oder Markieren?

Lesen mit dem Stift in der Hand. Für Speed Reader ist dies eine Selbstverständlichkeit, aber auch jeder andere Student profitiert davon. Allerdings scheiden sich die Geister an der Frage, ob Notizen oder Markierungen/Unterstreichungen das Nonplusultra sind. Zunächst eine übersichtliche Darstellung der jeweiligen Vor- und Nachteile:

Notizen

Pros	Contras
Selbstgeschriebenes lässt sich schneller lernen	zeitaufwändig
das Erstellen von Notizen erfordert eine stärkere Selektion, deshalb werden meist wirklich nur die wichtigsten Informationen herausgeschrieben	schwer zu organisieren, wenn viele Notizen für verschiedene Kurse vorhanden sind
sehr flexibel, da Farben, Zeichnungen und eigene Symbole eingesetzt werden können, um das Verständnis zu erhöhen	
Notizen sind praktisch und können immer mitgeführt werden	

Markierungen/Unterstreichungen

Pros	Contras
wenig zeit- und arbeitsaufwändig	werden nur selten sinnvoll eingesetzt: in den meisten Fällen werden 70 bis 80 % des Textes unterstrichen, während Experten eine Obergrenze von 20 % nennen
praktisch, wenn Abbildungen und Schemazeichnungen aus dem Originaltext wichtig sind, um den Inhalt zu verstehen	oftmals ineffizient, da sie Studierende dazu verleiten, das gesamte Buch erneut zu lesen
gut gemacht ermöglichen sie es, ein Kapitel innerhalb kürzester Zeit zu überfliegen und vor einer Klausur schnell zu wiederholen	geben nicht die Möglichkeit, den Inhalt auf eigene Art und Weise zu strukturieren
ein einmal eingespieltes System an Markierungen kann auch bei anderen Gelegenheiten verwendet werden	zur Prüfungsvorbereitung muss auf das schwere, unhandliche Buch zurückgegriffen werden

Selbstverständlich müssen Sie Ihre eigene Entscheidung treffen, aber aus der Erfahrung mit Studierenden kann vor allem das Unterstreichen und Markieren empfohlen werden. Die meisten profitieren mehr davon, wenn Sie eigene Notizen erst beim späteren Lernen erstellen.

Durchdachte Markierungen sind vor allem dann wichtig, wenn Sie den Inhalt des Textes für eine schriftliche oder mündliche Prüfung lernen müssen. Ein Kapitel, in dem Schlüsselbegriffe und wichtige Informationen unterstrichen wurden, ist deutlich schneller wiederholt als erneut gelesen. Unterstrichen fallen die Kerngedanken, wichtige Details und die Verbindungen zwischen einzelnen Ideen und Gedankengängen sofort ins Auge.

Selbstverständlich erfordert sinnvolles Markieren und Unterstreichen ein methodisches Vorgehen. Viele Studenten lesen mit dem Stift in der Hand und unterstreichen alles, was auf den ersten Blick interessant oder wichtig erscheint. Einziger Vorteil dieser Vorgehensweise ist ein ruhiges Gewissen, da die Vielzahl an Markierungen als Beleg dafür gesehen wird, dass der Text gründlich studiert worden sein muss. Gehen Sie lieber in zwei Schritten vor:

1 Lesen Sie aufmerksam und unterstreichen Sie dabei wichtige Aussagen des Autors und weitere Elemente des Textes die für sein Verständnis notwendig sind. Schlüsselbegriffe, zitierte Autoren, Zahlen und Daten sowie andere grundlegende Begriffe umkreisen Sie.

2 Danach ist bei umfangreichen Kapiteln oder Aufsätzen und bei anspruchsvollen Inhalten ein zweiter Lesedurchgang sinnvoll. Bei diesem beschränken sie sich darauf, den Text zu überfliegen und lesen lediglich die unterstrichenen Elemente genauer. Bei diesen identifizieren Sie besonders wichtige Begriffe und ergänzen die Unterstreichung zu einem Kasten. In diesem zweiten Durchgang können Sie auch aussagekräftige Symbole und Abkürzungen anbringen.

Symbole und Abkürzungen, mit denen vieler meiner Studenten arbeiten:

/	wichtig	/ / /	überraschend, so nicht erwartet
?	unverständlich, nochmals genauer lesen	???	unverständlich, weitere Recherche nötig
☺	hier stimme ich zu, trifft genau meiner Meinung	☹	hier stimme ich nicht zu, bin anderer Meinung als der Autor
>	größer, mehr als	<	kleiner, weniger als
⇒	daraus folgt	? ✓ oder ??? ✓	dies habe ich nachgelesen, recherchiert, verstanden
P	Problem	Lsg.	Lösung
Def.	Definition	Mgk.	Möglichkeit
U	Ursache, Auslöser	A	Argument, Begründung

Der Umgang mit schwierigen Texten

Früher oder später führt im Studium kein Weg daran vorbei: Besonders schwierige, kaum verständliche Texte sind zu lesen. Es ist dabei egal, ob der Autor seinen
Artikel besonders kompliziert formulierte, um von inhaltlichen Schwächen abzu-
lenken oder weil dies sein persönlicher Stil ist. Sie müssen sich mit diesem Text
auseinandersetzen. Aber keine Angst, es gibt einiges, das Sie tun können, um
diese Auseinandersetzung produktiver und leichter zu gestalten.

Verbessern Sie Ihr Grundlagenwissen über das behandelte Thema.

- Die meisten Professoren nennen zu Beginn ihrer Veranstaltungen ein einfüh-
  rendes Grundlagenwerk.
- Lesen Sie einen kurzen Überblicksartikel über das Thema in einem Fachlexi-
  kon.

Lesen Sie sich den Text laut vor.

Den Text laut zu lesen und die Wörter zu hören verringert zwar das Tempo, mit
dem Sie lesen, aber es kann Ihr Textverständnis drastisch erhöhen. Leiern Sie ihn
dabei jedoch nicht einfach nur herunter, sondern versuchen Sie ihn so zu betonen,
dass ein Zuhörer Ihnen folgen könnte.

Arbeiten Sie in einer Lerngruppe mit anderen zusammen.

Lesen Sie den Text abwechselnd vor. Analysieren und erklären Sie sich die schwierigen Passagen gegenseitig. Schnell werden Sie merken, dass die Meinung anderer zur Klärung von Unverständlichem beitragen kann.

Vertiefen Sie Ihr Wissen über das behandelte Thema.

- Lesen Sie vorab besser verständliche Artikel, die das gleiche Thema behandeln.
- Suchen Sie ein auf das behandelte Themengebiet spezialisiertes Wörterbuch,
  um unverständliche Termini nachzuschlagen.
- Durchforsten Sie die Literaturangaben des Artikels oder Buchs auf der Suche
  nach besser verständlicher, themenverwandter Literatur.

Zu guter Letzt.

Suchen Sie das Gespräch mit Ihrem Professor und stellen Sie fest, ob Sie das
nötige Vorwissen für das Seminar haben. Oftmals ist Ihren Dozenten nicht klar,
was sie ihren Studenten abverlangen.

Zehn goldene Regeln für effizientes Lesen

1 Werden Sie zum aktiven Leser, der Gelesenes kommentiert und Fragen stellt.

2 Wählen Sie den passenden Rahmen, der Ihnen störungsfreies Arbeiten ermöglicht.

3 Legen Sie regelmäßig und früh genug Pausen ein.

4 Verwenden Sie je nach Text und Zielsetzung unterschiedliche Lesetechniken.

5 Überfliegen Sie anders als in der Schule einen Text nicht wahllos, sondern führen Sie sich vorab Ihre Zielsetzung vor Augen.

6 Lesen Sie sich in SQ3R oder eine andere Lesestrategie ein und wenden Sie diese an.

7 Erlernen Sie Speed Reading. Erlernen Sie S P E E D R E A D I N G!

8 Entscheiden Sie sich, ob Sie Wichtiges lieber markieren oder notieren wollen.

9 Gewöhnen Sie sich ein schlüssiges, eindeutiges System an Abkürzungen an.

10 Entwickeln Sie eine für Sie geeignete Strategie für den Umgang mit besonders schwierigen Texten.

Wissen behalten

Gute Zensuren in universitären Prüfungen erfordern aufgrund von Stoffumfang und -komplexität ein deutlich anderes Lernen als noch zu Schulzeiten. Die Tatsache, dass Tests häufig erst am Ende des Semesters stattfinden, erschwert die Vorbereitung zusätzlich. Im Folgenden lernen Sie...
• Gedächtnisprozesse zu verstehen und sich dieses Wissen zunutze zu machen,
• Merktechniken gezielt einzusetzen und
• sich auf den Tag genau auf eine Prüfung vorzubereiten.

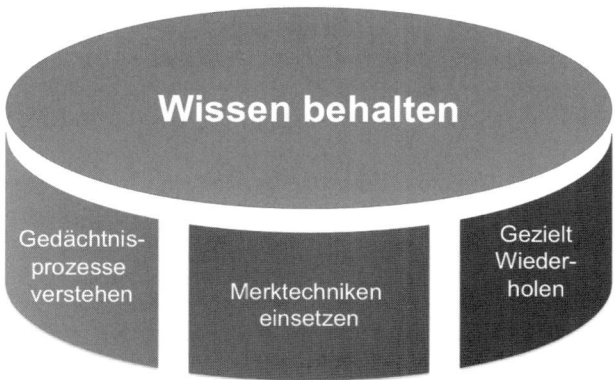

Gedächtnisprozesse verstehen

Ein „gutes Gedächtnis" zu haben beinhaltet eigentlich zwei Aspekte: Speichern und Abrufen; Informationen müssen im Gedächtnis verankert und bei Bedarf wieder hervorgeholt werden können. Vielleicht erinnern Sie sich noch an eine Situation, in der Sie gut vorbereitet und sicher im Prüfungsstoff zu einer Klausur erschienen sind und feststellen mussten, dass Sie Ihr Wissen nicht abrufen konnten. Zwei Ursachen sind denkbar:

Sie haben die Informationen nicht in Ihr Langzeitgedächtnis transferiert oder
Sie konnten Sie dort, aus welchem Grund auch immer, nicht wieder auffinden.

Auch wenn in der Psychologie verschiedene Gedächtnismodelle zum Einsatz kommen, ist das Drei-Speicher-Modell am besten geeignet um aufzuzeigen, wie Lernen funktioniert, welche Lernstrategien gut geeignet sind und welche nicht.

Das Drei-Speicher-Modell

Das Drei-Speicher-Modell geht davon aus, dass Gedächtnisprozesse drei unterschiedliche Speicher umfassen und drei unterschiedliche Prozesse beinhalten:

Speicher	Prozesse
Ultrakurzzeitgedächtnis	Aneignen (Encodieren)
Kurzzeitgedächtnis	Speichern
Langzeitgedächtnis	Abrufen (Decodieren)

Ultrakurzzeitgedächtnis

Das Ultrakurzzeitgedächtnis (auch sensorischer Speicher) umfasst nur eine Zeitspanne von wenigen Millisekunden – für eine Prüfungsvorbereitung also nicht wirklich interessant. Vielmehr dient es dazu, Sinneseindrücke für kurze Zeit aufzunehmen.

Besonders wichtig innerhalb dieses Gedächtnisspeichers ist eine Art Selektionsprozess. Dieser filtert aus der Flut an Reizen und Informationen, der wir ständig ausgesetzt sind, die relevanten heraus. Er identifiziert für uns Wichtiges, Neues und Interessantes und gibt dieses weiter an das Kurzzeitgedächtnis.

Kurzzeitgedächtnis

Die Kapazität des Kurzzeitgedächtnisses (auch primäres Gedächtnis) ist stark begrenzt und liegt deutlich unter der des Sensorischen Registers. Er kann in der Regel 7 ± 2 Informationseinheiten aufnehmen. Hier werden Informationen nur für bis zu einer Minute festgehalten. Sehr deutlich zeigt sich dies, wenn Sie eine neue Telefonnummer hören, diese aber nicht sofort aufschreiben können. Sieben Ziffern – individuell verschiedene die eine oder andere mehr oder weniger – können wir uns weitgehend problemlos merken. Sobald die Ziffernfolge jedoch umfangreicher wird, müssen wir zu einem Trick greifen und uns die Nummer mehrmals vorsagen. Auf diesem Weg behalten wir die Telefonnummer im Kurzzeitgedächtnis.

Sollen Informationen aus dem primären Gedächtnis in das Langzeitgedächtnis überführt werden, müssen diese zunächst weiterverarbeitet werden.

Langzeitgedächtnis

Aus Sicht des Studenten ist es das Langzeitgedächtnis, das von besonderem Interesse ist. Hier werden die Fakten, Zahlen und Zusammenhänge abgespeichert, die das Prüfungswissen ausmachen. Auch wenn es uns nicht immer so vorkommt, ist die Kapazität des Langzeitgedächtnisses prinzipiell unbegrenzt. Anders als bei einer Computerfestplatte müssen Sie keine alten Lerninhalte löschen, um Platz für neue zu schaffen.

Bei der Abspeicherung neuen Wissens im Langzeitgedächtnis sind Wiederholungen und Übungen wichtig. Aber auch Relevanz, Anzahl an Verknüpfungen und emotionale Bedeutung beeinflussen die Verankerung neuer Informationen.

Ihr Ziel im Studium muss es natürlich sein, Informationen zuverlässig im Langzeitgedächtnis abzuspeichern und daraus abrufen zu können. Schlechtes Erinnern hingegen ist häufig auf einen Mangel an effektiven Lernstrategien zurückzuführen. Diese lassen sich grundsätzlich als übergeordnete Soft Skills oder Schlüsselqualifikationen unabhängig vom jeweiligen Fachgebiet schulen. Die bewusste Auseinandersetzung mit dem Lernen, („Das Lernen lernen") fördert eine Kompetenz, die in der heutigen Wissensgesellschaft unersetzlich für Erfolg in Studium und Beruf ist. Inwieweit die von Ihnen besuchte Schule dieser Aufgabe nachgekommen ist, können nur Sie allein beurteilen.

Vergessen

Nicht nur in Prüfungssituationen zeigt sich: Der Mensch ist vergesslich. Ebbinghaus hat den Vergessensprozess wie in nebenstehender Abbildung dargestellt.

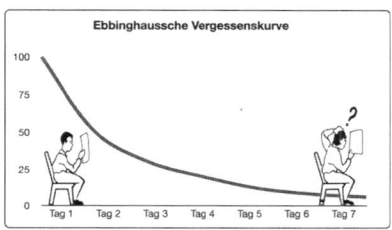

Interessant ist bei dieser Darstellung die zunehmend flacher verlaufende Kurve. Vergessensprozesse laufen demnach direkt nach dem Lernen besonders schnell ab. Das bedeutet, kurz nach einer Lerneinheit wird besonders viel des neu erworbenen Wissens vergessen. Die Informationen jedoch, die noch nach längerer Zeit abgerufen werden können, sind sehr wahrscheinlich auch langfristig zuverlässig gespeichert. Wie sie diesem Vergessensprozess optimal entgegenwirken, erfahren Sie im Folgenden.

Merktechniken einsetzen

Sicher haben Sie es bei WETTEN DASS??? oder einer anderen Fernsehsendung auch schon gesehen und saßen staunend auf der Couch: Ein Gedächtniskünstler betritt die Bühne, stellt sich jedem einzelnen Zuschauer persönlich vor und lässt sich dabei von jedem neben Vor- und Zunamen auch Geburtsdatum und Adresse nennen. Anschließend kann er jeden beliebigen Zuschauer mit Namen ansprechen und dessen Adresse und Geburtsdatum nennen.

Allein dies beweist: Das menschliche Gedächtnis ist zu unglaublichen Leistungen imstande. Es erlaubt uns eine Unzahl an Daten, Zahlen und Fakten langfristig abzuspeichern und bei Bedarf wieder abzurufen. Dennoch gelänge es nur den wenigsten, mit einem ähnlichen Kunststück bei WETTEN DASS??? aufzutreten. Gerade in der Prüfungsvorbereitung jedoch wünscht sich so mancher Student ein ähnlich „gutes Gedächtnis". Dabei bedienen sich Gedächtniskünstler einfach nur derselben Tricks und Techniken, die schon im antiken Griechenland von Philosophen, Rednern und Wissenschaftlern wie beispielsweise Platon und Aristoteles eingesetzt wurden: Mnemotechniken.

Diese Gedächtnistechniken helfen, Informationen mit etwas Besonderem zu assoziieren und auf diesem Wege besonders gut in Erinnerung zu behalten. Mnemotechniken sind Strategien, mit denen Sie Lernstoff in leicht zu behaltende Bilder oder Schlüsselwörter umwandeln.

Während in anderen Ländern selbst hoch angesehene Universitäten wie Cambridge und Harvard ihren Studenten den effizienten Einsatz dieser Techniken vermitteln, ist dies in Deutschland kaum der Fall. Nach eigener Auskunft lernen die meisten deutschen Studierenden durch stupide Wiederholung. Diese „Lerntechnik" wird klassischerweise in der Schule vermittelt und scheint zu funktionieren – zumindest bis zu einem gewissen Grad. Spätestens im Studium jedoch, wenn der Stoff umfangreicher und komplexer wird, zeigen sich die Nachteile dieser Vorgehensweise:

- Das Lernen ist sehr zeitaufwändig.
- Nur ein Bruchteil der zu lernenden Informationen wird behalten.
- Gerade Daten, Fakten und Begriffe werden schnell vergessen.
- In der Prüfung selbst kostet es uns viel Zeit und Mühe, Gelerntes abzurufen.
- Bereits kurze Zeit nach der Prüfung ist der Inhalt wieder vergessen.

Anders als stupides Wiederholen ist der Einsatz von Mnemotechniken effizient, nachhaltig und kann sogar Spaß machen. Im Grunde laufen derartige Techniken darauf hinaus, stabile und vielfältige Zugangsmöglichkeiten zu den einzelnen Inhalten des Lernstoffs zu schaffen. Sie eignen sich besonders gut für Faktenwissen:

- Personennamen und Sachbezeichnungen
- Fachbegriffe und Fremdwörter
- Knotenpunkte eines Prozesses
- historische Ereignisse und Daten
- aufgelistete Kennzeichen, Grundsätze und Eckdaten

Stellen Sie sich vor, wie entspannt Sie in Prüfungen agieren werden, wenn Sie Derartiges problemlos aus Ihrem Gedächtnis abrufen können! Natürlich ist der Einsatz von Gedächtnistechniken dann besonders einfach, wenn in einer Prüfung lediglich auswendig Gelerntes abgefragt wird. Aber auch in anspruchsvolleren Klausuren ist der Einsatz von Gedächtnistechniken sinnvoll. Organisieren Sie hierzu zentrale Aspekte des Lernstoffs in Listen und lernen Sie diese mithilfe von Mnemotechniken.

Akronyme und Akrosticha

Zwei Merkhilfen werden Ihnen vermutlich sofort bekannt vorkommen: Akronyme und Akrosticha. Hierbei handelt es sich um die eine Mnemotechniken, die selbst deutsche Schulen vermitteln. Kaum ein Schüler hat im Unterricht die Planeten unseres Sonnensystems nicht folgendermaßen gelernt:

Merkur	Mein
Venus	Vater
Erde	erklärt
Mars	mir
Jupiter	jeden
Saturn	Sonntag
Uranus	unseren
Neptun	Nachthimmel

Bei diesem Beispiel handelt es sich um ein Akrostichon. Prinzipiell wird bei einem Akrostichon mit den Anfangsbuchstaben der einzelnen Schlüsselwörter ein neuer Satz, Vers oder Reim gebildet.

Akronyme hingegen sind genereller Bestandteil unserer Sprache und uns deshalb besonders vertraut. Kaum jemand denkt bewusst darüber nach, dass das Akronym NATO für North Atlantic Treaty Organization steht oder ein Laser („light amplifikation by stimulated Emission of radiation") ein durch stimulierte Emission von Strahlung verstärktes Licht ist. Bei Akronymen wird aus den Anfangsbuchstaben der zu lernenden Wörter ein neues Wort gebildet.

Diese Anfangsbuchstaben-Techniken helfen Ihnen in vielerlei Hinsicht:
• Akronyme und Akrosticha geben dem zu lernenden Material einen Sinn. Statt neun Eigennamen, die keinen direkten Bezug zueinander haben, müssen Sie sich lediglich einen aussagekräftigen Satz oder ein Wort merken.
• Derartige Eselsbrücken fassen lange Listen an Begriffen zusammen und verringern somit den Lernstoff.
• Mithilfe dieser Gedächtnistechniken vereinfachen Sie das Abrufen der in Ihrem Gedächtnis gespeicherten Information.
• Diese Merktechnik gibt Ihnen einen eindeutigen Hinweis auf die Anzahl der abzurufenden Elemente.
• Außerdem stellt diese Vorgehensweise sicher, dass die einzelnen Elemente der Liste in der richtigen Reihenfolge wiedergegeben werden.

Selbstverständlich bildet weder ein Akronym noch ein Akrostichon die ursprüngliche Information vollständig ab. Vielmehr liefern sie Ihnen lediglich Hinweise darauf. Wenn Sie sich eine derartige Merkhilfe eingeprägt haben, müssen Sie die zugrundeliegende Information in der Prüfung erst daraus ableiten. Üben Sie dies in der Prüfungsvorbereitung mehrmals, um sicherzugehen, dass Sie während der Klausur mehr als das aus den Anfangsbuchstaben zusammengesetzte Schlüsselwort beziehungsweise den Merksatz wissen.

Im Folgenden einige Eselsbrücken. Studieren Sie diese bitte auch, wenn sie nicht Ihrem Studiengebiet entstammen. So bekommen Sie ein Gefühl dafür und entwickeln besonders einfach eigene Merkhilfen.

Lerninhalt:	E, D, K und A
	(Fettlösliche Vitamine)
Merkhilfe:	EDEKA
Anmerkung:	Eigentlich handelt es sich hierbei nicht wirklich um ein Akrostichon, da keine wirklichen Anfangsbuchstaben abgebildet werden.
Alternative:	Ein Dummer, Ätzender Kobold

Lerninhalt:	Stirnbein, Siebbein, Keilbein, Hinterhauptsbein, Schläfenbein
Merkhilfe:	Stines sieben Keiler sind hintersinnige Schleimer
Alternative:	Susannes sieben Kinder sind hochmütige Schleimer.
Anmerkung:	Der Vergleich der beiden Merkhilfen zeigt, dass es gelegentlich sinnvoll sein kann, nicht allein den Anfangsbuchstaben zu betrachten.

Lerninhalt:	Phenylalanin, Isoleucin, Threonin, Methionin, Leucin, Valin, Lysin, Tyrosin (Essentielle Aminosäuren)
Merkhilfe:	Phänomenale Isabell tanzt mit Louis Vuiton lustige Tänze.

Körperliste

Eine äußerst effektive Mnemotechnik ist die Körperliste. Sie dient dazu, die Elemente einer Liste auswendig zu lernen. Strukturieren Sie also zuvor den Lernstoff und komprimieren Sie ihn auf einige Schlüsselwörter, die Sie behalten wollen.

Da sie sich sehr einfach anwenden lässt, ist die Körperliste gerade für Studierende gut geeignet, die zum ersten Mal Merktechniken einsetzen. Ein weiterer Vorteil liegt auf der Hand: Mit ihr haben Sie Ihre Merkhilfe stets dabei; dass einzelne Körperteile vergessen werden, ist in Prüfungen doch eher selten der Fall. Wenn Sie Ihren Körper als Lernhilfe einsetzen, unterscheiden Sie zehn Körperteile. Prägen Sie sich diese in der folgenden Reihenfolge ein:

> *Füße, Knie, Oberschenkel, Gesäß, Bauch,*
> *Brust, Schultern, Hals, Gesicht, Haare.*

Diese zehn Körperteile fungieren ab sofort als Ihre persönlichen Briefkästen, in denen Sie wichtige Schlüsselbegriffe oder andere Punkte einer Liste ablegen. Unabhängig davon, ob es sich um US-amerikanische Präsidenten, kindliche Entwicklungsphasen oder wie im zweiten Beispiel um die Elemente eines Geschäftsplans handelt, erfordert dies zunächst einige Kreativität. Stellen Sie sich die be-

schriebenen Bilder bitte plastisch vor und schmücken Sie sie weiter aus, so dass
überzeichnete, bizarre und abstruse Situationen vor Ihrem inneren Auge entstehen. Nur so prägen sie sich ein.

Körperliste	Bild	Zehn US-Präsidenten
Füße	Mit den Eisensohlen Ihrer Sicherheitsschuhe treten Sie vor Wut gegen ein eisernes Tischbein.	D. D. Eisenhower
Knie	Auf Ihrem Knie tanzt ein kleines grünes Männchen Polka – Sie fragen auf gut Bayerisch: „Kenn I Di?"	J. F. Kennedy
Oberschenkel/ Schoß	In Ihrer vorderen Hosentasche befindet sich eine CD, aufgenommen vom Beatle John (Lennon) und dessen Sohn.	L. B. Johnson
Gesäß	Auf Ihrem Gesäß tragen Sie die Tätowierung einer hübschen, kleinen Badenixe.	R. Nixon
Bauch	Ihr Bauchnabel öffnet sich einem Garagentor gleich und ein riesiger Pickup fährt hinein – ein Fahrzeug der Marke Ford.	G. Ford
Brust	Sie werden von einem aggressiven Kater attackiert, der Ihre Brust zerkratzt.	J. Carter
Schultern	Sie spüren den prasselnden Regen auf Ihren Schultern.	R. Reagan
Hals	Präsident Nummer 8 hing gegen Ende seiner Amtszeit vielen Menschen zum Hals heraus.	G. Bush
Mund/ Gesicht	Seit Präsident Nummer 9 wissen wir, dass mit dem Mund getane Dinge niemals Sex sind.	B. Clinton
Haare	Anstelle von Haaren wächst auf Ihrem Kopf ein Dornbusch	G. W. Bush

Die US-amerikanischen Präsidenten sind aufgrund Ihrer ‚sprechenden' Namen
das Paradebeispiel für unterschiedliche Mnemotechniken. Dennoch funktionieren diese auch mit anderen, beliebigen Listen. Im Folgenden eine Möglichkeit,
die Elemente eines Geschäftsplans nach (FOM 2009) auf der Körperliste abzulegen. Hier werden die Verknüpfungen der einzelnen Bilder mit den Bestandteilen
deutlich komplexer. Nutzen Sie die von mir vorgegebenen Merkhilfen als Anregung, um eigene Eselsbrücken zu entwickeln.

Körperliste	Bild	Elemente eines Geschäftsplans
Füße	Auf Ihrem Fuß sitzt eine grün schillernde Echse, die Sie abzuschütteln versuchen.	Executive Summary
Knie	Auf Ihrem Knie findet ein Miniaturjahrmarkt statt und die Achterbahn fährt genau um Ihre Kniescheibe herum.	Markt
Oberschenkel/ Schoß	Natürlich hatte Ihr Neffe den Spielzeugbus, den Sie ihm abnehmen mussten, zuvor im Mund. Ihre Tasche, in die sie ihn stecken ist jetzt patschnass.	Business Case
Gesäß	Überzeugt von Ihren Produkten haben Sie sich Ihr Produktangebot auf das Gesäß tätowieren lassen:...	Produktangebot
Bauch	...Bauchnabelpiercings für übergewichtige Herren – die Vermarktung dieses Produkts fällt unerwartet schwer...	Vermarktung
Brust	...und das, obwohl ganze Unternehmen sich doch sogar auf künstliche Brüste spezialisiert haben.	Unternehmen
Schultern	Leider lastet dabei das gesamte Risiko auf Ihren Schultern.	Risikomanagement
Hals	Sollte Ihre Finanzplanung jedoch funktionieren, trägt Ihre Partnerin bald eine neue Perlenkette um den Hals.	Finanzplanung

Um eine ähnliche Mnemotechnik handelt es sich bei der 20-er-Liste. Hier werden den Zahlen 1 bis 20 feste, prägnante Bilder zugeordnet, mit denen die zu lernenden Begriffe zu verknüpfen sind. Kombinieren Sie beide Techniken und Sie kommen auf 30 Elemente, die Sie sich spielend leicht merken.

Loci-Technik

Die Loci-Methode geht der Sage nach auf Simonides von Keos zurück, der als einzig Überlebender einer Katastrophe die in einem Haus Verschütteten identifizieren konnte. Dies gelang ihm, indem er sich in Erinnerung rief, wo jeder Einzelne zuletzt gesessen hatte. Im antiken Griechenland und Rom wurde diese Technik von Politikern und Redner wie Cicero oder Quintilian verwendet, um freie Vorträge halten zu können und sich nicht auf Aufzeichnungen stützen zu müssen.

Im Grunde funktioniert diese Mnemotechnik nicht wesentlich anders als die Körperliste: Auch sie nutzt Visualisierungen und Verknüpfungen, um Informationen zu organisieren und zuverlässig abzurufen. Grundlage hierfür ist allerdings weder die Körperliste noch eine andere, fiktive Liste. Vielmehr zieht der

Lernende den Bauplan eines vertrauten Gebäudes oder des Vortragsaals heran, in denen er für sich fiktive Briefkästen einrichtet, mit denen er Schlüsselthemen- oder Wörter verbindet.

Als Studierender profitieren Sie in zwei unterschiedlichen Formen von dieser Methode:

- Beeindrucken Sie Dozenten und Kommilitonen, indem Sie bei Referaten weitgehend auf Stichwortkarten und Aufzeichnungen verzichten. Freie Vorträge werden beim Publikum als qualitativ hochwertiger eingeschätzt und lassen den Redner sachkundig, souverän und gut vorbereitet erscheinen. Wenn Sie einmal einem Vortragenden lauschen mussten, der sich wie ein Ertrinkender an sein Skript klammerte und Wort um Wort abgelesen hat, kennen Sie dies aus eigener Erfahrung.
- Organisieren Sie den Stoff in der Prüfungsvorbereitung in Form von Schlüsselwörtern und behalten Sie diese mit einer kleinen Variante der klassischen Loci-Methode problemlos. In der Prüfung selbst werden Sie das gelernte Wissen anhand der memorierten Begriffe leicht aus Ihrem Langzeitgedächtnis abrufen.

Freie Vorträge mit der klassischen Loci-Technik

Wenn Sie Ihren Vortrag planen und durchstrukturieren, werden Sie sich an verschiedenen Oberpunkten orientieren. Wenn Sie ihn dann halten, hangeln Sie sich von Oberpunkt zu Oberpunkt. Diese Mnemotechnik hilft, damit Ihnen dies ohne Stichwortkarten zuverlässig gelingt. Verdeutlichen wir dies an einem realen Vortrag zum effizienten Lernen, den ich an einer privaten Businesshochschule gehalten habe. Er ließ sich auf die folgenden Schlüsselwörter reduzieren:

- Vergessen und Erinnern
- Lernprozesse optimieren
- Erschließen
- Verarbeiten
- Speichern
- Wiederholen
- Abrufen
- Konzentrieren und Planen

Nun habe ich vor Vortragsbeginn an der Eingangstür des Raums beginnend acht Gegenstände oder Elemente ausgewählt. Wählen Sie Dinge aus, auf die Ihr Blick fällt, wenn Sie ihn im Uhrzeigersinn durch den Raum schweifen lassen. In unserem Beispiel gehen wir von dem realen Seminarraum aus, in dem besagter Vortrag gehalten wurde. Dort identifizierte ich die folgenden acht Gegenstände:

1 linke Eingangstüre

2 Holzvertäfelung

3 rechte Eingangstüre

4 Garderobe

5 Stehpult

6 erhöhte Bühne für die Referenten

7 Publikumsreihen

8 letzte, etwas erhöhte Zuhörerreihen

Wenn Sie nun mit jedem dieser Gegenstände ein Oberthema oder ein Argument Ihres Vortrags verknüpfen, müssen Sie bei der Rede nur noch den Blick durch den Raum schweifen lassen. Sobald er auf einen dieser virtuellen „Briefkästen" fällt, werden Sie an den nächsten Punkt Ihrer Rede denken:

Briefkasten	Verknüpfung/Bild	Schlüsselwörter
linke Eingangstüre	Für diese Türe besitzt der Referent keinen Schlüssel, dies ist insofern von Vorteil, als er ihn somit weder **vergessen** kann noch sich an ihn **erinnern** muss.	Vergessen und Erinnern
Holzvertäfelung	Diese auffällige Wandvertäfelung wurde scheinbar mehrfach gestrichen. So sauber und ordentlich wie dies geschah, scheint jemand am Werk gewesen zu sein, der das wirklich **gelernt** hatte.	Lernprozess
rechte Eingangstüre	Sie rütteln kräftig, aber vergebens an dieser Tür. Sie ist **verschlossen**; stellen Sie sich darauf ein riesiges, durchgestrichenes V vor. So wird aus *Verschließen* ein *Erschließen*.	Erschließen
Garderobe	Rütteln Sie an den Garderobenhaken; echte deutsche Wertarbeit! Sie sind sehr gut **verarbeitet.**	Verarbeiten
Stehpult	An diesem Stehpult ist der Laptop des Referenten platziert; natürlich das neueste Modell mit extrem hoher **Speicher**kapazität.	Speichern
Bühne	Auf der erhöhten Bühne bewegen sich die einzelnen Hochschuldozenten – und seien wir ehrlich, diese **wiederholen** sich doch sowieso ständig...	Wiederholen
Zuhörer	...aber die armen Studenten sollen den Unsinn in der Prüfung dann **abrufen** können.	Abrufen
letzte Reihe	Glück haben die Damen und Herren in der letzten Reihe! Diese können sich in aller Ruhe auf Ihren Spickzettel **konzentrieren.**	Konzentrieren

Diese Methode funktioniert nicht nur mit Begriffen des Gedächtnistrainings, sondern – etwas Fantasie vorausgesetzt – mit jeder Thematik. Im Folgenden sehen Sie das Verfahren anhand eines Referats zur Gründungsphase eines Unternehmens, das aus sieben Oberpunkten bestand. Diese Punkte wurden von Studierenden der Wirtschaftswissenschaften auf die bereits benutzten fiktiven Briefkästen bezogen:

Briefkasten	Verknüpfung/Bild	Schlüsselwörter
linke Eingangstüre	Voller Schwung öffnen Sie die Eingangstüre zum Kreditinstitut, denn Sie sind überzeugt von Ihrer Geschäftsidee.	Geschäftsidee
Holzvertäfelung	Ihren Businessplan sollten Sie dabei stets vor Augen haben. Nageln Sie die einzelnen Seiten des Dokuments hier an diese Holzvertäfelung.	Business Plan
rechte Eingangstüre	Immer noch verschlossen! Gerade auf der Suche nach der geeigneten Finanzierung rennen Unternehmensgründer nur selten offene Türen ein.	Finanzierung
Garderobe	Rütteln Sie an den Garderobenhaken; echte deutsche Wertarbeit! Qualität setzt sich durch – das einzig wahre Marketingkonzept.	Marketingkonzept
Stehpult	Am Pult steht noch immer der neue Laptop des Referenten; absolut überteuert, aber Angebot und Nachfrage bestimmen den Preis.	Angebot/Nachfrage
Bühne	Auf der erhöhten Bühne steht der Dozent und leitet zur Pause über: Ich hab gerade keinen Bock mehr!	Grundlagen HGB
Zuhörer	Den Vortrag und ihre Studiengebühren, die können die Studenten von der Steuer absetzen, zumindest wenn sie die Grundlagen kennen.	Grundlagen Steuer

Am vorletzten Bild zeigt sich ein großer Vorteil dieser Methode: Auch nicht verstandene Inhalte können behalten werden! Der Referent des Vortrags zum Gedächtnistraining, der diese Oberpunkte nutzte, wusste nicht, wofür HGB stand, konnte die Buchstabenkombination mit Hilfe der Eselsbrücke aber trotzdem nennen.

Prüfungsvorbereitung mit der Loci-Technik

Bei einer Variante der Loci-Methode schaffen Sie Verknüpfungen zwischen den Dingen, die Sie sich merken wollen, und einzelnen Stationen eines Ihnen bekann-

ten Weges. Dies hat den Vorteil, dass Sie deutlich mehr als zehn Schlüsselwörter
behalten können und Sie unabhängiger werden. Ein kurzfristiger Raumwechsel
bringt Sie also nicht mehr aus Ruhe. Gut geeignet ist der Weg durch die eigene
Wohnung – oder, falls deutlich größer, durch das elterliche Haus.

Beginnen Sie im ersten Raum, der zu Ihrer Linken liegt, wenn Sie durch die
Eingangstüre treten. Wählen Sie in diesem zehn Gegenstände aus, auf die Ihr
Blick fällt, wenn Sie ihn im Uhrzeigersinn durch den Raum schweifen lassen.
Das kann beispielsweise der Kleiderschrank sein, der gleich links hinter der Türe
steht, der Schreibtisch, der auf ihn folgt und das Fensterbrett etc. Nehmen Sie
sich anschließend Zimmer um Zimmer vor, bis sie jeden Raum mit zehn virtuellen Briefkästen versehen haben.

Prägen Sie sich die Reihenfolge der Gegenstände gründlich ein und wiederholen Sie diese zu Beginn mehrmals. So stellen Sie sicher, dass Sie in einer anstren-
genden Prüfung nicht Tante Gertruds scheußliche Vase in der Ecke vergessen;
schade um das damit verbundene Schlüsselwort. Vermutlich werden Sie in dieser
Phase etwas Zeit investieren müssen. Seien Sie sicher: Es lohnt sich!

Auf diesem Weg gelingt es Ihnen mit ein wenig Übung, 60 oder 70 Begriffe
dauerhaft abzuspeichern. In der Klausur gehen Sie nur durch die Ihnen vertrauten Räume und rufen sich an jedem Briefkasten den dort abgelegten Schlüssel-
begriff in Erinnerung. In Verbindung mit Körper- und 20-er-Liste kommen Sie
so schnell auf einhundert Elemente.

Gezielt Wiederholen

Die beste Merktechnik und das bizarrs-
te, erotischste Bild sorgen nicht dafür,
dass Sie auf Wiederholungen verzichten können. Lernstoff mehrmals zu
wiederholen ist die Grundlage für das
erfolgreiche Bestehen von Prüfungen
und das Erzielen guter Zensuren.
Sinnvolle Merktechniken sorgen lediglich dafür, dass weniger Wiederholun-

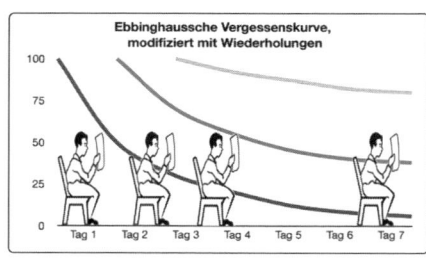

gen notwendig sind, der Lernstoff schneller und besser behalten wird und die
einzelnen Wiederholungen alles andere als langweilig sind.

Die Vergessenskurve nach Ebbinghaus hat verdeutlicht, wie neu gelerntes Wissen nach und nach wieder vergessen wird. Erinnern Sie sich? Lediglich das Wissen, das eine Woche nach dem Lernen noch abgerufen werden kann, ist auch
dauerhaft gelernt! Die in der Abbildung dargestellte, modifizierte Vergessenskurve zeigt, wie Sie dies systematisch nutzen können. Die Abstände zwischen den
einzelnen Wiederholungen vergrößern sich zunehmend. Wiederholen Sie das
neu Gelernte bereits kurz nach dem eigentlichen Lernen ein erstes Mal. Hier

bietet es sich an, den Lernstoff nach 20 Minuten mündlich oder schriftlich (gerne auch in Form einer Mindmap) kurz zusammenzufassen und gegebenenfalls bei allzu großen Lücken und Verständnisproblemen nochmals kurz nachzuschlagen. Eine zweite Wiederholung sollten Sie ungefähr 24 Stunden nach dem eigentlichen Lernen platzieren. Überprüfen Sie sich selbst und kontrollieren Sie, an was Sie sich am nächsten Tag noch erinnern. Rufen Sie sich die gelernten Inhalte erneut ins Gedächtnis. Jetzt, wie auch in den folgenden Wiederholungen, kann es sinnvoll sein, die Kapitel, Mitschriften oder Skripten, aus denen Sie gelernt haben, erneut zu studieren. Beschränken Sie sich dabei auf die Überschriften, überfliegen Sie den Text lediglich oder setzen Sie falls beherrscht die Fortgeschrittenentechniken des Speed Readings ein. Planen Sie von vornherein weitere drei kurze Wiederholungen im Laufe der nächsten fünf Tage ein. Somit erhöhen Sie die Wahrscheinlichkeit, dass Sie den Lernstoff nachhaltig behalten.

Wiederholungen lassen sich besonders effizient gestalten, wenn Sie Lernkarten und Prüfungsfragen einsetzen oder aber in Gruppen zusammenarbeiten.

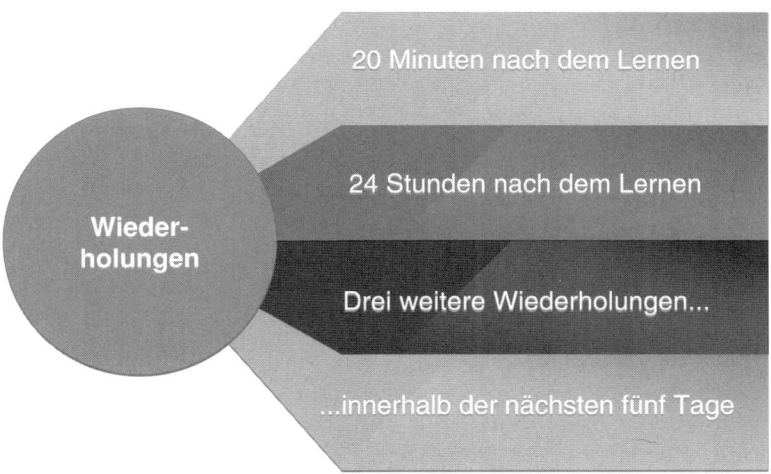

Lernkarten erstellen und einsetzen

Sowohl für das eigentliche Lernen als auch für das Wiederholen neu erworbenen Wissens bieten sich die klassischen Lern- oder Karteikarten an. Wenn Sie jetzt stöhnen und an die unhandlichen Karteikästen denken, die Sie zu Schulzeiten auf Geheiß Ihres Englischlehrers einsetzen mussten, irren Sie. Lernkarten lassen sich heute am PC nicht nur kinderleicht und schnell erstellen, sondern auch vielfältig und flexibel einsetzen. Ihre Vorteile auf einen Blick:

- Beim Erstellen werden Sie gezwungen, Inhalte zu komprimieren.
- Lernkarten sind stets zur Hand und leicht zu ergänzen.

- Einzelne Themengebiete oder Schwerpunkte können separat herausgesucht und besonders intensiv gelernt werden.
- Die Einsatzmöglichkeiten für Lernkarten sind vielfältig.

Das Lernkarten zugrunde liegende Prinzip ist relativ einfach: Anders als beim Vokabellernen finden Sie auf der einen Seite ein Stichwort, einen Oberbegriff oder die Bezeichnung eines Konzepts und auf der anderen Seite entsprechende Ausführungen, Unterpunkte, Definitionen oder Erklärungen.

Erstellen Sie Lernkarten besonders ökonomisch am Computer. Schreiben Sie dazu in der Schriftgröße 18 oder größer und verwenden Sie für jede Vorder- und Rückseite eine neue Seite in einem Din-A4-Dokument (Querformat). Wenn Sie anschließend zwei Seiten auf ein Blatt drucken lassen, entstehen praktische Din-A5-Kärtchen, die Sie entweder falten, um beidseitige Lernkarten zu erhalten oder zerschneiden. Dies ist deutlich einfacher und weniger zeitaufwändig als mit beidseitigem Druck oder Ähnlichem zu hantieren.

Da die meisten Dozenten ihre Skripten mittlerweile auch als PDF-Dokument zur Verfügung stellen, können Sie in den meisten Fällen Schlüsselwort und Er-klärung, Begriff und Definition kopieren und per Copy-and-Paste in Ihr Doku-ment einfügen. Bei vielen Skripten bietet es sich an, jeden einzelnen Punkt des Inhaltsverzeichnisses auf der Vorderseite einer Karte zu notieren. Diese bringen Sie dazu, Ihr Wissen zu den einzelnen Themengebieten auszuführen. Auf die Rückseite schreiben Sie einzelne Unterpunkte anhand derer Sie die Vollständig-keit Ihrer Ausführungen überprüfen können.

Die Arbeit am Computer hat außerdem den Vorteil, dass Sie die Lernkarten mit einer Kopf- und Fußzeile versehen können. So fällt eine Zuordnung zu Fach, Vorlesung und Themengebiet leicht.

Ein Hinweis: Die Funktion, Seitenzahlen automatisch einfügen zu lassen, kön-nen Sie bei Karteikarten besonders sinnvoll nutzen: Notieren Sie dazu auf jeder Seite eines Dokuments eine Frage und lassen Sie die Seitenzahl in der Fußleiste automatisch anzeigen. Fügen Sie davor das Wort *Aufgabe* ein und Ihr Textverar-beitungsprogramm nummeriert Ihre Aufgaben automatisch. Notieren Sie die Antworten in einem zweiten Dokument, wobei Sie vor der Seitenzahl *Antwort* schreiben. So werde auch Ihre Antworten automatisch gekennzeichnet und num-meriert.

Einmal erstellt können diese Kärtchen zu jedem Zeitpunkt eingesetzt werden, um ein Thema alleine zu lernen und zu wiederholen. Ausgehend von der Vorder-seite rufen Sie all Ihr Wissen zu diesem Punkt ab und kontrollieren sich selbst. In Lerngruppen können derartige Kärtchen als Stichwortgeber dienen, wenn Sie sich gegenseitig kurze Vorträge über einzelne Aspekte des Lernstoffs halten.

Nützlich, aber nicht jedermanns Sache ist ein Karteikasten mit mehreren Fä-chern. Neu erstellte Kärtchen wandern zunächst in Fach 1. Dieses wird im Gegen-satz zu den anderen Fächern täglich bearbeitet. Karten, deren Inhalte gewusst wurden, wandern ein Fach weiter nach hinten, während die anderen zurück in das erste Fach kommen. Um so weiter hinten eine Karte steckt, umso größer werden die Abstände, in denen diese wiederholt und gelernt wird. Auf diese Weise wiederholen Sie in unterschiedlichen Abständen alle Karten, legen Ihren Schwerpunkt aber auf Ihre individuellen Schwachstellen.

Selbstverständlich stehen für das Lernen mit Karteikarten auch unterschiedliche Computerprogramm zur Verfügung. In der Praxis hat sich jedoch die simple Erstellung mit einem Textverarbeitungsprogramm als besonders effizient erwiesen.

Arbeiten in Gruppen

In den vorherigen Kapiteln wurde wiederholt angesprochen, wie stark Sie von der Zusammenarbeit mit anderen Studenten profitieren können. Dies gilt allerdings nur, wenn Sie Ihre Lerngruppe mit Bedacht zusammenstellen.

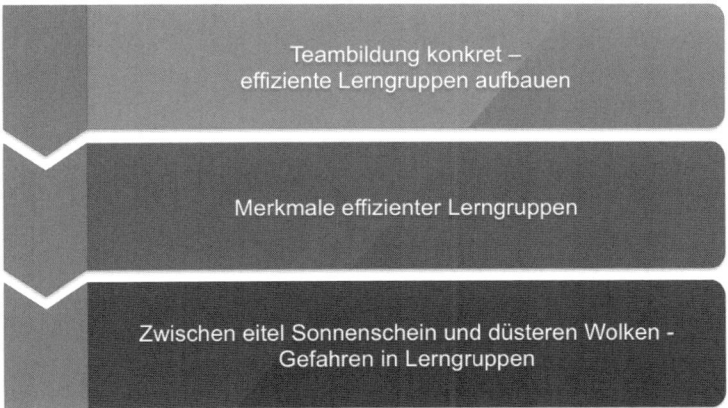

Teambildung konkret –
effiziente Lerngruppen aufbauen

Merkmale effizienter Lerngruppen

Zwischen eitel Sonnenschein und düsteren Wolken -
Gefahren in Lerngruppen

Teambildung konkret – effiziente Lerngruppen aufbauen

Achten Sie bei der Zusammenstellung Ihrer Lerngruppe von Beginn an darauf, dass die Chemie zwischen den Mitgliedern stimmt und die anderen ähnlich ambitioniert sind wie Sie selbst. Sie haben kein Interesse daran, sich in sowieso schon stressigen Prüfungszeiten mit wenig sympathischen, unzuverlässigen Kollegen herumzuärgern. Die ideale Studiengruppe wird bereits zu Beginn des Semesters gegründet und besteht aus drei oder vier Mitgliedern. Bereits ab fünf Mitgliedern sinkt die Effizienz und Sie profitieren nur wenig. Schon zu Beginn der Zusammenarbeit sollten Sie die ersten Arbeitstreffen vereinbaren und auch deren Zeitdauer festlegen. Als sinnvoll hat sich mindestens ein Treffen pro Woche erwiesen, da Sie alle auf diesem Weg regelmäßig Feedback über Ihr Lernen bekommen, die anderen Mitglieder kennenlernen und Schwierigkeiten sich bereits vor der Prüfungszeit erkennen und klären lassen. Legen Sie von Anfang an großen Wert darauf, dass alle Mitglieder der Gruppe zu den Treffen erscheinen und vorbereitet sind. Verteilen Sie dazu in den einzelnen Sitzungen Aufgaben, die bis zum nächsten Treffen zu erledigen sind. Sinnvoll kann es sein, wenn nach jedem Treffen einer der Teilnehmer die Ergebnisse der Sitzung per E-Mail an den Rest der Gruppe versendet. Beachten Sie im Vorfeld der einzelnen Sitzungen einige Aspekte, um sicherzustellen, möglichst stark von den Gruppentreffen zu profitieren:

- Klären Sie gemeinsam, mit welchen Fragestellungen und Themen Sie sich auseinandersetzen möchten. Legen Sie so am Ende eines jeden Treffens die Schwerpunkte für die nächste Zusammenkunft fest. Auf diese Art und Weise hat jedes Mitglied der Gruppe die Möglichkeit sich vorzubereiten. Wenn Sie sich bereits während des Semesters einmal pro Woche treffen, sollten Sie die Zeit nutzen, um die besuchten Lehrveranstaltungen nachzubereiten.
- Verteilen Sie an jedes Mitglied eine Aufgabe, die bis zum gemeinsamen Treffen erledigt werden muss. Von Zusammenfassungen, Lernkarten oder selbsterstellten Prüfungsfragen profitiert jedes Mitglied. Eine gute Idee kann es sein, einen E-Mail-Verteiler einzurichten und sich die erstellten Materialien vor dem Treffen zuzuschicken. So können diese schon im Vorfeld gesichtet werden. Alternativ werden diese zu Beginn des Treffens vom jeweiligen Urheber kurz vorgestellt.
- Legen Sie von vornherein fest, wie lange jedes Treffen dauern soll. So kann jedes Gruppenmitglied planen und niemand sitzt auf heißen Kohlen und hat ein schlechtes Gewissen, weil er einen Anschlusstermin nicht wahrnehmen kann.

Strukturieren Sie die Treffen, um sie effizient zu gestalten, möglichst viel Prüfungsstoff zu behandeln und zielgerichtet arbeiten zu können. Beginnen Sie, indem Sie die Ergebnisse der vorherigen Sitzung kurz wiederholen und jedes Gruppenmitglied die von ihm erledigte Aufgabe vorstellt. Stellen Sie sicher, dass diese Phase nicht zu lange dauert und in Diskussionen ausartet. Bemühen Sie sich anschließend, seit dem letzten Treffen neu aufgetretene Fragen zu klären oder vergeben Sie dies als Aufgabe an einzelne Mitglieder für die nächste Sitzung. Nachdem Sie wie geplant die für das Treffen vereinbarten Themen abgearbeitet haben, nutzen Sie die letzten zehn Minuten, um Aufgaben zu verteilen und das nächste Treffen zu planen. Die folgenden Aktivitäten bieten sich als Aufgaben zwischen den Treffen an:

- Zusammenfassungen erstellen
- fiktive Prüfungsfragen formulieren
- Einzelaspekte recherchieren
- Kontaktaufnahme mit dem Dozenten bei Unklarheiten
- Lernkarten erstellen

Während der Treffen selbst können folgende Aktivitäten durchgeführt werden:

- gegenseitiges Abfragen
- Beseitigen von Unklarheiten bei einzelnen Mitgliedern

- gemeinsames Erörtern von Themen
- Besprechen erstellter Zusammenfassungen und Lernmaterialien
- gemeinsames Erstellen von Mind- und Conceptmaps
- Analysieren und Lösen älterer Prüfungsaufgaben

Zehn Merkmale effizienter Lerngruppen

Lerngruppen gibt es viele, aber keine gleicht der anderen. Da es sich immer um Zusammensetzungen verschiedener Individuen handelt, weist jede ihre eigene Struktur auf. Wirklich effiziente Lerngruppen allerdings, von denen die einzelnen Mitglieder maximal profitieren, weisen einige Gemeinsamkeiten auf:

1 Jedes einzelne Mitglied beteiligt sich an Diskussionen und bringt sich mit seinen Stärken ein.

2 Die Gruppenmitglieder hören sich gegenseitig aktiv zu, fallen einander nicht ins Wort und geben konstruktives Feedback.

3 Die Gruppe widmet sich gleichermaßen allen Problemen und Fragestellungen, egal welches Teammitglied sie einbringt.

4 Alle Mitglieder erscheinen pünktlich und vorbereitet zu den Treffen.

5 Die Gruppe arbeitet konzentriert und verliert die gemeinsamen Ziele nicht aus den Augen.

6 Es herrscht ein respektvoller, wertschätzender Umgang miteinander.

7 Kritik ist erlaubt, findet jedoch konstruktiv statt und verletzt nicht.

8 Niemand scheut sich, Fragen zu stellen und seine Verständnisprobleme zu offenbaren.

9 Am Ende eines jeden Treffens wird eine Agenda für die Folgesitzung verabschiedet, die Aufgaben für jedes Gruppenmitglied enthält.

10 Last but not least zeichnen effiziente Lerngruppen sich durch Wir-Gefühl und die Einstellung GEMEINSAM SIND WIR STARK aus.

Zwischen eitel Sonnenschein und düsteren Wolken – Gefahren in Lerngruppen

Auch wenn Lerngruppen Ihren Studienerfolg sehr stark positiv beeinflussen können, bestehen einige Gefahren:

Gerade Gruppen, die sich besonders gut verstehen, verlieren eventuell die Ziele aus den Augen und nutzen die Treffen eher zum Zwecke der Freizeitgestaltung. Außerdem kommt es in ineffizienten Lerngruppen häufig vor, dass Gruppenmitglieder unvorbereitet erscheinen, keine Teilaufgaben übernehmen und nicht zum Erfolg aller beitragen.

Problematisch werden Arbeits- und Lerngruppen auch dann, wenn die Treffen vor allem genutzt werden, um eigenem Ärger und eigener Prüfungsangst Luft zu machen. Dadurch ziehen sich die Mitglieder gegenseitig herunter und lähmen sich.

Gesprächen mit Studierenden zufolge kommt es in vielen Gruppen außerdem vor, dass einzelne Gruppenmitglieder sehr dominant die Führung übernehmen. Dadurch fühlen sich einige der interviewten Studenten unwohl, gegängelt und haben den Eindruck, die Gruppe diene dem Nutzen eines einzelnen Mitglieds.

Um Schwierigkeiten von vornherein zu vermeiden sollten Sie von Anfang an offen und ehrlich über Erwartungen, Pflichten und Wünsche der einzelnen Mitglieder sprechen. Eventuell hilft es auch, Sitzungen so zu legen, dass die Gruppe im Anschluss daran etwas essen oder trinken gehen kann, um Privates zu besprechen und sich zwanglos zu unterhalten.

In aller Munde – Mind- und Conceptmaps

Eine sehr gute Methode, um das eigene Studium effizienter zu gestalten, sind Mind- und Conceptmaps. Diese „Gedankenlandkarten" eignen sich besonders in der Prüfungsvorbereitung, können aber auch eingesetzt werden, um Notizen zu erstellen, ein Projekt zu planen, eine Problemlösung zu finden oder einen Text übersichtlich zusammenzufassen.

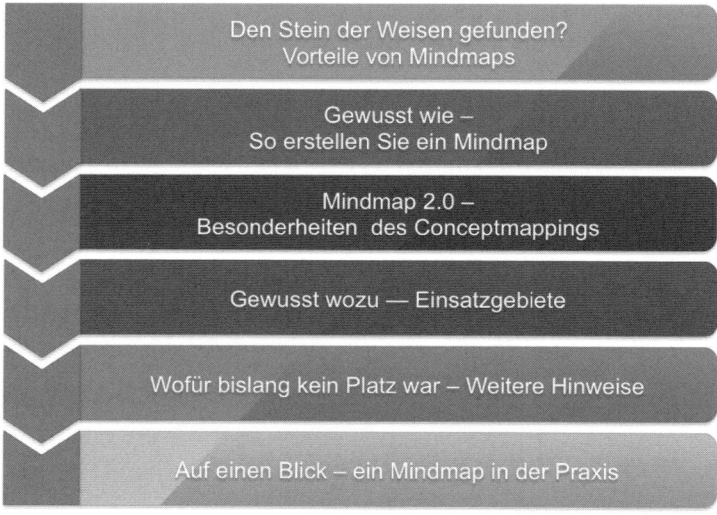

Nutzen Sie Mindmaps, um Ihre Ideen und Gedanken zu verschriftlichen und zu strukturieren. Dabei gehen Sie von einem zentralen Begriff oder einem Kerngedanken aus und ergänzen diese um damit verbundene Ideen, Begriffe und Konzepte. Anders als bei einem herkömmlichen, linearen Text oder einer stichpunktartigen Liste ist die Reihenfolge hier zunächst nicht relevant. Dadurch sind Ergänzungen auch zu einem späteren Zeitpunkt möglich und in vielen Fällen sehr sinnvoll.

Da die Begrifflichkeiten erfahrungsgemäß nirgends so stark verschwimmen wie zwischen Mind- und Conceptmap zunächst eine Unterscheidung:

	Conceptmap	Mindmap
Erklärung	Top-down-Diagramm, das die Beziehungen zwischen einzelnen Konzepten darstellt und Querverbindungen aufzeigt	Diagramm, das von einem Zentrum ausgehend verschiedene Elemente eines Themengebiets hierarchisch darstellt
Nutzen	zeigt systematisch die Beziehungen untergeordneter Aspekte zu einem Hauptkonzept	stellt Aspekte einer Thematik auf kreative Art und Weise dar
Einsatz	Selbststudium, Zusammenfassen komplexer Konzepte; Verstehen komplexer Zusammenhänge	Erstellen von Notizen, Sammeln von Ideen und Strukturieren von Inhalten
Richtung	von oben nach unten	von innen nach außen

Den Stein der Weisen gefunden? Vorteile von Mindmaps

Unter Studenten erfreuen sich Mindmaps unterschiedlicher Beliebtheit: Während viele Studenten die unterschiedlichen Mapping Techniken häufig und sehr gerne einsetzen, hält ein großer Teil überhaupt nichts davon. Die Ablehnung dieser Techniken ist allerdings in den meisten Fällen erfahrungsgemäß auf mangelnde Übung oder falschen Umgang mit ihnen zurückzuführen. Die Vorteile sind einfach zu groß und zu vielfältig, als das man darauf verzichten sollte. Sie werden dann besonders deutlich, führt man sich die Nachteile „normaler", linearer Texte vor Augen:

- Bei Texten verschwinden die Schlüsselbegriffe zwischen all den Füllwörtern, wodurch sie unübersichtlich werden.
- Sie lassen sich nur stark eingeschränkt als Basis für Lernprozesse verwenden.

- Sie sind insofern Zeitverschwendung, als Sie sich sowohl beim Schreiben als auch beim Lesen unnötig lange mit Füllwörtern und Nebensächlichkeiten aufhalten.
- Sie sind sehr unkreativ, und hindern Sie daran, Verknüpfungen zu bilden.

Anders hingegen Mindmaps. Richtig erstellt zwingen diese Sie, sich auf Schlüsselbegriffe zu beschränken und Ihre Aufzeichnungen knapp und übersichtlich zu halten. Beim Betrachten der fertiggestellten Gedächtnislandkarte ergänzt Ihr Gehirn die einzelnen Wörter automatisch zu sinnvollen Sätzen und assoziiert diese mit weiteren Begriffen und Konzepten. Mit wenigen Worten kommen Mindmaps auch deshalb aus, weil der Zusammenhang zwischen den einzelnen Schlüsselwörtern nicht verbalisiert wird, sondern sich automatisch aus der Anordnung der einzelnen Elemente ergibt.

Außerdem führt die formale Offenheit dazu, dass Zusammenhänge besonders deutlich und selbst nachträglich visualisiert werden können. Aber auch neue Punkte und Ideen lassen sich im Nachhinein gut integrieren. Dies ist beispielsweise dann besonders wichtig, wenn Sie zu einem Thema erst recherchieren müssen.

Ein wichtiger Vorteil von Mindmaps ist, dass diese ein besonders kreatives Werkzeug sind. Dies beschränkt sich nicht allein auf die formale Ebene, sondern sorgt dafür, dass der Nutzer auf besonders viele Ideen und Lösungsansätze kommt.

Gewusst wie – so erstellen Sie ein Mindmap

Selbstverständlich gibt es viele unterschiedliche Möglichkeiten, Mindmaps zu erstellen und mit etwas Übung finden Sie den für Sie besten Weg. Im Folgenden eine sinnvolle Möglichkeit, von der sowohl Anfänger als auch Fortgeschrittene profitieren.

Viele Mindmaps enthalten Zeichnungen und Ähnliches – aber keine Angst: Sie müssen kein Künstler sein, um von dieser Methode zu profitieren. Gerade wenn Ihre Ansprüche an eine akkurate, visuell eindrucksvolle Gestaltung besonders hoch wären, würden Sie sich damit selbst behindern. Ein Mindmap ist lediglich Mittel zum Zweck. Auch die Frage, ob andere mit Ihrem Produkt etwas anfangen können, ist irrelevant. Ein Mindmap ist ein ganz persönliches Werkzeug, das Ihnen dabei hilft, die eigene Gedanken und Ideen zu ordnen.

Beim Erstellen eines Mindmaps gehen Sie am besten in vier Schritten vor:

1 Gehen Sie bei Ihrem Mindmap von einer zentralen Themenstellung aus (in unserem Beispiel „Mapping Techniken") und notieren Sie diese zentral auf einem leeren Blatt Papier, das Sie im Querformat verwenden. In vielen Fällen kann es sogar sinnvoll sein, Din-A-3-Papier oder noch größeres Packpapier zu benutzen. Schreiben Sie nicht zu klein, verwenden Sie nach Mög-

lichkeit Großbuchstaben und zeichnen Sie einen Kreis um das Thema – tun
Sie alles, um es hervorzuheben. Wenn es sich anbietet, können Sie selbstverständlich auch ein aussagekräftiges Bild zeichnen.

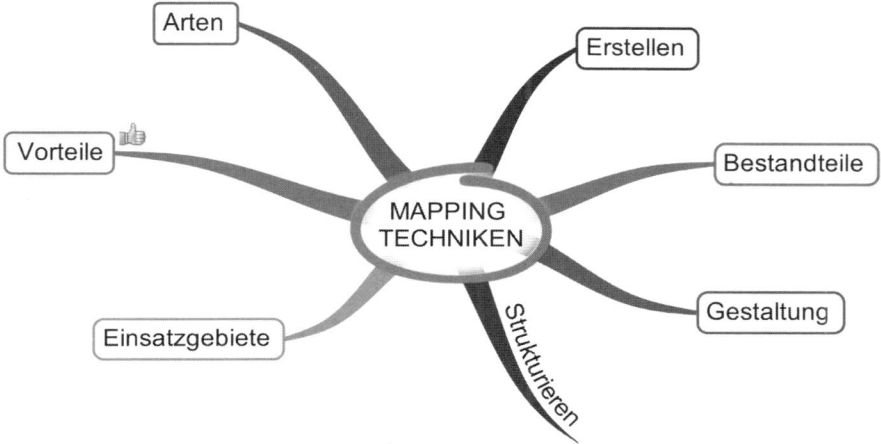

2 Anschließend zeichnen Sie ausgehend von der Themenstellung die Hauptäste ein. Diese Linien gehen wie in der Abbildung gezeigt vom zentralen Begriff aus. Notieren Sie nun am besten am Ende dieser Linien alle Schlüsselwörter, die Ihnen zum Hauptthema einfallen. Wenn Sie keinen Ast mehr
übrig haben, zeichnen Sie einfach einen zusätzlichen ein; wenn Ihnen zu
einem Schlüsselwort weitere Unterbegriffe einfallen, setzen Sie an diesem
weitere Äste an. Auf diese Art erhält Ihr Mindmap eine Systematik von über-
und untergeordneten Konzepten. Notieren Sie möglichst viele assoziierte
Begriffe, beschränken Sie sich dabei jedoch auf einzelne Wörter und verzichten Sie auf ganze Sätze. So sparen Sie Zeit und fokussieren sich auf das
Wesentliche. Keine Angst – dabei geht Ihr Verständnis nicht verloren; Sie
werden auch im Nachhinein noch das Richtige mit den einzelnen Begriffen
assoziieren.

3 Zu diesem Zeitpunkt haben Sie eine Vielzahl an Wörtern gesammelt, die
allerdings recht verloren und unverbunden auf Ihrem Blatt stehen. Ihr
Mindmap weist noch keine wirkliche Struktur auf, sondern ist eher chao-
tisch. In einem dritten Schritt heißt es nun Ordnung ins Chaos zu bringen.
Verwenden Sie hierzu unterschiedliche Farben, zeichnen Sie Pfeile ein und
umkreisen Sie zusammengehörende Aspekte.

4 Übertragen Sie nun die gesammelten Ideen in strukturierter Form auf ein
neues Blatt. Auf einigen wenigen Hauptästen notieren Sie Oberbegriffe zu
den einzelnen Schlüsselbegriffen Ihres ursprünglichen Mindmaps. Diese

Oberbegriffe lassen sich leicht finden, da Sie bereits einen guten Überblick über das Thema bekommen haben. An jeden Oberbegriff hängen Sie weitere Zweige mit den dort passenden Begriffen an. Auf diese Art erhalten Sie eine systematische und nach Schwerpunkten sortierte Baumstruktur.

Selbstverständlich können Sie mit etwas Erfahrung gleich an Ihrem endgültigen Mindmap arbeiten und dieses sofort logisch strukturieren. Hierbei kommt Ihnen Ihre Erfahrung zugute, da Sie mit zunehmender Übung bestimmte allgemeine Oberbegriffe im Kopf haben, die Sie zur Strukturierung von Mindmaps nutzen können. Häufig eignen sich hierzu die klassischen W-Fragen: Was? Wer? Wann? Wo? Warum? Wie? oder die folgenden Punkte:

NUTZEN – ZWECK – URSACHE – FOLGE – PROBLEME –
FACHBEGRIFFE – AUSWIRKUNG – VERBINDUNGEN

Wenn Sie von Anfang an mit Oberbegriffen arbeiten, sollten Sie dennoch offen für weitere Ideen und Hauptäste bleiben. Ansonsten entgehen Ihnen unter Umständen wertvolle Gedanken und Verknüpfungen. Dafür bietet sich auch ein Zweig „Sonstiges" an. Gewöhnen Sie sich einen eigenen Stil an, denn nur Sie müssen mit Ihrer Mindmap zurechtkommen; außerdem kann die Struktur eines Mindmaps in Abhängigkeit von seinem Zweck stark variieren.

Mindmap 2.0 – Besonderheiten des Conceptmappings

Auch wenn die Unterschiede zwischen Mind- und Conceptmap in der Theorie heiß diskutiert werden, kann ich Sie beruhigen: Nichts wird so heiß gegessen, wie es gekocht wird. Oder in anderen Worten: Der Übergang zwischen Mind- und Conceptmap ist in der Praxis fließend und nicht wirklich relevant; relevant ist ausschließlich, wie Sie maximal davon profitieren. In den meisten Fällen beginnen Studierende mit einer Art Mindmap, die sich mehr und mehr zur Conceptmap entwickelt, je intensiver die Auseinandersetzung mit der zugrundeliegenden Thematik stattfindet.

Während Sie beim Erstellen einer Mindmap damit beginnen, Problemstellung oder Grundidee in die Mitte eines Blattes zu schreiben, notieren Sie die Ausgangsidee bei einer Conceptmap oben. Davon ausgehend fügen Sie nach und nach weitere, damit verknüpfte Ideen hinzu und stellen somit nach und nach einen Prozess, eine Entwicklung oder einen Kausalzusammenhang dar. Die Besonderheit bei einer Coneceptmap liegt darin, dass Sie besonders großen Wert auf Zusammenhänge, Benennung der Verknüpfungen und logische Anordnung der einzelnen Elemente legen. Dadurch gewinnen Sie ein tiefergehendes Verständnis für die Thematik und strukturieren Ihre Gedanken. Verwenden Sie farbige Linien, Pfeile und Spiegelstriche, um Zusammenhänge zu visualisieren.

Gewusst wozu – Einsatzgebiete

Mind- und Conceptmapping beim Lesen von Texten

Im Studium können Mindmaps Ihnen helfen, anspruchsvolle Texte zu verstehen und zu behalten. Wenn Sie beim Studium wissenschaftlicher Texte wie in Kapitel „Wissen aus Büchern und Skripten erlesen" beschrieben die Methode SQ3R anwenden, bietet sich das Mindmapping bei den Schritten vier und fünf, Recall und Review, an.

Erstellen Sie dazu unmittelbar nach den Lesen aus dem Gedächtnis ein Mind- oder Conceptmap und fassen Sie so den Inhalt zusammen. Schauen Sie dabei nicht in den Text, sondern arbeiten Sie wirklich ausschließlich mit dem, was bei Ihnen hängen geblieben ist. Aus der so entstandenen Gedächtniskarte können Sie erkennen, welche Textinhalte Sie bereits verstanden und behalten haben, aber auch wo noch Lücken bestehen. Nutzen Sie nun den Text und überprüfen beziehungsweise ergänzen Sie mit seiner Hilfe Ihre Mindmap. Selbstverständlich können Sie auch versuchen, eine weitere, umfangreichere Mindmap nach erneutem Lesen aus dem Gedächtnis zu erstellen. So setzen Sie bereits eine erste Wiederholung und tragen zum Lernerfolg bei.

Verwenden Sie anschließend Farben und Symbole, integrieren Sie Kommentare und Fragen und überarbeiten Sie so Ihr Mindmap. Dieser letzte Schritt ist entscheidend, da Sie dabei die Inhalte wirklich durchdringen, verstehen und behalten. Anschließend recherchieren Sie, um die in Ihrer Mindmap enthaltenen Fragen zu beantworten.

Mind- und Conceptmapping bei schriftlichen Arbeiten und umfangreichen Prüfungen

Bei der Vorbereitung schriftlicher Hausarbeiten oder sogar bei Bachelor- und Masterarbeiten können Mapping-Techniken eine großartige Hilfe sein und Struktur in noch ungeordnetes Vorwissen bringen, denn möglicherweise haben Sie in anderen Lehrveranstaltungen bereits etwas zum Thema der Seminararbeit gehört, haben relevante Texte gelesen oder wichtige Erfahrungen gesammelt. Beginnen Sie deshalb zunächst damit, dieses Vorwissen zur Themenstellung in Form einer Mindmap zu notieren. Arbeiten Sie hier noch großflächiger als sonst, da noch besonders viele Ergänzungen anstehen.

Die meisten Themen lassen sich von vornherein in mehrere Teile untergliedern. Studieren Sie die Aufgabenstellung deshalb genau und identifizieren Sie die einzelnen Teilaspekte. Notieren Sie diese in Ihrem Mindmap und suchen Sie nach Verbindungen.

Wenn Sie Ihre Aufzeichnungen nun genau studieren, werden Sie sehr schnell erkennen, zu welchen einzelnen Unterpunkten und Verzweigungen noch weitere Recherche nötig ist. Gehen Sie diese an und tragen Sie Ihre neu gewonnenen Erkenntnisse in das Mindmap ein. Sobald Sie Ordnung in Ihre Gedankenlandkarte gebracht haben, leiten Sie aus den einzelnen Elementen und Verbindungen die lineare Gliederung Ihrer schriftlichen Hausarbeit ab.

In vielen Abschlussprüfungen in den geisteswissenschaftlichen Studiengängen wird von Ihnen erwartet, eine umfangreiche Themenstellung im Stile eines Aufsatzes auf mehreren Seiten zu diskutieren. Ähnlich wie bei einer schriftlichen Seminararbeit kann eine Mindmap hier Ordnung in Ihre Gedanken bringen und als erster Schritt einer vollständigen Bearbeitung des Themas dienen.

Das folgende Thema aus einer erziehungswissenschaftlichen Abschlussprüfung sollte in Form eines Aufsatzes bearbeitet werden. Dafür standen 180 Minuten zur Verfügung:

Veränderungen der Lebenswelt von Kindern und Jugendlichen erfordern eine veränderte Schule. Stellen Sie gesellschaftliche Veränderungen und deren Konsequenzen für Kinder und Jugendliche dar. Zeigen Sie auf, mit welchen Maßnahmen schulische Erziehung darauf reagieren kann.

Ein Student bereitete das Thema in der Prüfung mithilfe des folgenden Mindmaps vor:

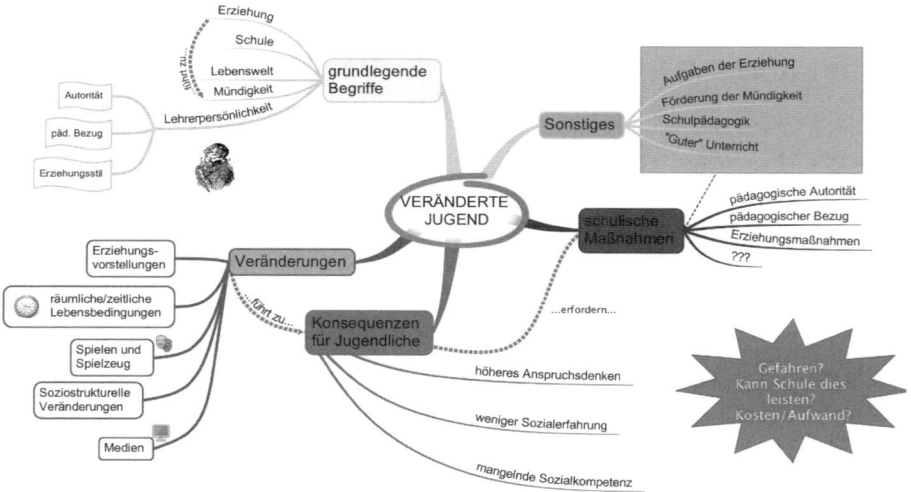

Aus den einzelnen Oberpunkten und Schlüsselwörtern leitete er letztendlich die folgende, an dieser Stelle stark gekürzte Gliederung ab:

1.   Einleitung
2.   Hauptteil
2.1   Begriffsklärung
2.2   Gesellschaftliche Veränderungen
2.3   Konsequenzen für Jugendliche
2.4   Schulische Maßnahmen
2.5   Gefahren und Probleme
3.   Schluss

Weitere Einsatzgebiete

Selbstverständlich eignen Mindmaps sich auch, um Notizen zu Vorlesungen und anderen Lehrveranstaltungen anzufertigen. Conceptmaps lassen sich dagegen nicht einsetzen, da Sie vor Beginn einer Vorlesung deren Struktur normalerweise nicht kennen. Sollten Sie sich für den Einsatz einer Mindmap entscheiden und auf die Methode Cornell-Note-Taking verzichten, planen Sie unbedingt ausreichend Zeit ein, um die in der Lehrveranstaltung erstellte Mindmap nachträglich zu überarbeiten. Nur wenn Sie diese systematisieren, erneut durchdenken und mit Anmerkungen und Kommentaren versehen, stellen Sie sicher, dass Sie auch Wochen später in der Prüfungsvorbereitung am Ende des Semesters noch etwas damit anfangen können.

Auch in der Vorbereitung auf eine Prüfung lassen sich Mindmaps auf vielfältige Weise einsetzen. Mit ihrer Hilfe lässt sich Struktur in die eigenen Aufzeichnungen des Semesters bringen und der Lernstoff übersichtlich organisieren. Oder aber Sie erstellen immer dann, wenn Sie ein Teilgebiet gelernt haben, aus dem Gedächtnis ein Mindmap und überprüfen somit den eigenen Lernerfolg. Wenn Sie das Mindmap mit Näherrücken des Prüfungstags weiter und weiter ergänzen, stellen Sie sicher, dass Sie sich in der Prüfung an besonders viele Inhalte erinnern.

In einer Lerngruppe kann eine gemeinsam erstellte Mindmap nicht nur der Strukturierung der Gedanken und Ideen dienen, sondern darüber hinaus auch der Wiederholung einzelner Wissensgebiete. So trägt jedes Gruppenmitglied in die gemeinsame Gedächtnislandkarte das ein, was es aus Lehrveranstaltungen oder dem Literaturstudium in Erinnerung behalten hat. Dabei erläutert es seinen Mitstreitern die eigenen Gedanken, wodurch diese sich ein Bild machen können oder weitere Ideen beitragen.

Wofür bislang kein Platz war – Weitere Hinweise

Es hat sich als sinnvoll erwiesen, Oberpunkte und Hauptideen in Großbuchstaben zu schreiben. Diese lassen sich gerade handgeschrieben und in einer Zeichnung leichter lesen und stechen deutlich hervor. Für Unterpunkte verwenden Sie wie gewohnt auch Kleinbuchstaben. Verwenden Sie wann immer möglich Symbole und Zeichnungen, um Ihre Ideen zu visualisieren. Bei Mindmaps bevorzugen es viele Studierende, das Papier im Querformat zu verwenden. Der Hauptgedanke im Zentrum hält Sie fokussiert und lässt ausreichend Platz für weitere Aspekte. Für die inhaltliche Strukturierung bieten sich die folgenden Elemente an:

- Kreise, mit denen Sie die Zusammengehörigkeit einzelner Elemente verdeutlichen
- Verzweigungen, die einzelne Elemente miteinander verbinden und in eine Ordnung bringen
- Pfeile, mit denen Sie Folgen und Wechselwirkungen darstellen
- Listen mit untergeordneten Aspekten

Schnell werden Sie merken, dass gerade die Mind- und Conceptmaps besonders effektiv sind, die Sie im zeitlichen Abstand wieder und wieder hervorholen und ergänzen. Lassen Sie beim Erstellen ausreichend freien Platz, um neue Aspekte oder sich nachträglich stellende Fragen einzutragen.

Legen Sie großen Wert darauf, in Ihrer Gedankenlandkarte bestehende Hierarchien abzubilden. Vor allem in der Prüfungsvorbereitung stellen derartige Mindmaps für viele eine große Hilfe dar. Begriffe können als Schlüsselwörter genutzt werden, an die untergeordnete Begriffe und Konzepte angehängt werden. Lineare Texte oder Listen erschweren hingegen nachhaltiges Einprägen der Inhalte.

Auf einen Blick – ein Mindmap in der Praxis

Die folgende Mindmap gibt Ihnen einen Überblick über die Methode des Mindmappings.

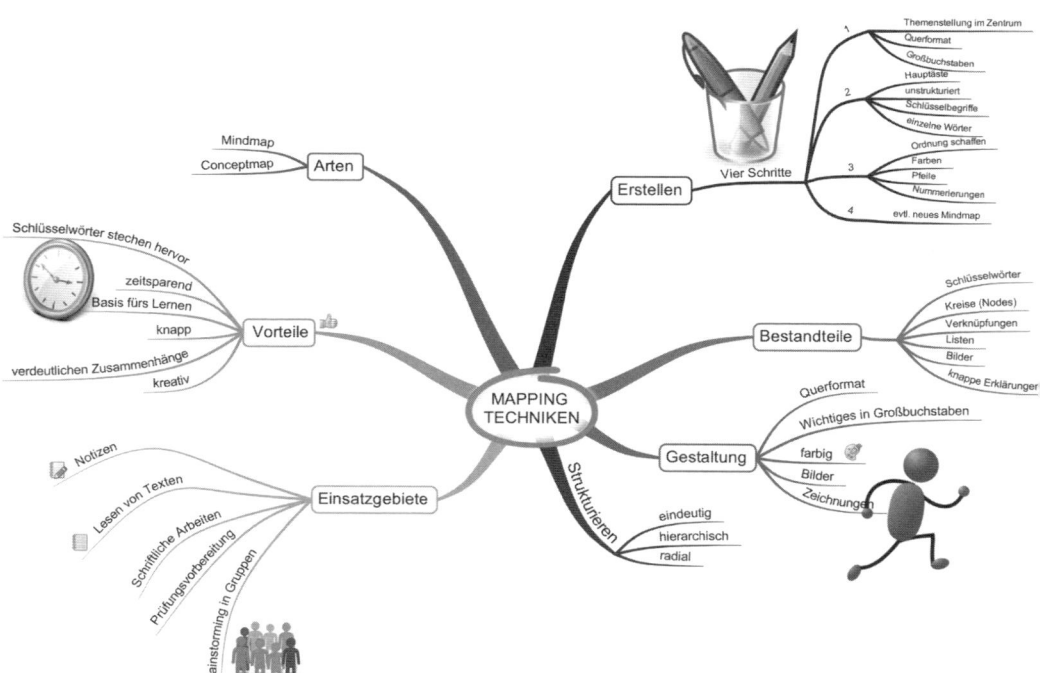

Eins mit Stern:
Herausragende Zensuren erzielen

Auf den ersten Blick mag es etwas befremdlich erscheinen, dass es in diesem Kapitel anders als im vorherigen nicht um das Lernen selbst geht. Erzählte man uns zu Schulzeiten doch jahrzehntelang, wir müssten nur fleißig lernen, um gute Noten zu erzielen. Allerdings werden Sie spätestens mit den ersten Prüfungen im Studium realisiert haben, dass fleißiges Lernen, dass eine breite Wissensbasis allein, nicht viel mehr als eine Grundlage sein kann. Vor allem fleißige Studenten, die zu Schulzeiten Bestnoten durch stures Pauken erzielen konnten und die im Abitur zu den Jahrgangsbesten gehörten, sind oftmals regelrecht schockiert, wenn sie ihre ersten Zensuren an der Hochschule erhalten. An der Hochschule reichen Fleiß und reines Auswendiglernen nicht mehr, um sich mit guten Zensuren hervorzutun.

Wenn Sie das vorherige Kapitel sorgfältig studiert haben und die darin enthaltenen Ratschläge umsetzen, haben Sie bereits den ersten Schritt auf dem Weg zu einem Prädikatsexamen gemacht. Der zweite, nun folgende Schritt ist, sich mit den unterschiedlichen Arten der Leistungserhebung im Studium auseinanderzusetzen:

- Erfahren Sie, wie Sie mündliche Prüfungen souverän meistern.
- Bereiten Sie sich gezielt auf schriftliche Prüfungen vor und bestehen Sie diese mit Bravour.
- Beweisen Sie mit Ihren schriftlichen Seminararbeiten Ihre Fähigkeit, wissenschaftlich zu arbeiten.
- Ernten Sie bei Ihren Referaten bewundernde Blicke Ihrer Mitstudenten und bleiben Sie Ihren Dozenten nachhaltig in Erinnerung.

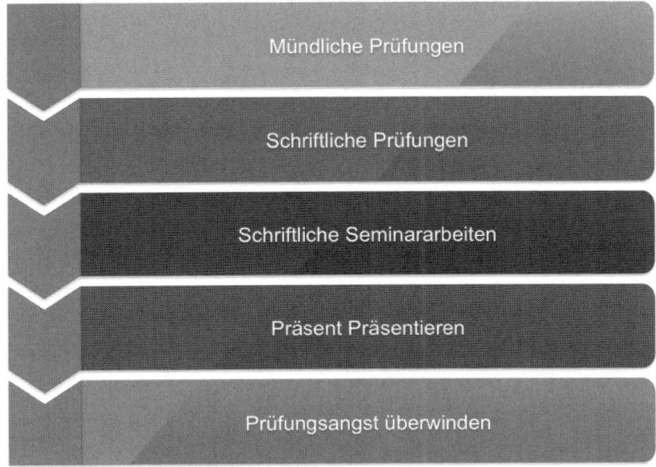

Mündliche Prüfungen

Mündliche Prüfungen stellen für viele Studenten eine große Hürde dar. Gerade wenn Sie nicht zu den wenigen Studierenden gehören, die vor Selbstbewusstsein schier platzen, werden auch Sie vermutlich großen Respekt davor haben. Obwohl auch andere Prüfungsformen von den Teilnehmern als Stress betrachtet werden, nehmen mündliche Prüfungen eine Art Sonderstellung ein: Auf dem Präsentierteller den Fragen der Prüfer ausgesetzt gilt es, die Nerven zu behalten.

Eine Ideallösung für den Umgang mit solchen Situationen gibt es nicht, aber einige sinnvolle Ratschläge, mit denen Sie bereits im Vorfeld alle Weichen auf Erfolg stellen:

Wissen ist Macht.

Gerade wenn Sie eher der unsichere, aufgeregte Prüfling sind, sinkt Ihre Nervosität in dem Maße, in dem Sie sich sicher im Stoff fühlen. Eine gute Vorbereitung – und dabei dürften die vorangegangenen Kapitel geholfen haben – ist der erste Schritt zu Ruhe und Gelassenheit. Ein Prüfling hingegen, der sich seines Halbwissens und seiner Lücken bewusst ist, kann noch so selbstbewusst sein, Nervosität wird er dennoch verspüren.

Simulieren Sie die Prüfungssituation.

Viele Professoren und Dozenten stellen Fragenkataloge zur Verfügung oder nennen beispielhafte Prüfungsfragen. Sollte dies nicht der Fall sein, formulieren Sie während des Lernens eigene „Prüfungsfragen". Arbeiten Sie diese gemeinsam mit anderen Studenten durch und simulieren Sie Prüfungsgespräche. Halten Sie sich an die vorgegebene Zeit, tauschen Sie mehrmals die Rollen und fragen Sie als Prüfer kritisch nach. Auf diese Art und Weise gewöhnen Sie sich an die Situation und können im Ernstfall voller Selbstvertrauen in die Prüfung gehen.

Lauschen Sie Ihrer eigenen Stimme.

Kaum jemand freut sich, die eigene Stimme auf Tonband zu hören. Überwinden Sie die eigene Abneigung und nehmen Sie sich selbst bei der Beantwortung (fiktiver) Prüfungsfragen mit Smartphone oder Computer auf. Analysieren Sie anschließend, ob Sie nuscheln oder zu hastig sprechen. Dies sind in mündlichen Prüfungen die beiden häufigsten Fehler Studierender. Bemühen Sie sich, dies abzustellen.

Achten Sie auf Ihr Äußeres.

Es geht in Prüfungen nicht darum, sich zu verkleiden. Dennoch sollten Sie im Vorfeld einen Blick in den Spiegel werfen und sicherstellen, dass Sie angemessen gekleidet sind. Die Gepflogenheiten variieren von Lehrstuhl zu Lehrstuhl und ein

angehender Jurist wird sich vermutlich anders kleiden als der zukünftige Kunst-
pädagoge. An allen Lehrstühlen jedoch ist es eher ungünstig, wenn sich an Ihrer
Kleidung erkennen lässt, was Sie zum Frühstück hatten.

Auch in der mündlichen Prüfung selbst können Sie Ihren Erfolg maximieren,
indem Sie einige Ratschläge berücksichtigen:

Starten Sie hochkonzentriert.

In der Prüfungssituation ist unabhängig vom Inhalt die erste Frage zumeist die
schwierigste. Vor allem nervöse Studenten verstehen diese oft falsch, beginnen
zu stottern oder erstarren zur Salzsäule. Hören Sie sich diese Frage in aller Ruhe
an, atmen Sie tief durch und nehmen Sie sich die Zeit zum Antworten, die Sie
benötigen. Fragen Sie bei Unsicherheiten unbedingt nach. Viele Professoren sind
so in ihr Fachgebiet vertieft, dass sie gar nicht realisieren, welch unverständliche
Fragen sie stellen.

Nehmen Sie sich Zeit.

Gönnen Sie sich prinzipiell einige Sekunde Zeit, bevor Sie auf eine Frage antworten. Vor allem, wenn nicht auswendig Gelerntes abgefragt wird, kann niemand
von Ihnen erwarten, dass Sie wie aus der Pistole geschossen antworten. Bemühen
Sie sich, Ihre Antworten in ganzen Sätzen zu geben und ein wirkliches Prüfungs-
gespräch in Gang zu bringen. Dies wird in den meisten Fällen deutlich positiver
gesehen, als einsilbige Antworten, die ein Nachbohren des Prüfers erforderlich
machen.

Verwenden Sie eine angemessene Sprache.

Auch wenn Sie in der Prüfungssituation natürlich unter Stress stehen, sollten Sie
es vermeiden in Dialekt zu verfallen oder zu flapsig zu antworten. Auf der anderen
Seite können Sie sicher sein, dass es einem aufmerksamen Prüfer nicht entgehen
wird, wenn Sie leere Worthülsen verwenden oder mit Fachbegriffen zu beeindrucken versuchen, die Sie selbst nicht verstanden haben.

Seien Sie höflich.

Aufgrund vieler von unterschiedlichen Prüfern geschilderter Negativbeispiele
soll an dieser Stelle auf etwas eigentlich Selbstverständliches hingewiesen werden: Treten Sie Ihrem Gegenüber auch in Prüfungen höflich gegenüber. Grüßen Sie, wenn Sie den Raum betreten, nehmen Sie Platz, sobald Sie dazu
aufgefordert werden und sehen Sie dem Fragesteller bei Ihrer Antwort in die
Augen. Übrigens: Das Mobiltelefon auszuschalten soll nicht die schlechteste
Idee sein. Auf diese Weise schaffen Sie eine positive Atmosphäre und bleiben
in guter Erinnerung.

Schriftliche Prüfungen

Die meisten Prüfungen an Hochschulen werden in schriftlicher Form abgelegt. Von daher ist es angebracht, sich etwas genauer mit der bestmöglichen Vorbereitung auf eine schriftliche Prüfung auseinanderzusetzen. Selbstverständlich ist der aktive Besuch von Vorlesungen und Seminaren während des Semesters sowie das Lesen der angegebenen Begleitliteratur die Basis hierfür. Wurde bislang aufgezeigt, wie Sie Ihr Lernen diesbezüglich am besten gestalten, wird im folgenden Kapitel aufgezeigt, wie Sie vom Gelernten am meisten profitieren.

Nutzen Sie die Prüfungen der Vorjahre

Oftmals ähneln sich die Prüfungsaufgaben in Form und Inhalt sehr stark und variieren nur wenig von Semester zu Semester und von Jahr zu Jahr. Dies ist vor allem bei Seminarveranstaltungen und Vorlesungen der Fall, in denen der Stoff dem Dozierenden nur wenig Spielraum lässt. Bemühen Sie sich um Originalprüfungen der vergangenen Semester. Sprechen Sie dazu Ihren Professor an, wenden Sie sich an Ihre Fachschaftsvertreter oder ältere Studenten. Bei Staatsexamensklausuren finden Sie die Prüfungen gelegentlich auch im Internet.

Nutzen Sie diese Aufgaben in zweierlei Hinsicht: Einerseits können Sie diese Fragen als Kontrolle nutzen, um den eigenen Lernprozess zu überprüfen. Fragen Sie sich genau, ob es Ihnen in den vergangenen Semestern gelungen wäre, die Prüfung zufriedenstellend zu bestehen. Andererseits geben Ihnen die alten Aufgaben Auskunft über die Art und Weise, wie Ihr Prüfer seine Tests gestaltet. Stellen Sie sich dazu die folgenden Fragen:

Welche Themenbereiche werden besonders häufig geprüft? Welcher Art sind die Aufgaben? Verwendet der Prüfer besonders viele Multiple-Choice-Aufgaben? Stellt er Fragen, die in wenigen Worten zu beantworten sind? Oder eher Aufgaben, die umfangreiche Textproduktionen verlangen? Reicht es, Wissen reproduzieren zu können oder sind eigenständiger Transfer und problemlösendes Denken gefragt? Dementsprechend können Sie auch Ihre Prüfungsvorbereitung gestalten.

Wie verteilt Ihr Prüfer die einzelnen Punkte auf die unterschiedlichen Themengebiete? Daraus können Sie seine Gewichtung ableiten und sich in der Prüfungsvorbereitung besonders intensiv auf bestimmte Themen vorbereiten.

Hätten Sie in den vergangenen Semestern die anstehende Prüfung mit Ihrem Wunschergebnis bestanden?

Auf diese Art und Weise gewinnen Sie eine klare Vorstellung von dem, was Sie am Prüfungstag erwartet. Darüber hinaus sollten Sie in den Lehrveranstaltungen besonders genau zuhören, sobald ihr Professor einen Punkt als besonders wichtig bezeichnet, etwas mehrmals wiederholt oder an Tafel beziehungsweise Flipchart schreibt. Markieren Sie dies in ihren Unterlagen mit einem Ausrufezeichen oder dem Label „PRÜFUNGSRELEVANT".

Strategien

Verschaffen Sie sich einen Überblick über die gesamte Prüfung.

Sobald Sie Ihre Prüfungsunterlagen in Händen halten, ist der Ernstfall eingetreten. Nun wird sich zeigen, wie gut Ihre Prüfungsvorbereitung war. Lesen Sie die Arbeitsanweisungen ganz genau und hören Sie mündlich erteilten Anweisungen und Hinweisen gut zu. Sie können sich vermutlich gar nicht vorstellen, wie häufig es vorkommt, dass Studierende bei sehr umfangreichen Prüfungen alle Themenstellungen bearbeiten, statt sich wie gefordert für eines der Themen zu entscheiden. Aber auch kleinere Hinweise, die übersehen werden, können Sie in Schwierigkeiten bringen, über Bestehen und Nicht-Bestehen entscheiden und Ihre Noten negativ beeinflussen.

Überfliegen Sie anschließend zunächst den gesamten Test und verschaffen Sie sich einen ersten Überblick. Viele Prüfungen bestehen aus mehreren Teilen und bevor sie loslegen, wollen Sie genau wissen, was auf Sie zukommt und was man von Ihnen erwartet. Oftmals können Ihnen Detailfragen sogar eine Hilfe bei der Beantwortung anderer, übergeordneter Fragen sein.

Nutzen Sie Ihre Zeit weise.

Selbstverständlich haben Sie unter dem Zeitdruck einer Prüfung nicht die Möglichkeit, einen detaillierten Arbeitsplan zu erstellen. Dennoch sollten Sie kurz innehalten und überlegen wie viel Zeit Sie für die einzelnen Prüfungsteile einplanen wollen, beziehungsweise können. Bei umfangreichen Prüfungen, in denen Sie komplexe Themenstellungen auf mehreren Seiten kontrovers diskutieren müssen, kann es sinnvoll sein, bis zu einem Drittel der Zeit für die Strukturierung und Gliederung des Themas aufzubringen. Dies variiert natürlich individuell, weshalb Sie ältere oder fiktive Prüfungsaufgaben im Vorfeld bereits einmal mit der Stoppuhr in der Hand durchgearbeitet haben sollten.

Informieren Sie sich unbedingt im Vorfeld der Prüfung über die zur Verfügung stehende Zeit. Achten Sie dann, wenn Sie die einzelnen Fragen bearbeiten, darauf sich nicht zu lange mit einer Aufgabe aufzuhalten. Ansonsten laufen Sie Gefahr, zu viel Zeit zu verlieren und am Ende nicht fertig zu werden. Achten Sie auch darauf sich nicht zu lange mit unbedeutenden Fragen aufzuhalten. Sollte auf dem Test einmal nicht vermerkt sein, wie viel Punkte bei einer Frage maximal zu erzielen sind, so geben die zur Verfügung stehenden freien Zeilen meist einen groben Anhaltspunkt über den Umfang der erwarteten Antwort.

Beginnen Sie mit dem Leichten.

Die meisten Studenten bearbeiten die Aufgaben in einer Prüfung nicht in der gegebenen Reihenfolge. Tatsächlich ist es sinnvoll, sich zunächst auf die einfacheren Fragen zu stürzen, die man besonders schnell und mit sehr hoher Wahrscheinlichkeit richtig beantworten kann. Anspruchsvollen, schwierigen Fragen können Sie sich auch zu einem späteren Zeitpunkt widmen. Von dieser Vorgehensweise profitieren Sie auf unterschiedliche Art und Weise:

- Sie fokussieren sich zunächst auf die Fragen, bei denen Sie am meisten wissen, und stellen somit sicher, bei diesen möglichst die volle Punktzahl zu erzielen.
- Da Sie bei den für Sie persönlich leichten Fragen zu Beginn sehr schnell vorankommen, werden sie zunehmend sicherer und können später zuversichtlich und selbstsicher die anspruchsvollen Aufgaben bearbeiten.
- Gerade wenn Sie unter Prüfungsangst leiden, wird diese sich mit jeder gut und sicher beantworteten Frage mehr und mehr legen.

Versuchen Sie Ihre Antworten nochmals zu überprüfen.

Natürlich ist es schön, wenn Sie den gesamten Test bearbeitet haben und noch immer etwas Zeit übrig ist – egal wie verlockend es auch sein mag, Ihre Arbeit vor den Augen der anderen Studenten als einer der Ersten abzugeben, verzichten Sie darauf und nutzen Sie die zur Verfügung stehende Zeit sinnvoll.

Überprüfen Sie in einem solchen Fall Ihre Antworten nochmals. Sie werden überrascht sein, wie oft Sie auf Flüchtigkeitsfehler stoßen, die sich mit minimalem Zeitaufwand beheben lassen. Konzentrieren Sie sich dabei vor allem auf Multiple-Choice-Fragen und kleinere Aufgaben. Zum einen lassen diese sich sehr schnell überprüfen, zum anderen übersieht man gerade bei diesen häufig entscheidende Kleinigkeiten, die über richtig oder falsch entscheiden.

Sollten Sie am Ende der Prüfung jedoch nicht dazu kommen, Ihre Ergebnisse nachzurechnen oder Ihren Text Korrektur zu lesen, so lassen Sie sich dadurch nicht verunsichern. Anders als noch zu Schulzeiten ist dies im Studium wirklich eher die Regel als die Ausnahme.

Orientieren Sie sich am Aufgabentyp

Dass Sie sich auf die jeweiligen Aufgabentypen der Prüfung einstellen, kann das entscheidende Zünglein an der Waage sein, das den Unterschied zwischen zwei Noten ausmacht.

Multiple-Choice-Aufgaben

Gerade über Multiple-Choice-Aufgaben kursieren in studentischen Kreisen sehr viele Gerüchte. Im Folgenden einige Aussagen von Studenten:

- *Eine Antwort ist immer ganz offensichtlich falsch.*
- *Eine Antwort ist immer besonders schwierig formuliert und dient nur dazu, uns [Studenten] in die Irre zu führen.*

- *Wenn man keine Ahnung hat, kreuzt man am besten die letzte Antwortmöglichkeit an. Da ist die Wahrscheinlichkeit am höchsten, richtig zu liegen.*
- *Wenn zwei Antworten besonders ähnlich sind, dann muss eine der beiden richtig sein.*

Ohne Sie nun enttäuschen zu wollen sei Ihnen gesagt: Nichts davon trifft zu! Ihre Prüfer sind weder dumm noch ungeschickt, sondern verstehen es in der Regel, Tests so zu erstellen, dass diese wirklich Ihr Fachwissen überprüfen. Wenn Sie sich an derartigen Gerüchten orientieren oder meinen, ein System für die Anordnung der Kreuzchen erkennen zu müssen, laufen sie Gefahr Prüfungen vollständig in den Sand zu setzen. Verlassen Sie sich lieber auf ihr Wissen, Ihre Kompetenz und Ihr Bauchgefühl. Gerade Letzteres kann bei Multiple-Choice-Tests besonders wichtig sein. Vielleicht haben Sie eine relevante Textstelle vor längerer Zeit gelesen oder gar nur überflogen und dabei die entscheidende Information nur unbewusst aufgenommen. Auch wenn Sie in einer mündlichen Prüfung diese nicht bewusst hätten abrufen können, so sind Sie doch fähig, diese eine Information unter vielen anderen herauszufinden.

Im Allgemeinen bereiten Multiple-Choice-Aufgaben, aber auch Richtig-oder-falsch-Aufgaben dann Probleme, wenn Studenten diese unter Zeitdruck möglichst schnell bearbeiten wollen. Dann werden Fragestellungen oft nur überflogen, wobei wichtige Aspekte übersehen werden. Aber auch in den verschiedenen Antwortmöglichkeiten verstecken sich in den meisten Fällen kleine, leicht zu übersehende Wörtchen, die aber große Unterschiede ausmachen können. Gehen Sie deshalb systematisch vor:

- Decken Sie die Antwortmöglichkeiten ab, während Sie die Frage lesen.
- Studieren Sie die Frage sorgfältig und bei Bedarf mehrmals.
- Unterstreichen Sie während des Lesens in der Frage Schlüsselwörter und zentrale Begriffe.
- Halten Sie anschließend einen Moment inne und versuchen Sie sich an einer Antwort, ohne dabei die zur Auswahl stehenden zu lesen.
- Decken Sie nun die möglichen Antworten auf und studieren Sie auch diese sorgfältig.
- Lesen Sie auch dann alle Antworten, wenn Sie der Meinung sind, bereits die erste sei richtig.
- Achten Sie vor allem auf die kleinen Wörter, die einen großen Unterschied ausmachen können:
  nicht – immer – niemals – nur – vollständig
  absolut – am besten – am schlechtesten
- Seien Sie vor allem dann vorsichtig, wenn in der Aufgabenstellung darauf hingewiesen wurde, dass auch mehrere Antworten richtig oder alle falsch sein können.

In vielen Prüfungen wird man Ihnen falsch gesetzte Kreuze negativ auslegen und mit Punktabzug bestrafen. Berücksichtigen Sie dies und verzichten Sie in solchen Fällen im Zweifelsfall eher darauf, ein Kreuz zu setzen, wenn Sie ahnungslos sind und raten müssten. Sollte dies jedoch nicht der Fall sein, raten Sie. Aber raten Sie mit System:

- Eliminieren Sie zunächst die Antworten, die ganz offensichtlich falsch sind. Allein dadurch haben Sie Ihre Chancen, die richtige Antwort zu erraten, deutlich erhöht.
- Hören Sie auf Ihr Bauchgefühl! Sagt Ihnen Ihr Gefühl, dass eine bestimmte Antwort richtig ist, vertrauen Sie darauf, auch wenn Sie die Entscheidung nicht rational begründen können. Unter Umständen haben Sie die entscheidende Information irgendwann einmal aufgenommen, können sich jedoch nicht bewusst an sie erinnern.
- Ähneln sich zwei der Antworten sehr stark und unterscheiden sich nur in einem einzigen Wort (sehr häufig NICHT, IMMER, NUR etc.), so ist eine von beiden wahrscheinlich die richtige. Da Sie in den meisten Fällen nun alle anderen Antworten ausschließen können, kommen Sie auf eine Fifty-fifty-Chance.

Zusammenfassend sei gesagt, gründlich vorbereitet lassen sich Multiple-Choice-Aufgaben gut bearbeiten, erfordern jedoch allerhöchste Konzentration.

Aufgaben zur Textproduktion

Bei diesem Aufgabentyp kann der Umfang des zu schreibenden Textes sehr stark variieren. Möglicherweise besteht eine Prüfung aus vielen kleinen Fragen und Aufgaben, die sich auf wenigen Zeilen bearbeiten lassen. Möglicherweise besteht der Test aber auch aus einer einzigen, sehr komplexen Themenstellung, deren Bearbeitung einen mehrseitigen Aufsatz erfordert.

Gemeinsam ist den unterschiedlichen Formen, dass sie besonders vielen Studenten Probleme bereiten. Auch wenn Sie unter Prüfungsangst leiden, ist es sehr wahrscheinlich, dass diese gerade bei Aufgaben zur Textproduktion besonders stark ist. Eine weitere Schwierigkeit ist, dass viele Studierende sich nicht sicher sind, wie sie sich am besten auf diese Form der Leistungsfeststellung vorbereiten.

Aufgaben zur Textproduktion überprüfen nicht nur Ihr Wissen, sondern auch Ihre Fähigkeit, dieses zu vernetzen, mit praktischen Erfahrungen zu verknüpfen und anzuwenden. Oftmals erwartet man von Ihnen auch eine kritische Würdigung und die Darlegung und Begründung Ihrer eigenen Meinung.

Gerade bei diesem Aufgabentyp ist es wichtig, die Fragen gründlich zu lesen und zu analysieren, um zu erkennen, was überhaupt verlangt wird. Die Formulierung der Aufgabe und die verwendeten Begriffe geben in vielen Fällen bereits Aufschluss über Umfang, Struktur und Inhalt der gewünschten Antwort. Besonders wichtig sind hierbei die Verben:

- Darstellen und Anführen
  Bei dieser einfachsten Form der Textproduktion müssen Sie einen Sachverhalt lediglich schildern. Es ist dabei noch nicht notwendig, ihn aus unterschiedlichen Perspektiven zu betrachten. Allerdings wird häufig von Ihnen erwartet, Ihre Ausführungen mit Beispielen zu untermauern.

- Begründen
  Dieses Verb bezieht sich in Themenstellungen häufig auf einleitende Zitate oder Aussagen. Ihre Aufgabe ist es dabei, diese mit Argumenten, Beispielen und mithilfe logischer Schlussfolgerungen zu stützen. Die Richtigkeit der Grundaussage ist dabei nicht anzuzweifeln.
- Erklären und Erläutern
  Auch diese Wörter verlangen von Ihnen nicht, das einleitende Zitat oder eine Aussage zu hinterfragen. Deren Richtigkeit wird in der Aufgabenstellung als gegeben betrachtet. Sie sollen dies nur detailliert ausführen und begründen.
- Analysieren
  Analysieren bedeutet, für Sie, einen Sachverhalt kritisch abwägend zu untersuchen. Ihre Aufgabe ist es, zu beschreiben, zu ordnen und zu einem begründeten Ergebnis zu kommen.
- Diskutieren und Erörtern
  Sobald sie einen Sachverhalt diskutieren oder erörtern sollen, müssen Sie ihn aus unterschiedlichen Perspektiven betrachten. Führen Sie Pro- und Contra-Argumente an oder nennen Sie Vor- und Nachteile.
- Bewerten und Beurteilen
  Mit diesen beiden Verben werden Sie aufgefordert, sich intensiv mit einem Thema auseinanderzusetzen und Ihre eigene Meinung darzulegen. Diese müssen Sie durch Argumente absichern.

Leider sind all diese Hinweise nur grobe Richtlinien, da erfahrungsgemäß nicht alle Prüfungsfragen wohl durchdacht und sinnvoll formuliert sind. Nutzen Sie falls vorhanden die Gelegenheit, im Vorfeld anhand älterer Prüfungsfragen den genauen Erwartungshorizont Ihres Professors abzustecken und gehen Sie in der Prüfung selbst strukturiert vor:

- Lesen Sie die Anweisungen genau und stellen Sie fest, wie viele Aufgaben Sie insgesamt bearbeiten sollen. In vielen Prüfungen gibt man Ihnen die Möglichkeit, aus einer Vielzahl an Aufgaben und Themen eines oder mehrere auszuwählen. Verschwenden Sie keine Zeit damit, mehr zu bearbeiten als verlangt!
- Lesen Sie alle Fragen, bevor Sie mit dem Schreiben beginnen. Auf diese Weise verschaffen Sie sich einen Überblick über den Umfang der Prüfung, darüber wie lange Sie sich mit einzelnen Fragen aufhalten können und wie ausführlich Ihre Antworten sein sollten. So vermeiden Sie, sich eine halbe Stunde mit einer Frage aufzuhalten, für die es lediglich zwei Punkte gibt.
- Auch wenn es nur eine einzige Frage zu bearbeiten gilt, sollten Sie zunächst alle zur Auswahl stehenden analysieren. Stürzen Sie sich nicht voreilig und unüberlegt auf die erstbeste, die Ihnen machbar erscheint. Andernfalls ärgern Sie sich unter Umständen im Nachhinein, eine Aufgabe übersehen zu haben, die Ihnen besser gelegen hätte.
- Bemühen Sie sich Ihren Zeitplan einzuhalten. Sollten Sie merken, dass Sie für eine Teilaufgabe zu wenig Zeit einkalkuliert haben, überspringen Sie diese Frage lieber und widmen sich zunächst den anderen. Es ist besser, alle Fragen

teilweise beantwortet zu haben, als bei der ein oder anderen Frage überhaupt keine Antwort stehen zu haben. Wenn sie merken, dass Ihnen die Zeit davon läuft, dann gehen Sie dazu über, Ihr Wissen in Stichpunkten anzuführen. Mit etwas Glück gibt Ihnen der Korrektor dafür einen Teil der zu erreichenden Punkte.

- Gerade bei umfangreichen Aufgaben zur Textproduktion ist es notwendig, sich Struktur und wichtige Punkte vorab zurechtzulegen. Erstellen Sie deshalb zu Beginn ein Mindmap oder eine vorläufige Arbeitsgliederung. Die an dieser Stelle investierte Zeit wird sich auszahlen. Den Aussagen besonders erfolgreicher Studenten zufolge verbringen diese bis zu einem Drittel der Prüfungszeit damit, sich die Inhalte zurechtzulegen und eine möglichst detaillierte Gliederung zu erstellen.

- Bemühen sich von Anfang an, schneller zu arbeiten, als die vermutlich ohnehin knapp bemessene Prüfungszeit es eigentlich erfordert. So gewinnen Sie am Ende einige Minuten, die es Ihnen ermöglichen, Ihre Antworten nochmals zu überfliegen und sicherzustellen, dass sie Sinn ergeben.

Buchgestützte Prüfungen

Viele Studenten würden davon träumen, in ihren Prüfungen Bücher und Skripten verwenden zu dürfen. Dabei übersehen sie allerdings, dass gerade die Tests eine besondere Herausforderung darstellen können, in denen Bücher und Aufzeichnungen verwendet werden. Solche Prüfungen erfordern eine besonders gute Vorbereitung, da meistens hohe Anforderungen an logisches Denken, Problemlösefähigkeit und sprachliche Kompetenzen gestellt werden. Halten Sie Ihre Prüfungsvorbereitung folgendermaßen:

- Informieren Sie sich genau, welche Informationsquellen Sie während des Tests nutzen dürfen. Unter Umständen bestehen hier Einschränkungen, so dass Sie nur Ihre eigenen Aufzeichnungen oder ausschließlich ganz bestimmte Bücher verwenden dürfen.

- Bereiten Sie sich zunächst genau so auf den Test vor, wie auf jeden anderen auch. Sie müssen Prüfungsinhalte verstehen und möglichst viele Details behalten. In der Prüfung selbst ist es zu spät, Verständnislücken zu schließen.

- Stellen Sie sicher, dass Ihre Unterlagen gut sortiert und vollständig sind. Wenn dies erlaubt ist, sollten Sie bereits vorab wichtige Textstellen markieren. Des Weiteren stellen eingeklebte Post-its und Marker sicher, dass Sie während der Prüfung wichtige Stellen besonders schnell aufschlagen können.

In der Prüfung selbst sollten Sie die folgenden Ratschläge beherzigen:

- In den wenigsten Prüfungssälen wird Ihnen ein riesiger Schreibtisch zur Verfügung stehen. Deshalb kann ein Stapel an Büchern, Skripten und handschriftlichen Notizen schnell unübersichtlich werden und die Informationssuche zu einem unmöglichen Unterfangen machen. Nehmen Sie nur die Unterlagen mit, die Sie auch wirklich benötigen werden.

- Übernehmen Sie nicht einfach Passagen unreflektiert und direkt aus Büchern. In den meisten Fällen werden Sie den Inhalt an die Aufgabenstellung oder Frage anpassen müssen.
- Vergessen Sie nicht, die jeweils verwendeten Quellen korrekt anzugeben. Selbst wenn dies einmal nicht explizit verlangt sein sollte, wird wissenschaftlich korrektes Arbeiten einen guten Eindruck hinterlassen und kann im Zweifelsfall den Ausschlag für eine bessere Note geben.

Notfallplan statt Pauken ohne Sinn und Verstand

Selbstverständlich sollten Sie möglichst frühzeitig mit der Prüfungsvorbereitung beginnen und diese im Idealfall bereits einige Tage vor dem großen Tag abgeschlossen haben. Sollte dies irgendwann aus einem triftigen Grund einmal nicht möglich sein, ist stumpfsinniges Pauken die schlechteste Lösung. Dabei bleibt im Normalfall viel zu wenig hängen. Trotzdem heißt es, nicht verzagen: Nutzen Sie die verbleibende Zeit und bereiten Sie sich trotz allem bestmöglich vor:
- Nehmen Sie fünf Blatt Papier und notieren Sie als Überschriften auf jedem einen der Themenschwerpunkte oder Hauptaspekte.
- Fassen Sie darunter Ihr Wissen zu jedem einzelnen Begriff kurz zusammen und erstellen Sie auf diese Weise eine Art Zusammenfassung. Halten Sie diese kurz und beschränken Sie sich auf maximal zehn Sätze oder Aufzählungspunkte.
- Überprüfen Sie anschließend Ihre Ausführungen mithilfe des Skripts oder sonstiger Literatur. Verbessern, vervollständigen und ergänzen Sie Ihre Notizen.
- Dank dieser Methode haben Sie nun fünf wichtige Teilbereiche wiederholt und knapp zusammengefasst. Sollten Sie noch etwas Zeit übrig haben, wiederholen Sie diesen Schritt noch einmal und erstellen Sie fünf weitere Zusammenfassungen. Dabei sollten Sie es jedoch auch belassen, denn in der Kürze der Zeit stellen zehn Themenbereiche das absolute Maximum dessen da, was sie noch behalten können.
- Nummerieren Sie die zehn Blätter. Beginnen Sie dabei mit dem wichtigsten.
- Ab sofort nutzen Sie jede freie Minute bis zum Beginn der Prüfung, um diese einseitigen Zusammenfassungen zu lernen und zu wiederholen.
- Darüber hinaus bleibt Ihnen – außer beten – nicht viel mehr übrig.

Selbstverständlich handelt es sich bei dieser Methode um einen absoluten Notfallplan, der natürlich keine gründliche Prüfungsvorbereitung ersetzt. Haben Sie jedoch während des Semesters aufmerksam dem Dozenten zugehört und die einzelnen Veranstaltungen vor- beziehungsweise nachbereitet, besteht durchaus Aussicht auf Erfolg. Anschließend sollten Sie Ihre Prüfungsvorbereitung nochmals überdenken und sich etwas intensiver mit langfristigen Studienplänen auseinandersetzen.

Zehn Gebote erfolgreicher Studierender

1 Beginnen Sie nicht erst unmittelbar vor der Prüfung mit dem Lernen. Gerade die Studenten schneiden gut ab, die das gesamte Semester über am Ball bleiben, Lehrveranstaltungen vor- und nachbereiten und regelmäßig strukturierte Aufzeichnungen anfertigen.

2 Während Ihr Zeitplan für das gesamte Semester doch eher grob ausfallen kann, sollten Sie für die Prüfungsvorbereitung einen detaillierten Plan erstellen. An diesem orientieren Sie sich und behalten somit ständig den Überblick, ob Sie noch im Soll liegen oder mit Ihrer Vorbereitung hinterherhinken. Notieren Sie in diesem Plan die Kapitel und Themenbereiche, die Sie lernen möchten, aber auch Termine, an denen Sie Ihre Lernfortschritte anhand älterer Klausuren oder fiktiver Prüfungsaufgaben überprüfen.

3 Greifen Sie in der Prüfungsvorbereitung auf Klausuren der Vorjahre zurück, informieren Sie sich bei älteren Studenten über Art und mögliche Schwierigkeiten der Prüfung und formulieren Sie während des Lernens fiktive Prüfungsaufgaben, die Sie zu einem späteren Zeitpunkt lösen.

4 Sehen Sie zu, dass sie ausreichend Schlaf bekommen. Fit und ausgeruht zu einer Prüfung anzutreten ist die halbe Miete. Planen Sie Ihre Prüfungsvorbereitung so, dass Sie den Abend vor dem großen Tag entspannt angehen können und nicht über Ihren Aufzeichnungen brüten müssen. Machen Sie sich einen gemütlichen Abend vor dem Fernseher, gehen Sie spazieren oder treffen Sie Freunde, aber gehen Sie früh zu Bett. Sollten Sie erfahrungsgemäß Probleme mit dem Einschlafen haben, bewirken autogenes Training, Entspannungstechniken und Hausmittelchen wie heiße Milch Wunder.

5 Machen Sie sich am Morgen des Prüfungstages möglichst früh auf den Weg. Wenn eine ausgefallene Straßenbahn, dichter Berufsverkehr oder zeitaufwändige Parkplatzsuche Sie in Panik versetzen, haben Sie von vornherein zu wenig Zeit eingeplant. Der beste Start in eine Prüfung ist dies definitiv nicht.

6 Vor dem Prüfungsraum angekommen sollten Sie den Kontakt zu anderen Studenten auf ein Minimum beschränken. Die meisten Teilnehmer stecken sich zu diesem Zeitpunkt mit ihrer Aufregung gegenseitig an, verbreiten die wildesten Gerüchte über den Schwierigkeitsgrad der Prüfung und verunsichern sich gegenseitig. Ziehen Sie sich ganz entspannt zurück – gerne auch an ein stilles Örtchen – und gehen Sie im Geiste nochmals ihre Aufzeichnungen durch, rufen Sie sich das erstellte Mindmap in Erinnerung und machen Sie sich bewusst: Sie sind gut vorbereitet!

7 Zu diesem Zeitpunkt, aber auch während der Prüfung selbst können Sie von Entspannungs- und Konzentrationstechniken profitieren. Gerade wenn Sie der eher aufgeregte Typ sind, ist es an der Zeit, sich mit den Mudras, Fingerübungen aus dem Yoga, auseinanderzusetzen. Richtig ausgeführt können diese Sie beruhigen und Ihnen helfen, sich auf die anstehende Aufgabe zu konzentrieren. Alternativ kann es auch helfen, kurz die Augen zu schließen und bewusst und langsam ein- und auszuatmen. Konzentrieren Sie sich dabei auf Ihre Nasenwurzel und versuchen Sie, „in diese hineinzuatmen".

8 Lassen Sie sich auch dann nicht verrückt machen, wenn Sie Prüfungsunterlagen in Händen halten und erkennen müssen, dass diese Themenstellungen sehr sehr schwierig sind. Denken Sie immer daran, dass auch Ihre Mitstudenten damit zurechtkommen müssen. Die wenigsten Prüfer können es sich erlauben, allen Teilnehmern schlechte Noten zu geben. Dies würde entweder auf eine falsch konzipierte Prüfung oder schlechte Lehre schließen lassen. Wenn es Ihnen gelingt, besser zu sein als der Großteil der anderen Studenten, wird sich dies auch in einer ordentlichen Note niederschlagen. Vertrauen Sie auf Ihre Fähigkeiten und die Effektivität Ihrer Prüfungsvorbereitung.

9 Genau dies sollte ihre prinzipielle Einstellung zu Tests sein. Die richtige innere Haltung und ein gesundes Selbstbewusstsein können Ihre Performanz entscheidend verbessern. Wenn Sie sich zielgenau auf den Prüfungstag vorbereitet, die Inhalte verstanden und den gesamten Lernstoff durchgearbeitet haben, können Sie wirklich ruhigen Gewissens antreten. Egal wie schwer die Prüfung auch sein mag, weshalb sollten ausgerechnet Sie schlecht abschneiden? Dafür gibt es keinen Grund.

10 Nutzen Sie unbedingt die Möglichkeit, ihre Prüfung nach Korrektur und Notenbekanntgabe einsehen zu können. So decken Sie vielleicht Defizite Ihrer bisherigen Prüfungsvorbereitung auf und können diese in Zukunft abstellen. Außerdem erhalten Sie einen Einblick in die Art und Weise wie die Arbeiten korrigiert werden. Dies kann helfen, wenn Sie bei demselben Professor einen weiteren Test schreiben.

Prüfungsangst

Prüfungsangst tritt häufiger auf als gemeinhin vermutet wird und wird in vielen Fällen einfach nicht erkannt. Betroffene finden sich damit ab, in Tests zu versagen, werden als leistungsschwach abgestempelt oder beenden still und leise ihr Studium. Generell bezeichnet Prüfungsangst eine besonders starke Form von

Stress, die vor oder während eines Tests auftritt. Häufig wirkt sie sich schon wochenlang negativ auf die Prüfungsvorbereitung aus und wird mit Näherrücken des Prüfungstages zunehmend größer.

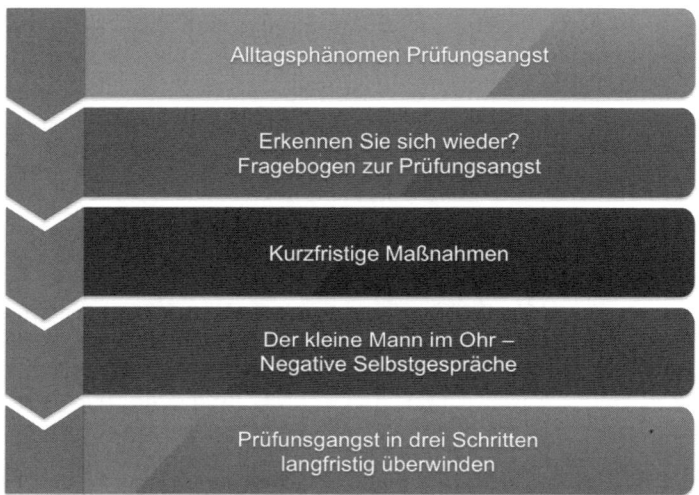

Alltagsphänomen Prüfungsangst

Einer der Gründe, weshalb viele Fälle von Prüfungsangst unerkannt bleiben, ist, dass ein gewisses Maß an gesundem Respekt vor Prüfungen nicht nur normal, sondern sogar gut ist. Ohne Respekt oder Angst vor dem Versagen wäre die Motivation in der Vorbereitung deutlich geringer. Den Zusammenhang zwischen Angst beziehungsweise Respekt und erbrachter Leistung verdeutlicht nebenstehende Abbildung.

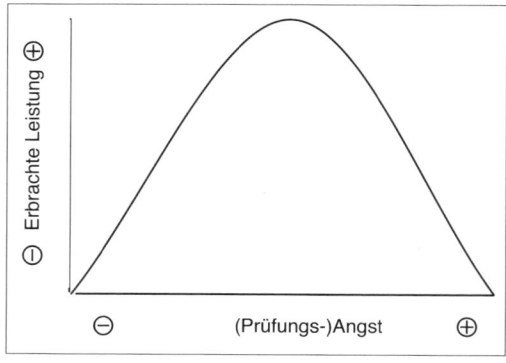

Wirkliche Prüfungsangst zeigt sich in den meisten Fällen auf drei unterschiedlichen Ebenen gleichzeitig:

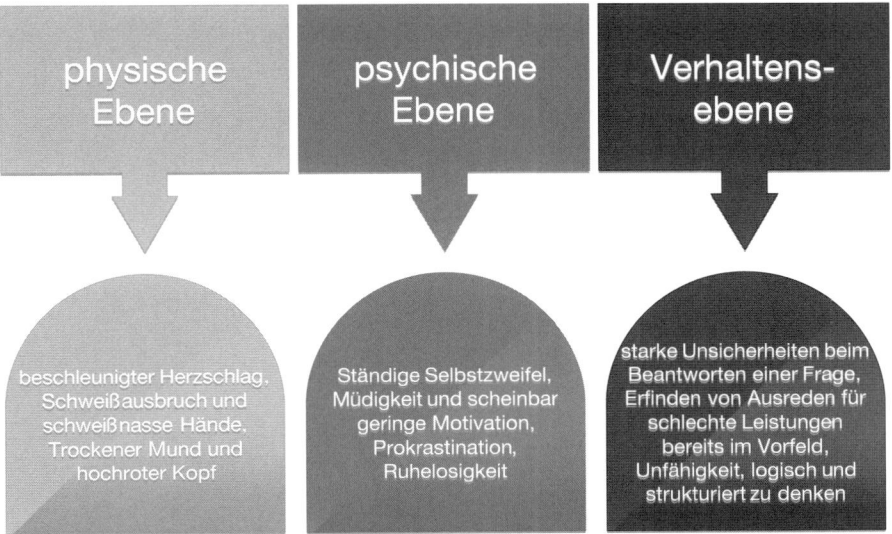

Erkennen Sie sich wieder? Fragebogen zur Prüfungsangst

Testen Sie sich selbst und finden Sie heraus, ob Sie tatsächlich an Prüfungsangst leiden oder nur gesunden Respekt vor Tests haben. Dies ist insofern wichtig, als nur die wenigsten Studenten freudestrahlend zu Prüfungen antreten und somit der Übergang von einem ganz normalen Unwohlsein hin zu behandlungsbedürftiger Prüfungsangst fließend ist. Bearbeiten Sie für sich einfach den folgenden Fragebogen (nach Suinn 2002).

Kreuzen Sie bei jeder der geschilderten Situationen an, in wie weit diese Sie ängstigen. Dabei steht 1 für „ängstigt mich in keiner Weise" und 5 für „ängstigt mich sehr stark".

	1	2	3	4	5
Besuch der Lehrveranstaltung eines Dozenten, der aktive Mitarbeit verlangt					
nochmaliges Durchlesen der notierten Antworten vor Abgabe eines Tests					
Lernen im Vorfeld der Prüfung					
Einreichen des ausgefüllten Prüfungsbogens					
Ankündigung eines bevorstehenden Tests					

	1	2	3	4	5
Herausgabe einer Prüfung					
Lesen der ersten Frage eines Prüfungsbogens					
Gedanken an eine anstehende Prüfung am Abend zuvor					
Vorbereiten der Lehrveranstaltung eines anspruchsvollen Dozenten					
nach Hause gehen oder fahren im Anschluss an die Prüfung					
gemeinsames Warten mit anderen auf die Rückgabe einer Prüfung					
Lesen einer Prüfungsfrage, bei der ich mir auf den ersten Blick nicht sicher bin					
Lernen in der Nacht vor der Prüfung					
Warten, dass der Prüfungssaal aufgeschlossen wird und ich Platz nehmen kann					
Warten, dass der Testbogen verteilt wird					
in einer Lehrveranstaltung von einem Professor aufgerufen und befragt werden					
Gespräche mit anderen Studenten im Anschluss an die Prüfung					
während der Prüfung auf die Uhr sehen					
Wahrnehmen der Anzahl an Einzelfragen und -aufgaben in einer Prüfung					
Realisieren, dass ich eine Frage nicht beantworten kann					
den Test als Erster beenden und abgeben					
Wissen, dass in einem Test eine besonders gute Note benötigt wird					
als einziger Prüfungsteilnehmer noch am Schreiben zu sein					
sich unmittelbar vor Beginn des Tests mit anderen Teilnehmern noch über den Prüfungsstoff austauschen					
Gedanken an eine Prüfung in der Woche zuvor					

Wenn Sie mit der Beantwortung des Fragebogens fertig sind, werten Sie diesen folgendermaßen aus: Für ein Kreuz in der ersten Spalte vergeben Sie sich einen, für ein Kreuz in der zweiten Spalte zwei Punkte und so weiter. Addieren Sie die erreichten Punkte.

Bei 25 Aussagen, die von Ihnen zu bewerten sind, lassen sich so maximal 125 Punkte erzielen. Sollten Sie auf mehr als 80 kommen, ist mit hoher Wahrscheinlichkeit davon auszugehen, dass Sie an einer Form von Prüfungsangst leiden. Nehmen Sie die Ratschläge auf den folgenden Seiten sehr ernst, überlegen Sie jedoch auch, ob ein Besuche bei einem Studienberater Ihrer Hochschule oder einem Diplompsychologen nicht hilfreich sein könnte.

Kurzfristig Maßnahmen

Da Prüfungsangst multikausal ist, müssen sich auch mögliche Lösungsansätze an der Vielzahl unterschiedlicher Ursachen orientieren. Im Folgenden einige Ratschläge, die Ihnen bei einer Prüfung helfen können.
Falls Sie in der Regel schlecht vorbereitet sind:
• Setzen Sie sich während des Lernens kleine Teilziele.
• Erstellen Sie einen detaillierten Vorbereitungsplan.
• Eignen Sie sich Techniken des Zeitmanagements an.
• Orientieren Sie sich an den Ausführungen in diesem Buch.
Wenn Sie Versagensängste haben:
• Stellen Sie sicher, dass Sie genau verstanden haben, wie Ihre Prüfer benoten.
• Informieren Sie sich über die Konsequenzen schlechter Noten. In vielen Studiengängen sind gar nicht alle erzielten Zensuren wirklich relevant.
• Rufen Sie sich immer wieder Ihre Stärken in Erinnerung.
Falls Sie seit jeher Probleme mit Prüfungsaufgaben haben:
• Studieren Sie vor allem das Kapitel „schriftliche Prüfungen" dieses Buches ausführlich.
• Sprechen Sie mit Ihrem Prüfer, stellen Sie ihm Ihren Prüfungsplan vor und bitten Sie ihn, beim Setzen von Prioritäten behilflich zu sein.
• Lernen Sie Testaufgaben richtig zu lesen und vorherzusagen. Analysieren Sie die Prüfungsaufgaben älterer Tests.

Der kleine Mann im Ohr – negative Selbstgespräche

Ein Aspekt muss besonders intensiv angesprochen werden, da dieser sich bei fast allen Studierenden findet, die mit Prüfungsangst zu kämpfen haben: Negative Selbstgespräche. Egal wie gut vorbereitet Sie sind, egal wie viel Sie gelernt haben, mit negativen Selbstgesprächen stellen Sie erfolgreich sicher, dass sie am Prüfungstag versagen werden. In Gesprächen mit Studierenden äußerten diese beispielsweise die folgenden für sie in Vorbereitung und Prüfung typischen Gedanken:

Ich weiß, dass ich versagen werde.
Egal wie viel ich jetzt lerne, sobald die Prüfung beginnt, ist alles wie weggeblasen.
Irgendetwas stimmt nicht mit mir.

Zwar lassen sich negative Gedanken sehr schwer stoppen, doch kann Ihnen die folgende Vorgehensweise dabei helfen: Werden Sie sich der Irrationalität Ihrer Gedanken bewusst. Gerade negative Gedanken neigen dazu, die Situation aufzublasen und wichtiger zu machen, als sie eigentlich ist. In den meisten Fällen wird die Prüfung nicht so schwer sein, wie Sie sich einreden möchten, haben Sie nicht wirklich in jeder bisherigen Prüfung versagt und fallen mögliche Konsequenzen nicht gar so schlimm aus.

Ersetzen Sie Ihre negativen Gedanken durch positive, wobei Sie sicherstellen sollten, dass Sie sich dabei nicht selbst belügen. Mögliche Beispiele:

Mein Lernplan war gut durchdacht und ich bin bestens vorbereitet.
In meiner Lerngruppe habe ich alle mit meinem Wissen beeindruckt.
In der Vorbereitung konnte ich alle Aufgaben des Vorjahres korrekt lösen.
Wenn die anderen Mitglieder meiner Lerngruppe mich abgefragt haben, konnte ich alle Fragen beantworten.

Stellen Sie sich in der Prüfungsvorbereitung immer wieder vor, wie sie den Test absolvieren. Sehen Sie sich vor ihrem geistigen Auge im Prüfungsraum sitzen und die Prüfung souverän meistern.

Belohnen Sie sich selbst für positive, produktive Gedanken und kommentieren Sie diese:

Genau, das ist besser, jetzt kann ich mich wieder auf den Test konzentrieren.

Prüfungsangst in drei Schritten langfristig überwinden

Unmittelbar vor der Prüfung

Bei den Aussagen zur Prüfungsvorbereitung sollen nicht erneut die Inhalte der vorangegangenen Kapitel wiederholt werden. Es sei lediglich der Hinweis gestattet, dass eine gute Vorbereitung der erste Schritt zu einem ruhigen Gewissen und einer Minimierung der Prüfungsangst ist. Vielmehr wollen wir uns an dieser Stelle ausschließlich auf die 24 Stunden vor dem Test konzentrieren:

- Suchen Sie bereits am Abend vor der Prüfung die Dinge zusammen, die sie benötigen werden. Legen Sie Stifte, Taschenrechner, Lineal und andere Dinge bereit.
- Vermeiden Sie, unter Zeitdruck zu kommen und den Abend vor der Prüfung Neues pauken zu müssen. Nutzen Sie diesen Abend, um Ihre Zusammenfassungen nochmals zu überfliegen, Ihre Karteikarten durchzugehen und sich selbst zu zeigen: Ich bin sicher im Stoff, ich beherrsche ihn.
- Am Morgen des Prüfungstages essen Sie ein gutes, nahrhaftes Frühstück und packen sich etwas zu Trinken ein, je nach Prüfungsdauer auch etwas zu Essen. Denken Sie daran, dass Ihr Gehirn Flüssigkeit benötigt. Wenn Sie zu wenig trinken, sinkt Ihre Intelligenz um sage und schreibe bis zu zehn Punkte ab.

- Erscheinen Sie pünktlich zur Prüfung und planen Sie mögliche Verspätungen ein. Wenn Sie Ihre Zeit von vornherein großzügig kalkulieren, können auch ein kleiner Stau und die Parkplatzsuche Sie nicht aus der Ruhe bringen.
- Lassen Sie sich vor der Prüfung nicht von anderen Teilnehmern verrückt machen. Oftmals schaukeln Studenten sich in den letzten Minuten gegenseitig so hoch, dass sich bis Prüfungsbeginn selbst bei den Sichersten Panik breit macht.
- Suchen Sie sich einen ruhigen Ort und finden Sie heraus, was Ihnen am besten tut: Entweder Sie relaxen, hören dabei Musik und machen Entspannungsübungen oder Sie überfliegen ein allerletztes Mal Ihre Aufzeichnungen und Zusammenfassungen. Vermeiden Sie es auch jetzt, noch schnell Neues lernen zu wollen.

Während der Prüfung

- So selbstverständlich dies auch klingt, so wichtig ist der allererste Tipp für die Prüfung: Lesen Sie die Frage beziehungsweise Aufgabenstellung gründlich. In nahezu jeder Klausur finden Korrektoren Arbeiten, in denen mehr Punkte hätten erzielt werden können, wenn der Student den Aufgabentext sorgfältiger gelesen hätte. Achten Sie besonders auf kleine Bindewörter wie „und" und „oder" sowie auf die Anzahl zu nennender Argumente.
- Behalten Sie kontinuierlich die Zeit im Blick und vermeiden Sie es, sich bereits zu Beginn an besonders komplizierten Aufgaben die Zähne auszubeißen. Erledigen Sie lieber zuerst die Aufgaben, die wenig Zeit erfordern und kümmern Sie sich später um die aufwändigen Prüfungsteile.
- Bitte brechen Sie nicht in Panik aus, wenn Sie die anderen Teilnehmer blättern hören. Ihr Ziel ist es nicht, den Test als Erster abzugeben – weitere wichtige Termine stehen heute doch wohl hoffentlich nicht mehr an. Vielleicht blättern die anderen ja sogar zurück oder haben bisher die Hälfte der Fragen unbeantwortet gelassen.
- Denken Sie daran, sich zu entspannen und bei Bedarf kurze Konzentrationsübungen durchzuführen. Setzen Sie einen Fuß vor den anderen, geben Sie Ihr Bestes und arbeiten Sie sich nach und nach durch den Test.

Nach der Prüfung

- Vergessen Sie die Prüfung! Ja, allen Ernstes. Sie ist nun vorbei und im Moment ist jeder Gedanke daran verschwendete Zeit. Gehen Sie nach Hause und entspannen Sie sich.
- Vermeiden Sie es, sich mit anderen Teilnehmern auszutauschen und Fragen zu stellen wie „Was hast Du bei der ersten Aufgabe auf Seite 3?" Das hilft weder Ihnen noch den anderen.

- Belohnen Sie sich und gönnen Sie sich etwas. Haben Sie sich während der Prüfungsvorbereitung kaum um Ihre Freunde gekümmert? Das Training ausfallen lassen? Holen Sie das jetzt alles nach und belohnen Sie sich!
- Erst mit einigen Stunden Abstand setzen Sie sich nochmals an den Schreibtisch und lassen die Prüfung Revue passieren. Was ist Ihnen diesmal besser gelungen als beim letzten Mal? Wo haben Sie Fortschritte gemacht? Erstellen Sie eine stichpunktartige Liste und fassen Sie all die Faktoren zusammen, die Ihrer Meinung nach geholfen haben, die Prüfung zu absolvieren und Ihre Prüfungsangst zu reduzieren.

Anschließend soll noch darauf hingewiesen werden, wie wichtig es für Studierende und Lehrende ist, Prüfungsangst zu erkennen und zu bekämpfen. Viele kluge Köpfe gehen dem Wissenschaftsbetrieb dadurch verloren, dass sie ihre bestmögliche Leistung in Prüfungen nicht bringen können. Auf dieses Potenzial nicht verzichten zu wollen heißt, Prüfungsangst den Kampf anzusagen.

Schriftliche Hausarbeiten

Eine schriftliche Hausarbeit anzufertigen stellt für viele Studenten ein besonders großes Problem dar. Auch wenn die gymnasiale Oberstufe mehrfach reformiert wurde und eigentlich auf das Hochschulstudium vorbereiten sollte, bestehen scheinbar gerade im Bereich des wissenschaftlichen Arbeitens und der schriftlichen Auseinandersetzung mit wissenschaftlichen Fragestellungen noch immer große Probleme. Diese betreffen in den meisten Fällen nicht alleine die inhaltliche Seite, sondern ebenso die formale. Für beide werden im folgenden Ratschläge und Hinweise gegeben, von denen sowohl Studienanfänger als auch erfahrene Studenten der höheren Semester profitieren können.

Bitte vergessen Sie nicht, Ihre Dozenten zu fragen, ob am jeweiligen Lehrstuhl feste Vorgaben zur Gestaltung von Hausarbeiten existieren. Obwohl Sie sich dann natürlich an den hierfür existierenden Leitfaden halten müssen, werden die folgenden Ausführungen Ihnen dennoch eine große Hilfe sein und manch wichtige Frage beantworten.

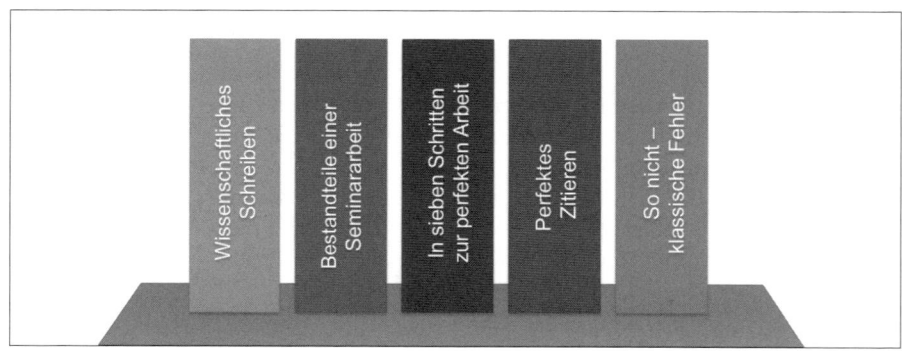

Wissenschaftliches Schreiben, was heißt das?

Aufsätze geschrieben haben Sie in der Schule natürlich zu genüge, aber wirklich wissenschaftliches Schreiben begegnet Ihnen trotz verschiedener Ansätze in der Sekundarstufe II erstmalig an der Universität oder Fachhochschule. Aber was heißt das überhaupt, wissenschaftliches Schreiben? Beim wissenschaftlichen Schreiben gilt es zunächst, drei Dimensionen zu berücksichtigen:

- Sie schreiben über einen bestimmten, wissenschaftlichen Gegenstand (Gegenstandsdimension).
- Sie schreiben aber auch über all das, was bereits andere Wissenschaftler über eben diesen Gegenstand herausgefunden haben (Diskursdimension).
- Sie schreiben, um zum bestehenden Wissensstand bezüglich des Gegenstandes etwas Neues beizutragen oder aber um sich kritisch mit ihm auseinanderzusetzen (Argumentationsdimension).

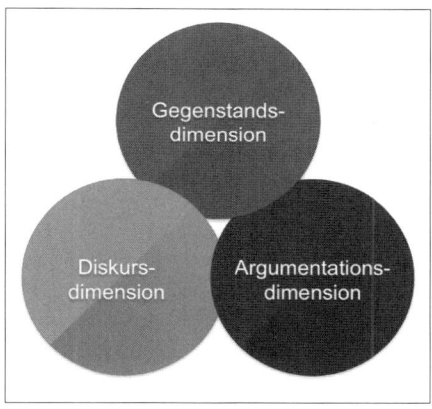

Ihre besondere Leistung beim wissenschaftlichen Schreiben ist es also, all diese drei Dimensionen zu berücksichtigen, ihnen gerecht zu werden und sie miteinander zu verknüpfen. In der Literatur finden sich außerdem sechs Aspekte, denen wissenschaftliche Texte gerecht werden müssen:

- Es muss der Bezugsrahmen klargemacht und Orientierung gegeben werden.
- Der Inhalt des Textes muss logisch nachvollziehbar dargestellt werden.
- Die Vorgehensweise ist verständlich aufzuzeigen.
- Die Argumentation hat logisch zu sein.
- Eigene Gefühle und Bewertungen haben zu unterbleiben.
- Fremdwörter und Fachbegriffe müssen angemessen verwendet werden (vgl. Frank et al. 2007: 5).
- Bei genauerer Betrachtung zeigt sich, dass diese Anforderungen vor allem auf die Verständlichkeit und logische Strukturierung des Geschriebenen, die Ausdrucksweise und den Quellennachweis bei übernommenen Gedanken und Ideen beziehen. Genau diesen drei Aspekten widmen sich die nächsten Seiten.

Wissenschaftliches Schreiben – muss das sein?

Schriftliche Seminararbeiten werden zwar benotet, dienen jedoch in erster Linie der Übung wissenschaftlichen Arbeitens. Sie sollen lernen, zum wissenschaftlichen Diskurs in Ihrem Fachgebiet beizutragen. Ziel dabei ist, Ihre Fähigkeit zu entwickeln, „sich auf die Texte anderer zu beziehen, Ihre eigenen Überlegungen zum Diskurs beizutragen und für andere nachvollziehbar darzustellen, wie Sie dazu gekommen sind" (Frank et al. 2007: 3).

Nehmen Sie die Hausarbeiten ernst, die Sie während ihres Studiums anfertigen müssen, und nutzen Sie sie zur Vorbereitung auf größere, umfangreichere Abschlussarbeiten. Bachelor- und Diplomarbeiten, gerade aber auch Dissertationen sind formal und inhaltlich sehr anspruchsvoll und können nur mit viel Übung und Erfahrung qualitativ hochwertig verfasst werden. Legen Sie deshalb bei jeder Seminararbeit Wert darauf, eine eindeutige Rückmeldung des Korrigierenden zu bekommen; scheuen Sie sich nicht, diese explizit einzufordern.

Bestandteile einer perfekten Seminararbeit

Deckblatt

Auch wenn es natürlich in erster Linie der Inhalt ist, der bei Ihrer Seminararbeit bewertet wird, so fließt der erste Eindruck trotzdem oftmals in das Urteil des Korrigierenden mit ein. Diesen ersten Eindruck bestimmt neben Bindung, Druck- und Papierqualität ganz entscheidend auch Ihr Deckblatt. Dieses ist quasi das Aushängeschild Ihrer Seminararbeit. Nutzen Sie es, um den ersten Eindruck so positiv wie möglich zu gestalten.

Sinn und Zweck des Deckblatts ist es, dem Leser einen schnellen Überblick zu geben. Deshalb muss es folgende Informationen enthalten:
• Name der Hochschule
• Fakultät und Fachbereich
• Lehrveranstaltung, in der die Seminararbeit geschrieben wurde
• Angabe des Semesters
• Name des Dozenten
• Name und Anschrift des Verfassers
• Studiengang
• Fachsemesteranzahl
• Titel oder Themenstellung

Bitte beachten Sie, dass das Deckblatt bei der Anzahl der Seiten zwar mitgezählt wird, selbst jedoch keine Seitenzahl trägt. Beginnen Sie mit der Nummerierung erst auf Seite zwei. Hierzu bietet Ihnen fast jedes Textverarbeitungsprogramm die Möglichkeit.

Ob Sie das Deckblatt eher klassisch und somit sehr einfach halten oder aber aufwändig und im Stile eines Buchcover gestalten, bleibt Ihnen überlassen:

Für die Erstellung bieten sich die bei den Programmen Word und Pages vorhandenen Vorlagen an. Sehen Sie allerdings von ausgefallenen Experimenten ab und sorgen Sie dafür, dass es Ihrer Seminararbeit hilft, einen seriösen Eindruck zu hinterlassen.

Name der Hochschule
Fakultät/Fachbereich
Lehrveranstaltung
Name des Dozenten
Semester

Titel oder Themenstellung

Name des Verfassers
Anschrift des Verfassers
Studiengang
Fachsemesteranzahl

Inhaltsverzeichnis

Obligatorischer Bestandteil einer Seminararbeit ist das Inhaltsverzeichnis, das dem Leser direkt nach dem Deckblatt einen Einblick in Inhalt und Struktur der Arbeit gibt. Hier sind die einzelnen Überschriften aufgeführt und mit Seitenzahlen versehen. Nutzen Sie möglichst schon bei Ihrer ersten Seminararbeit die Möglichkeit, das Inhaltsverzeichnis automatisch erstellen zu lassen. Diese Funktion bietet jedes Textverarbeitungsprogramm. Auch wenn es Sie unter Umständen zunächst etwas Zeit kostet sich einzuarbeiten lohnt es sich:

- Die Seitenangaben sind immer korrekt und müssen nicht per Hand angepasst werden, sobald Sie etwas an ihrer Arbeit ändern.
- Das Verzeichnis wirkt professionell und ist optisch ansprechend.
- Sie üben bereits für umfangreichere Abschlussarbeiten, bei denen Sie um diese Funktion nicht herumkommen werden.

Bemühen Sie sich um aussagekräftige Überschriften, um dem Leser bereits Einblicke in das darunter Ausgeführte zu gewähren und verzichten Sie, falls seitens des Dozenten nicht ausdrücklich verlangt, auf die schulische Benennung *Einleitung*, *Hauptteil* und *Schluss*. Vermeiden Sie Füllwörter. Denken Sie aber stets daran: Sie arbeiten nicht für die Bildzeitung – vermeiden Sie Überschriften im Stile einer Boulevardzeitung.

Soweit nicht anders vorgegeben, bleibt es gleich nach welchem System Sie Ihre Arbeit gliedern. Üblich ist beispielsweise das folgende:

1.   Einleitung
1.1   Vorüberlegung
1.2   Aufbau der Arbeit
2.   Empirische Untersuchung
2.1   Zielsetzung und Fragestellung
2.2   Methodologisches Vorgehen
2.3   Planung und Durchführung
2.4   Auswertung
3.   Conclusio

Alternativ bieten sich die folgenden Varianten an:
- I, II, III mit Unterpunkten, beispielsweise 1. oder 2.3
- A, B, C mit Unterpunkten, beispielsweise 1. oder 2.3

Bitte beachten Sie, dass in der dezimalen Gliederung die letzte Stelle der Nummerierung ohne Punkt endet.

Werden Sie nach Abschluss Ihrer Seminararbeit nochmals einen Blick auf das Inhaltsverzeichnis:
Ist es aussagekräftig?
Ist es übersichtlich?
Ist es dem Leser eine Orientierungshilfe?

Allerletzter Schritt vor Druck beziehungsweise Abgabe Ihrer Arbeit sollte eine letzte Überprüfung des Inhaltsverzeichnisses sein. Stimmen die Seitenzahlen noch? Haben Sie in letzter Sekunde eine Überschrift im Text umformuliert, in Ihrem Inhaltsverzeichnis jedoch nicht aktualisiert? An dieser Stelle kommt es besonders häufig zu Problemen. Torpedieren Sie nicht all Ihre investierte Mühe, in dem Sie auf diesen letzten Check verzichten, weil Sie Ihre Arbeit endlich „loswerden" wollen.

Abkürzungsverzeichnis

Das Abkürzungsverzeichnis wird an dieser Stelle nur der Vollständigkeit halber aufgeführt. Verfassen Sie Ihre Seminararbeit nach Möglichkeit ohne umfangreich Abkürzungen zu verwenden. Ansonsten stünde es zwischen Inhaltsverzeichnis und Einleitung und würde aufzeigen, welche Abkürzung im folgenden Text für welchen Fachbegriff verwendet wird.

Allgemein gebräuchliche Abkürzungen wie die folgenden werden nicht im Abkürzungsverzeichnis aufgeführt:

bspw.	beispielsweise
f.	einschließlich der Folgeseite
usw.	und so weiter

Einleitung

Der Einleitung kommt die Aufgabe zu, dem Leser einen kurzen Überblick über das behandelte Thema zu geben und ihn in den Themenbereich einzuführen.

An dieser Stelle sollten Sie auch Fragen aufwerfen, die Sie im Laufe Ihrer Seminararbeit beantworten werden. Welche Ziele verfolgen Sie mit Ihrer Arbeit? Zeigen Sie auch Ihre eigene Vorgehensweise und somit die Gliederung Ihrer Arbeit auf. Oder bietet es sich bei der Themenstellung eher an, Hypothesen zu formulieren? Achten Sie in diesem Fall darauf, dass Sie darlegen, wie Sie zu eben diesen Annahmen gekommen sind.

Außerdem können Sie kurz die Relevanz der Themenstellung aufzeigen. Hierzu bietet sich ein Einblick in den aktuellen Stand der wissenschaftlichen Forschung an oder eine Verknüpfung mit allgemeinen Entwicklungen. Ihre Einleitung sollte etwa zehn Prozent der gesamten Arbeit umfassen.

Hauptteil

Auch wenn Sie an dieser Stelle die Überschrift *Hauptteil* lesen, sollten Sie dies unter keinen Umständen für Ihre Seminararbeiten übernehmen. Die Überschrift *Hauptteil* mag in der Schule ihre Berechtigung gehabt haben, in einer wissenschaftlichen Arbeit ist sie fehl am Platz. Anstelle dieser formalen Benennung sollten Sie die Ihrer Arbeit zu Grunde liegende Themenstellung entfalten.

Der Hauptteil selbst ist natürlich der wichtigste Teil Ihrer Arbeit. Von daher nimmt er auch quantitativ den meisten Raum ein. Mit ihm zeigen Sie Ihre Fähigkeit zur wissenschaftlichen Auseinandersetzung mit einer Fragestellung oder einem Thema Ihres Fachgebietes.

Da sich die unterschiedlichen Themenstellungen, die in Seminararbeiten behandelt werden, doch stark voneinander unterscheiden, kann an dieser Stelle kein idealtypischer Aufbau gezeigt werden. Gehen Sie so vor, wie Sie es in der Einleitung ausgeführt haben – im Idealfall haben Sie Ihre Vorgehensweise und Gliederung sogar mit dem Dozenten abgesprochen. In einem wenig untergliederten Hauptteil, der lediglich aus Kapiteln erster Ordnung besteht, lässt sich nur selten ein Thema mit Tiefgang behandeln. Es kommt Ihren Lesern sehr entgegen, wenn Sie die einzelnen Kapitel nicht einfach nur „herunter schreiben", sondern Ihre Gedankengänge logisch durch Absätze gliedern.

Inhaltlich bleiben Sie dabei jederzeit objektiv und behalten Ihre Meinung für sich. Achten Sie darauf, dass Ihre Aussagen auf zitierfähigem Material basieren oder aber sich folgelogische daraus ergeben.

All Ihre Ausführungen müssen sich auf das Thema beziehen und für die Beantwortung der in der Einleitung gestellten Fragen notwendig sein. Verzichten Sie auf einzelne Kapitel, die nur dazu dienen, Ihre Arbeit aufzublähen und auf den vorgeschriebenen Umfang zu kommen. Im Normalfall hat sich Ihr Dozent etwas bei der Themenstellung gedacht, so dass für ihre Bearbeitung tatsächlich die übliche Seitenzahl notwendig ist. Überprüfen Sie kontinuierlich, ob in Ihrer Arbeit ein roter Faden vorhanden ist und sich ein Kapitel logisch aus dem anderen ergibt. So setzen Sie Stein auf Stein und stellen nach und nach Ihren Hauptteil fertig. In diesem sollte die Themenstellung umfassend bearbeitet, gegebenenfalls die Fragen der Einleitung geklärt oder die formulierten Annahmen bestätigt oder widerlegt sein.

Schluss

Der Schluss, für den Sie in Ihrer Arbeit natürlich ebenfalls eine treffende Überschrift finden sollten, bildet gemeinsam mit der Einleitung den Rahmen Ihrer Arbeit. Nutzen Sie ihn, um die gewonnenen Erkenntnisse kurz zusammenzufassen und ein Fazit zu ziehen. Konzentrieren Sie sich dabei auf die wichtigsten in Ihrer Arbeit gewonnenen Erkenntnisse und heben Sie zentrale Aspekte nochmals hervor.

Greifen Sie die in der Einleitung gestellten Fragen auf und überprüfen Sie, ob Sie diese beantworten konnten. Oftmals ergeben sich hierdurch Ansätze für eine weitere wissenschaftliche Untersuchung oder sogar die Möglichkeit, eine der noch offenen Fragestellungen in Ihrer Bachelorarbeit zu ergründen.

Ansonsten bietet es sich auch an, einen Ausblick zu formulieren oder Kritik zu üben. Der Schluss ist für Sie genau die richtige Stelle der Arbeit, um Ihre Meinung zu äußern. Achten Sie dennoch darauf, dass Sie nicht zu emotional werden. Ihre Meinung sollte sich folgelogisch aus dem Hauptteil Ihrer Arbeit ergeben und durch Argumente gestützt sein.

Literaturverzeichnis

Im Literaturverzeichnis führen Sie alle Texte und sonstigen Quellen auf, die für Ihre Arbeit verwendet wurden. Auch wenn Sie in unterschiedlichen Publikationen natürlich unterschiedlich gestaltete Literaturverzeichnisses finden werden, gilt für Sie das Kriterium der Einheitlichkeit: Verwenden Sie in Ihrem Literaturverzeichnis einheitliche Abkürzungen und nennen Sie beispielsweise das Erscheinungsjahr entweder IMMER am Ende der Literaturangabe oder aber IMMER unmittelbar nach dem Namen des Autors; beenden Sie einen Eintrag im Literaturverzeichnis entweder IMMER mit einem Punkt oder IMMER ohne einen Punkt.

Sortieren Sie die verwendeten Quellen alphabetisch nach dem Nachnamen der Autoren. Bei Adelstiteln nennen Sie den Hauptnamen zuerst:

> Beispiel:
> Erwin von Stockbauer → Stockbauer, Erwin von

Wurde eine Publikation gemeinsam von mehreren Autoren verfasst, so führen Sie diese selbstverständlich trotzdem nur einmal im Literaturverzeichnis auf. Am besten behalten Sie einfach die Reihenfolge bei, in der die Namen der Autoren im Werk selbst angegeben werden.

Haben Sie in Ihrem Werk mehrere Texte eines Autors verwendet, so führen Sie diese in chronologischer Reihenfolge, geordnet nach den Erscheinungsjahren auf. Sollten auch diese im Einzelfall identisch sein, verwenden Sie die Kleinbuchstaben a, b, c etc. zur weiteren Differenzierung.

Da für die Gestaltung der Quelleneinträge im Literaturverzeichnis prinzipiell eine Vielzahl unterschiedlicher Möglichkeiten existiert, gehen die meisten Lehrstühle eindeutige Zitationsmanuale heraus. Orientieren Sie sich daran.

Achten Sie darauf, aktuelle Fachliteratur in Ihre Arbeit einzubeziehen. Wenn die jüngste, in Ihrem Literaturverzeichnis angeführte Publikation aus Ihrem Geburtsjahr stammt, liegt der Verdacht nahe, dass dies nicht der Fall ist.

Abbildungsverzeichnis

Ein Abbildungsverzeichnis ist in den meisten Seminararbeiten nicht notwendig. Es ist dann sinnvoll, wenn Ihre Arbeit besonders viele Abbildungen, Fotos, Zeichnungen und Tabellen enthält, und folgt nach dem Literaturverzeichnis. Natürlich ist die Mengenangabe „besonders viele" alles andere als präzise, nur lässt sich hier leider keine genauere Angabe machen. Nicht alle Dozenten und Lehrstühle machen hier überhaupt verbindliche Angaben, so dass es größtenteils Ihnen und Ihrem individuellen Empfinden überlassen bleibt.

Inhaltlich stellt ein Abbildungsverzeichnis nichts anderes dar, als eine Übersicht aller Abbildungen, Bilder und Tabellen, die in der Arbeit erscheinen. Nummerieren Sie die einzelnen Elemente, nennen Sie den Titel der Abbildung sowie die Seitenzahl, auf der diese auftaucht (siehe Beispiel). Kontrollieren Sie genau, ob der Titel, den sie im Abbildungsverzeichnis verwenden, auch wirklich absolut identisch mit dem ist, unter dem die Abbildung im Hauptteil der Arbeit auftaucht.

Abb. 1	Zunahme koordinativer Defizite	4
Abb. 2	Ausbildung erfasster Vereinstrainer	8
Abb. 3	Kosten der Gesundheitsvorsorge bei Kindern	11

Ähnlich wie das Inhaltsverzeichnis lässt sich auch das Abbildungsverzeichnis mit jedem Programm zur Textverarbeitung automatisch erstellen. Allerdings ist dies meist deutlich komplizierter, so dass es sich lohnen kann, die Abbildungen per Hand in eine Liste einzutragen.

Erklärungen

Obligatorisch ist es mittlerweile, dass am Ende der Seminararbeit eine Erklärung zu unterschreiben ist, mit der die eigenständige Erstellung bestätigt wird. Dies ist eine Folge des Trends, vermehrt Arbeiten abzugeben, die entweder teilweise oder vollständig aus dem Internet oder von anderen Studenten übernommen wurden.

Mit dieser Erklärung müssen Sie sich nicht lange aufhalten, denn sie wird in der Regel auf der Website des Lehrstuhls zum Download angeboten. Sollten Sie dennoch gegen diese Erklärung verstoßen, drohen Ihnen von Hochschule zur Hochschule unterschiedliche Sanktionen bis hin zur Exmatrikulation. Machen Sie sich keine Sorgen – wenn Sie ordentlich gearbeitet und zu Recht ein ruhiges Gewissen haben, drohen Ihnen keine Konsequenzen.

In sieben Schritten zur perfekten Arbeit

Zeitplanung

Wie wichtig ein durchdachtes Zeitmanagement für Erfolg im Studium ist, wurde bereits in Kapitel 1 angesprochen. Auch beim Schreiben einer Seminararbeit sollte die Zeitplanung der erste Schritt sein.

Werfen Sie dazu einen Blick in Ihren Terminkalender und tragen Sie dort den Abgabetermin ein. Gehen Sie nun rückwärts und planen Sie die letzte Woche für Korrekturen und Formatierungen ein. Dafür benötigen Sie zwar nicht die ganzen sieben Tage, doch sollten Sie in dieser Phase die Möglichkeit haben, Abstand zum eigenen Text zu bekommen.

Gehen Sie nun, je nachdem wie vollgepackt mit anderen Veranstaltungen und Arbeiten Ihr Terminkalender ist, zwei oder drei Wochen zurück. Dies ist die wichtigste Phase, denn in dieser Zeit schreiben und überarbeiten Sie die Arbeit. Planen Sie für eine reguläre Seminararbeit nach Möglichkeit nicht mehr Zeit ein, da Sie sonst Gefahr laufen, sich zu verzetteln und unproduktiv zu werden.

Bevor Sie mit dem Schreiben loslegen können, ist einiges an Vorarbeit gefragt. Sie müssen geeignete Literatur recherchieren, sichten und auswählen und sich einen Überblick über das Thema verschaffen. Wenn Ihnen Ihr Dozent keine Literaturhinweise gibt oder das Thema für Sie viel Neues beinhaltet, kann dies sehr zeitaufwändig sein. Führen Sie diese Arbeitsschritte deshalb, nachdem Sie Ihr Thema erfahren haben, möglichst bald durch. So können sie sicher sein, dass die Vorarbeiten hundertprozentig erledigt sind, wenn Sie mit dem eigentlichen Schreiben Ihrer Arbeit beginnen möchten.

Recherchieren, Orientieren und Strukturieren

Wenn Sie sich Ihr Thema selbst aussuchen durften, haben Sie einen großen Vorteil: Vermutlich haben Sie bereits einiges an Hintergrundwissen und wissen schon, welche Bücher und Artikel Sie in Ihre Arbeit einfließen lassen werden. Wurde das Thema hingegen vom Dozenten vorgegeben, ist etwas mehr Arbeit erforderlich, da Sie zunächst einmal einen Zugang finden müssen: Skizzieren Sie auf Basis der Themenstellung innerhalb einiger Minuten schon einmal eine kurze Gliederung, an der Sie sich bei Ihrer Recherche orientieren können. Dabei analysieren Sie automatisch die Themenstellung und erkennen, ob eine Erörterung, eine problemorientierte Darstellung, ein Bericht oder anderes zu verfassen ist. Zögern Sie nicht, die Sprechstunde Ihres Dozenten aufzusuchen, wenn hierbei Probleme auftreten.

Bevor Sie der Universitätsbibliothek auf der Suche nach geeigneter Literatur einen Besuch abstatten, sollten Sie zunächst einmal Ihren Freund Google bemühen. Diese Vorgehensweise mag nicht sehr wissenschaftlich sein, gibt Ihnen aber bereits einen ersten Überblick über das Thema. Anhand des ein oder anderen Treffers können Sie interessante Einzelheiten erfahren, relevante Literaturhinweise finden und entdecken Interessantes über den aktuellen Forschungsstand. Außerdem sehen Sie, wie andere ähnliche Themenstellungen bearbeitet haben, welche Teilaspekte umfangreich untersucht wurden, welche weiterer Forschung bedürfen und welche Autoren sich intensiv mit der Thematik auseinandergesetzt haben. Auch wenn Sie zu diesem Zeitpunkt unter Umständen das ein oder andere Mal in Versuchung geführt werden, sehen Sie bitte davon ab, im Internet gefundene Texte ohne Quellenangabe zu übernehmen und als eigene auszugeben. Dies ist nicht allein wissenschaftlich und ethisch unzulässig, sondern wirft auch die folgende Frage auf:

Weshalb sollte der gefundene Text qualitativ hochwertiger
sein als der, den sie zu schreiben fähig sind?

Wenn Sie sich auf diese Art und Weise einen Überblick verschafft haben, gehen Sie auf die Website Ihrer Universitätsbibliothek. Rufen Sie dort die Bücher und Zeitschriften auf, auf die Sie im Internet gestoßen sind und recherchieren Sie nach den Werken der führenden Autoren. Lassen Sie diese online für Sie vormerken und stellen Sie so sicher, dass sie nicht entliehen sind oder aus einem Magazin beziehungsweise einer anderen Zweigstelle herbeigeschafft werden müssen. So vermeiden Sie es, den Weg in die Bibliothek mehrmals machen zu müssen.

Wenn Sie die von Ihnen benötigte Literatur abgeholt haben, sichten Sie diese entweder Zuhause oder noch in der Bibliothek. Um hier ökonomisch vorzugehen, verwenden Sie die erste Phase *Survey* der Lesestrategie SQ3R (siehe Kapitel „Wissen aus Büchern und Skripten erlesen"). Mit ihr erkennen Sie innerhalb kürzester Zeit, ob ein Buch oder Aufsatz für Ihr Thema relevant ist oder nicht. Sortieren Sie alles auf den ersten Blick Überflüssige aus, ohne sich lange damit aufzuhalten.

Wenn einzelne Werke nicht entliehen werden können, sollten Sie diese kopieren. Denken Sie daran, dass alle verwendete Literatur in Ihrer Arbeit angegeben werden muss, und notieren Sie deshalb auf jeder Kopie die entsprechende Angabe. Nichts ist ärgerlicher, als nach Fertigstellung einer Seminararbeit vergeblich nach der Literaturangabe für einen Beleg zu suchen. Versuchen Sie auch einmal, die einzelnen Seiten mit Ihrem Smartphone zu fotografieren. Meistens ist dies deutlich schneller als ein klassischer Kopierer und lässt sich problemlos an jedem Tablet-PC lesen.

Haben Sie nun die Literatur zusammen, mit der Sie aller Voraussicht nach arbeiten werden, müssen Sie sich einen Überblick darüber verschaffen. Durchlaufen Sie deshalb bei allen Texten die Phasen *Question*, *Read* und *Recall* der Lesestrategie SQ3R (siehe Kapitel X) und verwenden Sie dabei Schnelllesetechniken (siehe Kapitel X). Klären Sie wichtige, Ihnen unbekannte Begriffe und führen Sie sich Zusammenhänge vor Augen. Viele Studenten profitieren in dieser Phase von verschiedenen Mind-Mapping-Techniken (siehe Kapitel X).

Planen und Gliedern

Vor diesem Hintergrund lässt sich die Arbeit leicht planen. Notieren Sie hierzu wichtige Aspekte, die unbedingt in Ihrer Arbeit auftauchen müssen, stellen Sie Fragen, auf die Sie Antworten geben möchten und formulieren Sie Hypothesen, die Sie verifizieren oder falsifizieren wollen. In umfangreicheren, wissenschaftlich anspruchsvolleren Abschlussarbeiten kann es je nach Thema sinnvoll sein, die Hypothesen schon vor der Literaturrecherche zu formulieren. Achten Sie jedoch darauf, sich nicht zu viel aufzubürden. Viele Studenten neigen dazu, mehr in eine Seminararbeit hineinpacken zu wollen als deren Umfang zulässt. So können Sie jeden Aspekt nur kurz anschneiden und die Arbeit kratzt lediglich an der Oberfläche. Frank et al. empfiehlt, die folgenden Aspekte kritisch zu hinterfragen (vgl. Frank et al. 2007: 20):

- zur Verfügung stehende Zeit
- verfügbare Literatur und Informationen
- umsetzbare Vorgehensweise
- ausreichende Methodenkenntnisse

Legen Sie dann den Inhalt Ihres Textes genau fest und erstellen Sie eine Gliederung. Halten Sie sich dabei stetig den Titel Ihrer Arbeit und die formulierten Fragen oder Hypothesen vor Augen. Überprüfen Sie Ihre Gliederung anhand folgender Fragen:

- Ist ein roter Faden erkennbar?
- Fehlen wichtige Aspekte oder werden nicht deutlich?
- Können SIE sich etwas unter den einzelnen Überschriften vorstellen?
- Beinhaltet Ihre Gliederung Nebensächlichkeiten?
- Ist sie zielführend?

Auch wenn Sie die so entstandene Gliederung vermutlich noch mehrmals ändern werden, stellt sie doch schon eine gute Grundlage für das Schreiben Ihrer Seminararbeit dar.

Schreiben, Argumentieren und Formulieren

Wenn Sie nun beginnen Ihren Text zu verfassen, sollten Sie sofort mit dem Hauptteil einsteigen. Stellen Sie die Einleitung noch zurück, da sich während des Schreibens unter Umständen neue Schwerpunkte ergeben können oder Sie Ihre Gliederung nochmals abändern. Außerdem geht die Einleitung den meisten Studenten leichter von der Hand, wenn sie sich zuvor intensiv mit der Thematik auseinandergesetzt haben.

Beginnen Sie nun Ihre Arbeit Kapitel für Kapitel fertigzustellen. Ob Sie sich dabei bereits um eine ansprechende Sprache und geschliffene Formulierungen bemühen wollen, bleibt Ihnen überlassen. Auch wenn sich dadurch unter Umständen viel Zeit sparen lässt, empfinden viele diese Vorgehensweise als sehr anspruchsvoll und erstellen zunächst eine Art Rohfassung.

 Fragen Sie sich ständig, was Sie dem Leser als nächstes mitteilen möchten. Worauf genau wollen Sie hinaus? Bringen Sie dies verständlich zu Papier. Je detaillierter, ausführlicher und durchdachter Sie Ihre Gliederung erstellt haben, desto leichter fällt Ihnen dies nun. Hinterfragen Sie ständig Ihre Argumentation und überprüfen Sie, ob sich die einzelnen Absätze folgelogisch auseinander ergeben.

Dass sich beim Schreiben unter Umständen neue Erkenntnisse ergeben, ist normal und positiv zu bewerten. Berücksichtigen Sie dies und seien Sie bereit, Ihre Gliederung kontinuierlich zu ändern und anzupassen.

Denken Sie daran, dass Sie alle Ausführungen, die auf Quellen zurückgehen, belegen müssen. Integrieren Sie deshalb direkte und indirekte Zitate von vornherein korrekt in den Text und notieren Sie die Belege. Wissenschaftliche Arbeiten sind allerdings mehr als nur eine Aufzählung interessanter Fundstücke anderer Autoren. Vielmehr sollten Sie die Quellen nutzen, um die Themenstellung eigenständig zu bearbeiten.

Wenn dies erledigt ist, machen Sie sich an die Formulierung von Einleitung und Schluss. Diese sollten jeweils ungefähr zehn Prozent des gesamten Umfangs der Arbeit ausmachen. Die Formulierung einer passenden Einleitung, die den Leser über Problemstellung und Aufbau der Arbeit informiert, sollte zu diesem Zeitpunkt genauso wenig ein Problem sein, wie ein passender Schluss, der die Arbeit abrundet. Hier bietet sich ein Fazit oder ein Ausblick an.

Auch wenn sich beim Lesen manches Fachartikels ein anderer Eindruck aufdrängt, sollten wissenschaftliche Texte verständlich formuliert sein. Vermeiden Sie deshalb endlose Bandwurmsätze und umständliche Formulierungen. Schreiben Sie besser in kurzen, prägnanten Sätzen. Selbstverständlich müssen Sie objektiv bleiben und umgangssprachliche Äußerungen vermeiden.

Denjenigen, die große Probleme haben, in einer schriftlichen Seminararbeit den passenden Ton zu treffen sei gesagt:

Schreiben lernt man durch lesen.

Lesen Sie regelmäßig qualitativ hochwertige wissenschaftliche Artikel und Bücher. So wird sich Ihr Sprachstil nach und nach automatisch verbessern. Darüber hinaus sollten Sie unbedingt Ihre korrigierten Seminararbeiten einsehen, um die Markierungen, Verbesserungen und Kommentare Ihrer Dozenten zu analysieren. Sie werden sehr stark davon profitieren. Eine umfangreiche Abschlussarbeit sollten Sie nie bei einem Dozenten schreiben, der nie zuvor eine Ihrer Seminararbeiten bewertet hat. Sie sollten von Anfang an wissen, worauf er Wert legt und wie er Ihren Stil bewertet.

Ein letzter Hinweis, den seit Erfindung des Computers zahllose Studenten besser beherzigt hätten: Speichern Sie Ihre Arbeit regelmäßig. Kaum etwas ist ärgerlicher und unangenehmer, als eine fast fertiggestellte Arbeit von Neuem beginnen und den Dozenten um Aufschub bitten zu müssen, weil ein Virus Ihre Festplatte zerstört hat. Erstellen Sie des Weiteren regelmäßig Sicherheitskopien, die Sie nicht zu Hause aufbewahren. Ein im Auto oder im Spind an der Hochschule deponierter Memorystick ist die einfachste Lösung.

Überarbeiten

Überarbeiten Sie Ihren Text mehrmals. Ob Sie dies immer wieder während des Entstehungsprozesses tun oder lediglich am Ende, bleibt Ihnen überlassen. Hier variieren die individuellen Vorlieben sehr stark. In jedem Fall jedoch sollten Sie ausreichend Zeit einplanen, um die folgenden Punkte zu überprüfen:

- Ist Ihr Text in sich logisch aufgebaut? Existiert ein roter Faden?
- Bezieht sich Ihre Seminararbeit eindeutig auf das gestellte Thema?
- Haben sie alle Teilaspekte berücksichtigt? Beleuchten Sie das Thema aus unterschiedlichen Perspektiven?
- Existieren Widersprüche in Ihrer Argumentation?
- Sind alle Äußerungen und Behauptungen belegt oder begründet?
- Ist ihr Text sprachlich ansprechend formuliert?

Formatieren

In der Regel erhalten Sie von Ihren Dozenten klare Angaben darüber, wie Ihre Arbeit zu formatieren ist. Zumeist sind dabei neben Schriftgröße, Zeilenabstand und Schriftart auch die Ränder vorgegeben. Erkundigen Sie sich am zuständigen Lehrstuhl, ob dieser nicht bereits formatierte Vorlagen zum Download anbietet, die Sie für Ihre Seminararbeit nutzen können. Sollte dies nicht der Fall sein, können Sie auf lange Sicht viel Zeit sparen, in dem Sie einmal eine Seminararbeit besonders sorgfältig formatieren und als Vorlage für weitere Texte verwenden.

Ansonsten gilt es, Schreiben und Formatieren klar zu trennen. Während Sie zum Schreiben wissenschaftlich anspruchsvoller Texte hochkonzentriert sein müssen, lassen sich Formatierungen auch in weniger produktiven Phasen erledigen. Verschieben Sie das Formatieren ruhig auf die Zeit nach der inhaltlichen Fertigstellung.

Denken Sie beim Formatieren an den Leser und arbeiten Sie mit Blocksatz, gliedern Sie Sinneinheiten in Absätze und beginnen Sie jedes Kapitel auf einer neuen Seite.

Korrigieren

Vielen Studenten ist dieser letzte Schritt vor Abgabe der Seminararbeit sehr lästig. Es ist verständlich, Arbeiten, an denen man sehr lange Zeit gesessen hat und die einem nicht leicht von der Hand gegangen sind, möglichst schnell abgeben und somit loswerden zu wollen. Leider führt dies nicht selten zu Seminararbeiten, denen dies deutlich anzusehen ist:

- Sie weisen ebenso viele Rechtschreibfehler auf,
- wie auch eine hohe Anzahl unvollständiger Sätze,
- unkorrekter Formulierungen und
- uneinheitlicher Formatierungen.

Vermeiden Sie dies unbedingt, da die Form zum Inhalt gehört und ihre Note stark beeinflusst. Planen Sie für die Korrekturphase von vornherein einige Tage ein. Beachten Sie dazu Ihre fertige Arbeit einige Tage nicht und gewinnen Sie somit Abstand. Anschließend lesen Sie Ihre Arbeit einmal hochkonzentriert am Bildschirm, verbessern dabei Fehler und drucken das Dokument anschließend aus. Diesen Ausdruck korrigieren Sie entweder selbst im Abstand einiger Tage oder suchen sich einen Lektor. Dies kann jede beliebige Person sein: ein Familienmitglied, ein Freund oder ein Mitstudent. Wichtig ist nicht, dass diese Person ein ausgewiesener Fachmann für das Thema Ihrer Hausarbeit ist. Gerade Laien können sehr gut Auskunft darüber geben, ob Ihre Argumentation logisch, Ihre Vorgehensweise nachvollziehbar und Ihr Schreibstil verständlich ist. Es lohnt sich immer, die eigene Arbeit von anderen Personen korrigieren zu lassen, da man selbst als guter, orthographisch sicherer Schreiber dazu neigt, die eigenen Fehler zu übersehen.

Denken Sie unbedingt daran, als allerletzten Schritt Ihrer Korrektur das Inhaltsverzeichnis zu aktualisieren. Vor allem die Seitenangaben ändern sich im Zuge der Korrektur schnell.

Perfektes Zitieren – vermeiden Sie Plagiate

Haben Sie das letzte Mal im Supermarkt darauf verzichtet, ihre Einkäufe zu bezahlen? Haben Sie sich neulich am Eigentum anderer bedient und etwas gestohlen? Wenn Sie diese beiden Fragen hoffentlich mit NEIN beantworten, sollte es für Sie selbstverständlich sein, sich auch nicht am geistigen Eigentum anderer zu bedienen. Nichts anderes jedoch ist es, die Ideen, Gedanken und Texte anderer in eigenen Arbeiten zu verwenden ohne dies kenntlich zu machen.

Unabhängig von der moralischen Perspektive, die Plagiate jedem ernstzunehmenden Wissenschaftler von Haus aus verbietet, ist das Risiko für Sie persönlich auch einfach zu groß. Außenminister und Kanzlerkandidat in spe zu Guttenberg wurde ertappt, Kultusministerin Schavan wurde ertappt und seien Sie sich sicher: Auch bei Ihnen sind Risiko und drohende Folgen enorm. Mittlerweile lehrt an Hochschulen eine Generation von Dozenten, für die Google kein Fremdwort ist und die CopyScan und ähnliche Browser-gestützte Programme fehlerfrei bedienen können, um die Arbeiten ihrer Studenten auf Plagiate hin zu überprüfen.

Der Ehrlichkeit halber sei allerdings gesagt, dass bei den meisten Fehlern in studentischen Arbeiten nicht der Eindruck besteht, hier sei bewusst abgeschrieben worden. Vielmehr bereitet scheinbar das saubere und korrekte Zitieren vielen Studenten große Probleme. Dass die Art und Weise, wie zu zitieren ist, oftmals von Lehrstuhl zu Lehrstuhl variiert, erschwert dies zusätzlich und auch die Herausgabe eigener Zitationsmanuale hilft nicht ausreichend. Im Folgenden werden die Grundlagen korrekten Zitierens ausgeführt und anhand von Beispielen erläutert. Wenn Sie diese Grundlagen einmal verstanden und verinnerlicht haben, ist es ein Kinderspiel für Sie, sich auf die Zitierweisen der einzelnen Lehrstühle einzustellen.

Was muss gekennzeichnet werden?

Quellenangaben finden sich sowohl – in knapper Form – im Fließtext ihrer Arbeit als auch – in ausführlicher Form – im Quellen- beziehungsweise Literaturverzeichnis am Ende ihrer Arbeit. Sie sind in folgenden Fällen bei wissenschaftlichen Texten zwingend notwendig:
- direkte, wörtliche Übernahme von Textstellen (direktes Zitat)
- indirekte, sinngemäße Übernahme von Gedanken, Ideen, Theorien und Meinungen eines anderen Autors (indirektes Zitat)
- Tatsachen und Sachverhalte, die von anderen erarbeitet wurden und nicht als Allgemeinwissen gelten (beispielsweise die Ergebnisse von Untersuchungen und Studien)

Prinzipiell müssen Sie es an jeder Stelle Ihrer Arbeit dem Leser deutlich machen, wenn Sie Informationen, Ideen oder Theorien anderer übernehmen. Zu jeder Zeit muss Ihr Leser die Möglichkeit haben, den Ursprung nachzuvollziehen und die Grundlage Ihrer Äußerung eindeutig zu identifizieren und nachzulesen. Dies bedeutet im Umkehrschluss, dass alle nicht gekennzeichneten Bestandteile Ihrer Arbeit einzig und allein Ihren Überlegungen entsprungen sind. Genau dies bestätigen Sie am Ende einer jeden wissenschaftlichen Arbeit mit Ihrer Unterschrift unter der Plagiatserklärung.

Auch wenn bislang stets von Textstellen und Autoren die Rede gewesen ist und diese die am häufigsten verwendeten Quellen sind, müssen Sie jegliche verwendete Quelle angeben; also auch Filme, Rundfunksendungen und Internetressourcen.

Direkte Zitate

Bei Zitaten handelt es sich um wörtliche Übernahmen aus anderen Texten, die im Grunde in zwei unterschiedlichen Möglichkeiten auftreten können:

Kürzere Zitate kennzeichnen Sie mit doppelten Anführungszeichen am Anfang und am Ende und nennen die Quelle in Kurzform. Diese können sie entweder als Fußnote am Ende der Seite platzieren oder aber in Klammer direkt nach dem Zitat. Bitte sehen Sie davon ab, wie in älteren Arbeiten, mit Fußnoten zu arbeiten, die sich nicht am Ende der Seite, sondern erst am Ende Ihrer Arbeit finden. Dies ist heute eher unüblich und wird lediglich bei einigen wenigen wissenschaftlichen Aufsätzen so gehandhabt.

Beispiele:

> Der pädagogische Bezug in seiner ursprünglichen Interpretation kann „angesichts jüngster Entwicklungen um Kindesmissbrauch in Bildungseinrichtungen nicht länger kritiklos gelehrt werden" (Schneider 2012: 9).

> Eine nach Meyer zentrale Ursache für den Bewegungsmangel bei Jugendlichen ist „häufiger Fernsehkonsum, der einen Großteil der frei zur Verfügung stehenden Zeit einnimmt" (Meyer 2009: 21).

In beiden Fällen ist die Quelle eindeutig angegeben. Die genaue Bezeichnung der Publikationen von Schneider und Meyer könnten nun vom Leser im Literaturverzeichnis am Ende des Textes nachgelesen werden. Die Angabe der Seitenzahlen ermöglicht es, die zu Grunde liegende Textstelle schnell zu finden und nachzulesen. Im zweiten Beispiel wird sogar im Text selbst auf den Autor Meyer verwiesen. Dadurch wird die Urheberschaft des Gedankens besonders deutlich.

Längere Zitate, die mehr als drei oder vier Zeilen umfassen, werden nicht in Anführungszeichen gestellt, sondern optisch vom Text abgesetzt. Vor und nach dem links eingerückten Zitat wird eine Leerzeile gesetzt und es wird sowohl eine kleinere Schriftart als auch ein geringerer Zeilenabstand verwendet. Die Quelle findet sich unmittelbar am Ende des Zitats.

> Trotz alledem ist es dem Forscher Wittmann wichtig, seine Entdeckung nicht allein ausgewählten Forschern zur Verfügung zu stellen, sondern der Allgemeinheit zugänglich zu machen:

> Eine derartige Entdeckung ist zu schade und zu wertvoll, um sie den Augen der Öffentlichkeit vorzuenthalten. Eine Begehung dieser Höhle kann Kinder wie auch Erwachsene begeistern und ihnen einen ganz neuen Bezug zu unserem Heimatplaneten vermitteln. Wer weiß, vielleicht wird ihre Begehung eines Tages fester Bestandteil schulischer Lehrpläne sein. (Wittmann 2006: 241)

Anders als bei einem kurzen, direkten Zitaten findet sich der Punkt als Satzzeichen nun vor dem Beleg. Besondere Schwierigkeiten bereiten in der Regel die folgenden Fälle:

Sollte die zitierte Textstelle bereits doppelte Anführungszeichen beinhalten, ersetzen Sie diese in Ihrem Zitat durch einfache Anführungszeichen. Auf diese Art und Weise stellen Sie sicher, dass Verwechslungen ausgeschlossen sind und Anfang sowie Ende Ihres eigenen Zitats eindeutig markiert sind.

Originale Textstelle:

> Die im dritten Quartal erneut sinkenden Auflagenzahlen seien laut Pressesprecher auf die „Konkurrenz kostenfreier Onlineangebote" zurückzuführen.

Ihr Zitat:

> „Die im dritten Quartal erneut sinkenden Auflagenzahlen seien laut Pressesprecher auf die ‚Konkurrenz kostenfreier Onlineangebote' zurückzuführen" (Götze 2013: 152).

Wenn Sie nicht die gesamte Textstelle zitieren möchten, markieren Sie Ihre Auslassung durch drei Punkte in eckiger Klammer:
Originale Textstelle:

> Aufgrund der Zunahme an Ein-Elter-Familien, deren spezifische Struktur eine Neuorientierung der schulischen Betreuung notwendig macht, wurde in den vergangenen Jahren die Zahl der Ganztagesangebote kontinuierlich erhöht."

Ihr Zitat:

> „Aufgrund der Zunahme an Ein-Elter-Familien [...] wurde in den vergangenen Jahren die Zahl der Ganztagesangebote kontinuierlich erhöht" (Schmid 2013: 24).

Eckige Klammern verwenden Sie ebenfalls, wenn Sie in einem direkten Zitat Ergänzungen vornehmen. Zusätzlich bringen Sie wie in folgendem Beispiel einen Hinweis auf sich als Urheber der Anmerkung an:

> „Die im Obstgarten gemachten Beobachtungen übertrug er [Pareto, d. Verf.] ebenfalls auf ökonomische Zusammenhänge" (Reimann 2011: 14)

Sollte sich in eine zitierte Textstelle einmal ein Tipp- oder Rechtschreibfehler eingeschlichen haben, verwenden Sie den Hinweis *sic* (lateinisch: so, wirklich so) sowie eckige Klammern. Alte Rechtschreibung wird üblicherweise weder korrigiert noch als Fehler gekennzeichnet.

> „Die ansteigenden Umsatzzahlen stützten zunächst die Vermutung, das [sic] die Neuzusammensetzung des Steuerungsteams sich bezahlt machte" (Rudloph 2010: 518).

Bei Hervorhebungen in der originalen Textstelle – beispielsweise Unterstreichungen, Fett- oder Kursivdruck – sind diese im Zitat unbedingt zu übernehmen. Im Beleg weisen Sie darauf hin, dass diese Form der Markierung bereits im Original vorhanden war (Hervorh. i. O. = Hervorhebung im Original):
Originale Textstelle:

> Anders als bei vorherigen Studien wurden die einzelnen Probanden **nicht** mittels einer Zufallszahlentabelle telefonisch kontaktiert.

Ihr Zitat:

> „Anders als bei vorherigen Studien wurden die einzelnen Probanden **nicht** mittels einer Zufallszahlentabelle telefonisch kontaktiert" (Schuster 1978: 48, Hervorh. i. O.).

Wenn Sie selbst Hervorhebungen an einer zitierten Textstelle vornehmen, die ursprünglich nicht vorhanden waren, müssen Sie dies ebenfalls deutlich machen. Hierzu werden wie im folgenden Beispiel eckige Klammern verwendet.
Originale Textstelle:

> Die Wichtigkeit der Entdeckung des Higgsteilchens sollte erst viele Jahre später in vollem Umfang erkannt werden.

Ihr Zitat:

> Die Wichtigkeit der Entdeckung des Higgsteilchens sollte erst **viele Jahre später** [Hervorh. d. Verf.] in vollem Umfang erkannt werden (Thomae 2014: 8).

Wenn in Ihrem Text mehrere aufeinander folgende Zitate aus derselben Quelle stammen, können Sie diese entweder jeweils ganz regulär belegen oder aber ab dem zweiten Zitat mit *ebd.* (für ebenda) verkürzen. Diese Variante ist allerdings ausschließlich dann möglich, wenn zwischen diesen Zitaten kein weiterer Autor zitiert wird.

Erstes Zitat:

> „Der Streit mit der EU-Kommission droht zu eskalieren" (Reich 2013: 5).

Zweites Zitat:

> „Ein Kompromiss schien bereits im Vorjahr gefunden" (ebd. 7).

Drittes Zitat:

> „Anders als in den Nachbarländern ist die deutsche Automobilindustrie vor allem auf das obere Preissegment spezialisiert" (ebd. 7).

Zitieren Sie aus einem Text, der von einer Institution oder Organisation verfasst wurde, so verwenden sie im Beleg das entsprechende Kürzel. Erst im Literaturverzeichnis geben Sie in Klammer die vollständige Bezeichnung der Institution oder Organisation an.

Beleg im Text:

> (WHO 1997: 2)

Angabe im Literaturverzeichnis:

> WHO (World Health Organisation): ...

Sollte bei einem zitierten Text kein Autor ausfindig gemacht werden können, so verwenden Sie im Beleg die Abkürzung *o. V.* (ohne Verfasser). Damit signalisieren Sie auch, dass unter Umständen die Zitierwürdigkeit des Textes nicht sichergestellt ist. Häufig ist dies bei Quellen aus Zeitungen, Zeitschriften und dem Internet der Fall.

> „Die Demonstration verlief anders als erwartet weitgehend friedlich" (o. V. 1987: 65).

Auf identische Weise gehen Sie vor, wenn beim zitierten Text kein Erscheinungsjahr (o. J. = ohne Jahr) festzustellen ist oder keine Seitenzahlen (o. S. = ohne Seitenzahl) existieren:

> „Aktuell ist eine Rückbesinnung junger Menschen auf traditionelle Werte festzustellen" (Unger o. J.: 206).

> „Die ersten Angriffe der neuausgehobenen Miliz richteten sich anders als erwartet nicht gegen Bagdad selbst" (Schmied 1987: o. S.).

Vermeiden sollten Sie es prinzipiell, Texte zu zitieren, zu denen Sie keinen direkten Zugang haben. Man spricht in diesem Fall von einem Sekundärzitat. Das Problem dabei ist, dass Sie ohne Zugang zur Originalquelle nicht überprüfen können, ob das Zitat unter Umständen aus dem Zusammenhang gerissen wurde. Sollte sich dennoch ein Zitat aus zweiter Hand nicht vermeiden lassen, machen Sie dies im Beleg durch den Zusatz *zit. n.* (zitiert nach) und die Angabe des Textes, dem dieses Zitat entnommen wurden kenntlich:

> „Der Zusammenbruch der Sowjetunion führte zu einem Machtvakuum, das auch Staaten wie Deutschland zwang, verstärkt Verantwortung zu übernehmen" (Sandorn 1999: 8, zit. n. Wirth 2005: 188).

Indirekte Zitate

Wenn sie nicht direkt aus anderen Texten zitieren, sondern sich lediglich auf andere Quellen beziehen und diese beispielsweise inhaltlich wiedergeben, spricht man von indirekten Zitaten. Bei diesen verwenden Sie keine Anführungszeichen. Dennoch müssen Sie es deutlich machen, sobald Sie sich auf fremde Publikationen beziehen. Dies tun Sie ebenso wie bei direktem Zitat durch die Angabe von Autor, Erscheinungsjahr und Seitenzahl, ergänzen diese jedoch mit dem Kürzel *vgl.* (vergleiche).

> Es kann im Allgemeinen davon ausgegangen werden, dass die Abkehr von traditionellen Energiequellen und die Nutzung von erneuerbaren Ressourcen viel Rückhalt in der Bevölkerung genießt (vgl. Gerachten 2009: 412).

Gelegentlich kommt es vor dass Sie sich in einem Ihrer Texte auf unterschiedliche Quellen beziehen. Dann trennen Sie diese im Beleg durch Strichpunkte:

> Auch wenn die Batterieforschung in Deutschland erstklassig ist, profitieren deutsche Unternehmen kaum davon (vgl. Kaiser 2001: 4; Kiesling 1998: 89).

Seitenzahlen bei direkten und indirekten Zitaten

Selbstverständlich muss aus jedem Ihrer Belege eindeutig hervorgehen, auf welche Seite beziehungsweise auf welche Seiten sich Ihr Zitat bezieht. Hierfür existieren einige leicht zu merkende Regelungen, die sich am besten anhand konkreter Beispiele verdeutlichen lassen:

(Riedhammer 2003: 36)	Das direkte oder indirekte Zitat bezieht sich auf eine Textstelle auf der Seite 36.
(Riedhammer 2003: 44f.)	Das Zitat bezieht sich auf eine Textstelle, die sich über die Seiten 44 und 45 erstreckt.
(Riedhammer 2003: 101-109)	Das Zitat bezieht sich auf eine Textstelle, die sich über mehrere Seiten erstreckt; in diesem Fall über die Seiten 101 bis 109.

Quellen aus dem Internet

Selbstverständlich können Sie sich heute auch in wissenschaftlichen Arbeiten prinzipiell auf Internetquellen beziehen. Allerdings bergen diese einen großen Nachteil: Ihre Verfügbarkeit muss nicht dauerhaft gegeben sein. Unter Umständen ist die von Ihnen zitierte Quelle im Internet bereits nach kurzer Zeit nicht mehr verfügbar oder wurde geändert. Deshalb sollten Sie, wann immer möglich, auf gedruckte Texte zurückgreifen.

Des Weiteren sollten Sie gerade bei Texten aus dem Internet Seriosität, Brauchbarkeit und somit Zitierwürdigkeit sehr kritisch prüfen. Verzichten Sie in wissenschaftlichen Texten besser darauf, Quellen zu zitieren, zu denen weder Autor noch Publikationsdatum bekannt sind.

Ansonsten belegen Sie Zitate aus Internetquellen genauso, wie Sie es bei Zitaten aus Druckerzeugnissen tun. Hierbei wird es jedoch vermutlich häufiger vorkommen, dass sie Autor, Jahreszahl und/oder Seitenzahl nicht feststellen lassen. Die URL beziehungsweise den Internetlink geben Sie im Literaturverzeichnis an. Dabei geben Sie unbedingt in Klammern das Abrufdatum an.

So nicht – klassische Schwächen studentischer Seminararbeiten

Auch wenn es bei Ihren wissenschaftlichen Arbeiten natürlich in erster Linie um den Inhalt geht, sollen im Folgenden zunächst typische Fehler im Bereich der Formalia angeführt werden. Diese lassen sich besonders einfach abstellen, was die Qualität Ihrer Seminararbeit deutlich aufwertet.

Das Inhaltsverzeichnis

Gliedern Sie nicht zu grob! Eine Gliederung, die ausschließlich aus Gliederungspunkten erster Ordnung besteht, ist wenig aussagekräftig. Während es bei regulären Seminararbeit ausreichen kann, Gliederungspunkte zweiter Ebene einzubeziehen, reicht dies bei Bachelor- und Diplomarbeiten bereits nicht mehr aus. Hier zeigt sich die vergleichsweise tiefergehende Auseinandersetzung mit einem Gegenstandsbereich bereits im Inhaltsverzeichnis.

- Gliedern Sie andererseits aber auch nicht zu fein. Ein Gliederungspunkt 3.1.4.2.3.1.2 zu dem Sie ganze drei Zeilen anführen, ist überflüssig. Integrieren Sie ihn besser in den laufenden Text; beispielsweise in Form einer Aufzählung.
- Der Volksmund weiß: „Wer A sagt muss auch B sagen." Dies gilt auch für die Gliederung Ihrer Arbeit. Untergliedern Sie einen Oberpunkt immer in mindestens zwei Unterpunkte, so dass das folgende Beispiel bei Ihnen nicht auftreten kann:

  2   Geschichte der Sozialversicherung
  2.1 Einfluss Bismarcks
  3   Sozialversicherungen heute

Dieses Beispiel ist insofern falsch, als zu Oberpunkt 2 nur ein einzelner Unterpunkt existiert. Es wäre nötig gewesen, mindestens einen zweiten Unterpunkt 2.2 zu integrieren.

Die Sprache

Dieser Punkt ist insofern schwierig, als sich Ihre Sprache beziehungsweise Ihr Stil nicht von heute auf morgen verbessern lässt. Wenn Sie in der Schule für Ihre Aufsätzen stets eher schlechte Noten bekommen haben, werden Sie aller Voraussicht nach auch im Studium bei der Anfertigung schriftlicher Hausarbeiten Schwierigkeiten haben. Dennoch gibt es einige Dinge, die Sie im Hinterkopf behalten sollten und die Ihnen zu besseren Zensuren verhelfen können:

- Natürlich sind Rechtschreibfehler und grammatische Fehler zu vermeiden. Bitte beachten Sie deshalb, dass ein Rechtschreibkorrekturprogramm kein Ersatz für ein sorgfältiges Korrekturlesen ist. Bitten Sie bei allen wichtigen Texten eine weitere Person, diese für Sie gegenzulesen. Egal wie sicher Sie in der Rechtschreibung sind, bei selbstverfassten Text neigen wir alle dazu, Fehler zu übersehen.
- Achten Sie darauf, keine Stichworte zu verwenden, sondern vollständige Sätze zu formulieren. Ein vollständiger Satz umfasst immer mindestens Subjekt und Prädikat. Stichworte sind lediglich als Aufzählungen zulässig.
  Achten Sie darauf, Umgangssprache zu vermeiden. Viele Ausdrücke und Formulierungen, die im täglichen Leben verwendet werden, sind in wissenschaftlichen Arbeiten fehl am Platz.

Der Inhalt

Der Inhalt ist das Herzstück Ihrer Arbeit und nur wenn dieser qualitativ hochwertig ist, können Sie mit guten Zensuren rechnen. Während formale und sprachliche Schwächen oftmals noch zu verzeihen sind, schlagen sich inhaltliche Schwächen unmittelbar auf Ihre Note nieder. Bitte betrachten Sie die folgenden Hinweise nur als Orientierungshilfe, da die Anforderungen gerade in diesem Bereich von Lehrstuhl zu Lehrstuhl und von Studiengang zu Studiengang stark variieren.

- Viele Seminararbeiten setzen sich mit einer Themenstellung nicht wirklich tiefgehend auseinander, sondern beschränken sich darauf Zitat an Zitat zu reihen. Verfolgen Sie die aktuelle wissenschaftliche Diskussion in Ihrem Fachgebiet und lernen Sie den Forschungsstand einzelner Gegenstandsbereiche zu analysieren und wissenschaftlich zu beurteilen.
- Es erscheint logisch in einer Seminararbeit das seitens des Dozenten gestellte Thema zu bearbeiten. Dennoch gelingt vielen Studierenden dies nicht. Diese wählen aus der Themenstellung das ein oder andere Schlagworte heraus, führen dazu eine kurze Google-Recherche durch und verwenden Titel und Über-

schriften der dabei gefunden Dokumente als Puzzlestücke, aus denen sie eine eigene Gliederung zusammensetzen. Da sich diese allerhöchstens auf den ersten Blick auf die Themenstellung bezieht, führt eine derartige Arbeitsweise häufig automatisch zu einer Themenverfehlung.

- Vermeiden Sie, wie noch zu Schulzeiten Überschriften in Anlehnung an die Gliederungslogik zu wählen (Einleitung, Hauptteil, Schluss). Vielmehr geben gute Überschriften Auskunft über den Inhalt, der unter ihnen ausgeführt wird.
- Bei inhaltlichen Widersprüchen in Ihrer Arbeit ist es Ihre Aufgabe, diese zu erkennen und zu beheben. Werden jedoch innerhalb Ihres Fachgebietes unterschiedliche Ansichten vertreten, die sich in der Literatur widerspiegeln, so ist es Ihre Aufgabe, darauf hinzuweisen und den Widerspruch zu analysieren.

Sonstiges

- Reizen Sie die Möglichkeiten moderner Programme zur Textverarbeitung nicht vollständig aus. Farbige Schriften, comicartige Schriften und vielfältige Formatierungen sollten Sie vermeiden. Beschränken Sie sich besser ganz klassisch auf Unterstreichungen, Fettungen und Kursivdruck und verwenden Sie nicht mehr als zwei unterschiedliche Schriftarten für Text und Überschriften.

Perfekt Präsentieren

Lernen Sie sich kennen.

Testen Sie sich selbst und finden Sie heraus, wie gut Sie aktuell Vorträge vorbereiten und halten. Kreuzen Sie bei jeder der Aussagen an, in welchem Maße diese für Sie zutrifft. Dabei steht 1 für „trifft absolut nicht zu" und 5 für „trifft für mich absolut zu".

	1	2	3	4	5
Ich mache mir die Mühe, mein Publikum zu analysieren.					
Ich lese mich zunächst gründlich in die Materie ein, bevor ich mit der Präsentation beginne.					
Ich bewege mich während meiner Vorträge und nutze den gesamten zur Verfügung stehenden Raum.					
Zu Beginn meiner Präsentationen plane ich einen Ausblick auf den Inhalt, am Ende eine Zusammenfassung.					
Ich achte darauf, mein Publikum mit einem packenden Einstieg für mein Referat zu interessieren.					

	1	2	3	4	5
Die verwendeten Abbildungen ergeben sich aus der Präsentation; sie sind kein Selbstzweck.					
Ich trage mit Begeisterung und Engagement vor.					
Meine Notizen beschränken sich auf Stichworte.					
Die verwendeten Visualisierungen sind sorgfältig ausgewählt und eingesetzt.					
Meine Gesten sind natürlich.					
Ich halte Augenkontakt und beachte das gesamte Publikum.					
Ich stelle sicher, dass dem Publikum die Zielsetzung meines Vortrags stets bewusst ist.					
Wenn ich mit der Erstellung meiner PowerPoint-Präsentation beginne, habe ich bereits den groben Ablauf meines Vortrags im Hinterkopf.					
Ich übe meine Vorträge laut, im Stehen und mit dem Blick auf die Uhr.					
Ich bin so gut vorbereitet, dass ich kaum Notizen benötige.					
Ich informiere mein Publikum darüber, wie es von meinem Referat profitieren kann.					
Ich plane Phasen ein, in denen meine Zuhörer aktiv werden.					
Während des Vortrags konzentriere ich mich auf mein Publikum und interagiere mit ihm.					
Ich überlege potenzielle Zwischenfragen und formuliere passende Antworten.					
Ich plane das Ende des Vortrags, um einen passenden Ausstieg zu haben.					
Ich habe einen Notfallplan.					
Ich kontrolliere die zur Verfügung stehende Technik im Vorfeld auf Funktionstüchtigkeit und Kompatibilität.					

Wenn Sie mit der Beantwortung des Fragebogens fertig sind, werten Sie diesen folgendermaßen aus: Für ein Kreuz in der ersten Spalte vergeben Sie sich einen, für ein Kreuz in der zweiten Spalte zwei Punkte und so weiter. Addieren Sie die erreichten Punkte. Bei 23 Aussagen, die von Ihnen zu bewerten sind, lassen sich so maximal 115 Punkte erzielen.

Sollten Sie auf weniger als 25 kommen, besteht bei Ihren Vorträgen aktuell enormes Verbesserungspotenzial. Aller Voraussicht nach werden sie von den folgenden Seiten besonders stark profitieren. Studieren Sie diese besonders aufmerksam und gehen Sie bei zukünftigen Referaten vor wie beschrieben.

Planen Sie ausreichend Vorbereitungszeit ein.

Gerade wenig erfahrene Redner neigen dazu, die Zeit zu unterschätzen, die benötigt wird um sich in ein Thema einzuarbeiten, daraus einen Vortrag zu entwickeln und diesen mit PowerPoint-Präsentation, Handout und Moderatorenkärtchen vorzubereiten. So genannte Keynotespeaker, die für große Veranstaltungen gebucht werden, planen bis zu zwölf Stunden Vorbereitung für eine Stunde Redezeit ein. Selbstverständlich benötigt ein besonders wichtiger Vortrag, beispielsweise die Verteidigung ihre Dissertation vor großem, hochkarätigem Publikum, mehr Aufwand, als die kurze Ansprache vor einer kleinen Gruppe. Bis Sie ein gutes Gefühl für den Zeitaufwand entwickelt haben, sollten sie vorerst lieber mehr als zu wenig Zeit einplanen. Wenn Sie dann merken, dass Ihr Referat bereits 14 Tage vor dem Termin steht, haben Sie nichts verloren. Legen Sie es zur Seite, widmen Sie sich anderen Dingen und holen Sie es erst 24 Stunden vor der Veranstaltung wieder hervor.

Unter den Punkt Vorbereitungszeit fällt es auch, den Seminarraum vorab einmal genauer unter die Lupe zu nehmen. Welche Medienausstattung ist vorhanden beziehungsweise kann besorgt werden? Wie ist das Rednerpult positioniert? Bin ich mit der Sitzordnung zufrieden oder möchte ich diese für meinen Vortrag ändern?

Verlieren Sie Ihr Publikum nicht aus den Augen.

Denken Sie schon während der ersten Schritte der Planung an diejenigen, für die Sie den Vortrag halten werden. Versetzen Sie sich in die Lage Ihrer Kommilitonen. Dabei sollten Sie vor allem zwei Aspekte berücksichtigen.

Wie gut kennt sich Ihr Publikum bereits in der Thematik aus? Müssen Sie bei Adam und Eva anfangen und grundlegende Begriffe erläutern, um überhaupt einen groben Überblick über das Themenfeld geben zu können? Oder lässt sich bereits einiges an Hintergrundwissen voraussetzen? Diese Einschätzung Ihres Publikums beeinflusst sowohl den Inhalt Ihres Referats als auch Vortragsstil und Wortwahl. Vermeiden Sie es, Fachbegriffe zu verwenden, wenn diese nicht als bekannt vorausgesetzt werden können. Damit wirken Sie nicht besonders klug, sondern stellen sich eher ins Abseits und verlieren Ihr Publikum sehr schnell. Fragen Sie nicht nach, ob die Begriffe bekannt sind, da kaum ein Student sich outen wird. Erläutern Sie Fachtermini von vornherein und führen Sie Definitionen an.

Gerade im Studium ist es wichtig, sich Gedanken über die Motivation der Zuhörer zu machen. Ein Publikum, das Ihnen gezwungenermaßen zuhört und für das Ihr Vortrag keinen greifbaren Nutzen bietet, werden Sie sehr stark motivieren müssen. Bereitet die Seminarveranstaltung Studierende allerdings auf eine bevorstehende Prüfung vor und Sie referieren zu einem typischen Prüfungsthema, so werden Sie wenig zur Motivation der Zuhörer beitragen müssen. Diese haben ein hohes Eigeninteresse, Ihren Ausführungen zu folgen. Sie WOLLEN ein Maximum an Informationen aufnehmen.

Die folgenden Fragen können Ihnen helfen, das Publikum einzuschätzen:
- Kennt mich der Großteil der Zuhörer?
- Wie stehen die Zuhörer zu mir?
- Wie berufs- und studienerfahren sind diese?
- Wie hoch ist ihre Motivation?
- Auf welche Art profitiert mein Publikum von dem Vortrag?
- Welches Vorwissen besitzt es bereits?
- Kenne ich die Einstellung der Teilnehmer zur referierten Thematik?

Auch wenn sie diese Aspekte selbstverständlich berücksichtigen sollten, ergeben sich leider häufig Widersprüche mit dem Folgenden.

Sprechen Sie mit Ihrem Dozenten.

In den wenigsten Seminaren lassen Ihre Dozenten Vorträge um ihrer selbst willen halten. Vielmehr verfolgen sie mit den meisten Referatsthemen eine bestimmte Absicht. Suchen Sie das Gespräch mit Ihrem Professor, um diese zu ergründen. So minimieren Sie von vornherein das Risiko, den an Sie gerichteten Erwartungen nicht gerecht zu werden. Bereiten Sie sich auf das Gespräch anhand der folgenden Fragen vor:
- Wie viel Zeit steht mir genau zur Verfügung?
- Werden in derselben Veranstaltung noch andere Referate gehalten?
- Ist es gewünscht, dass ich Diskussionen, Einzel- und Gruppenarbeiten integriere?
- Soll ich abschließend eine Zusammenfassung geben oder möchte der Dozent das persönlich übernehmen?
- Wie stark ist das Themengebiet eingegrenzt?
- Gibt es zentrale Aspekte, auf die ich unter allen Umständen eingehen muss?
- Welche Medien stehen zur Verfügung?

In acht Schritten zum Erfolg – entwickeln Sie Ihren Vortrag

Inhalt

Brain-
stoming

Einleitung
und
Schluss

Vortrag

Power-
Point

Handout

Präsent
Präsentieren

Schritt 1 – Inhalt erarbeiten

Auch wenn dies auf den ersten Blick selbstverständlich erscheint, kann es nicht oft genug betont werden: Arbeiten Sie sich gründlich in die Thematik ein. Studieren Sie die entsprechende Literatur, machen Sie sich Notizen und zögern Sie nicht, Ihren Dozenten bei Unklarheiten anzusprechen. Nur wenn Sie sicher im Stoff sind, können Sie auch darüber vor den anderen Studenten souverän referieren. Verlassen Sie sich nicht auf Ihr rhetorisches Geschick und seien Sie sicher, Ihre eventuellen Lücken werden bemerkt.

In den meisten Lehrveranstaltungen gehen Referate und Seminararbeiten Hand in Hand und ergeben gemeinsam eine Note. Wenngleich vermutlich jeder Dozent empfiehlt, bereits während der Vorbereitung auf den Vortrag auch die Seminararbeit zu schreiben, tun dies erfahrungsgemäß nur sehr wenige Studenten. Lieber arbeiten diese sich am Ende des Semesters erneut in die Thematik ein und erstellen die schriftliche Arbeit kurz vor dem Abgabetermin. Sparen Sie sich diese zusätzliche Zeit! Fertigen Sie Ihre Arbeit doch bereits jetzt an. Sie beschäftigen sich doch sowieso gerade intensiv mit der Thematik. Außerdem zwingt eine schriftliche Hausarbeit Sie zu einer wirklich tiefgehenden, detaillierten Auseinandersetzung, was Ihnen auch bei Ihrem Vortrag helfen wird.

Schritt 2 – Brainstorming

Jetzt wo Sie sicher im Stoff sind, gilt es diesen für Ihren Vortrag aufzubereiten. Am besten gelingt dies mit einem Brainstorming. Nutzen Sie dazu Post-its oder Karteikarten und notieren Sie darauf mögliche Inhalte und Aspekte Ihrer Präsentation. Schreiben Sie auf jeden Zettel nur einen Stichpunkt. Beschränken Sie sich in diesem Moment noch nicht, sondern lassen Sie die Gedanken fließen. Aussortiert, das wird erst später.

Wenn Ihr Brainstorming beendet ist, müssen Sie noch sortieren. Gruppieren Sie zusammenhängende Ideen und finden Sie Überschriften. Ihr Ziel ist es nun, sich auf maximal fünf Hauptaspekte zu beschränken.

Dies ist die Anzahl die sich erfahrungsgemäß noch gut präsentieren lässt. Wenn Sie versuchen mehr Oberpunkte zu referieren, wird Ihr Vortrag die Struktur und Ihre Zuhörer den Überblick verlieren. Sollten Sie noch immer mehr als fünf Punkte haben, überlegen Sie nochmals genau, ob sich diese nicht als Unterpunkte eignen oder sogar eliminieren lassen.

Wenn Sie sich nun auf einige wenige Hauptaspekte festgelegt haben, die Sie Ihrem Publikum vermitteln möchten, werden Erklärungen, Vor- und Nachteile sowie Beweise und empirische Daten zu Unterpunkten. Sammeln diese ebenso auf Post-its. Bringen Sie diese anschließend in eine logische Reihenfolge. Probieren Sie unterschiedliche Anordnungen aus und entscheiden Sie sich für die sinnvollste.

Schritt 3 – entwerfen Sie Einleitung und Schluss

Auch wenn eine gute Improvisationsfähigkeit bei Vorträgen von Vorteil ist, kann nichts und niemand eine detaillierte Planung und ein gutes Konzept ersetzen. Verwenden Sie für Ihre Grobplanung die übliche Dreiteilung in Einleitung, Hauptteil und Schluss. Wenn Ihr Brainstorming abgeschlossen ist und es daran geht, den Vortrag selbst zu entwickeln, beginnen Sie am besten mit Einleitung und Schluss.

Diese bilden die Klammer, die Ihren Vortrag umschließt. Fallen diese beiden Teile qualitativ deutlich ab, so lässt sich dies vor dem Publikum nicht verbergen.

Ihre Präsentation wird als qualitativ minderwertig wahrgenommen. Stehen aber erst einmal Einleitung und Schluss, so ergibt sich der Rest größtenteils von selbst.

Helfen Sie Ihren Zuhörern, dem Vortrag zu folgen – geben Sie Ihnen einen Roten Faden vor! Hierzu gehört, dass Sie Ihnen zunächst Vorgehensweise und grobe Gliederung vorstellen und diese im Seminarraum dauerhaft visualisieren. Einfachste Möglichkeit ist, die Gliederungspunkte bereits vorab auf eine Flipchart zu notieren. Diese können Sie an Seitentafel oder -wand befestigen, damit Ihre Kommilitonen sich orientieren können. Sie wissen stets, zu welchem Gliederungspunkt Sie gerade sprechen und welche noch folgen. Außerdem können Sie diese Übersicht als Stichwortgeber nutzen und somit (zumindest teilweise) auf Stichwortkarten verzichten.

Überlegen Sie außerdem genau, was die wichtigsten Punkte Ihres Vortrags sind, die Ihr Publikum unbedingt behalten soll. Auf diese Punkte sollten Sie Ihre Zuhörer in ihrer Einleitung bereits einstimmen. Hierzu haben sie unterschiedliche Möglichkeiten:

Starten Sie mit einer Anekdote: Vielleicht haben Sie mit Ihrem kleinen Bruder und Ihrer Nichte etwas erlebt, dass sich auf Ihre Vortragsinhalte beziehen lässt: „Letzte Woche wurde ich gebeten, mich um meine kleine Nichte zu kümmern und diese jeden morgen in den Kindergarten zu bringen. Bereits am ersten Morgen weigerte sie sich beharrlich auf dem Parkplatz aus dem Auto zu steigen. Sie schrie, weinte und klammerte sich am Türgriff fest. Weder gutes Zureden noch der Hinweis, ich müsse dringend zur Uni, half. Erst als ich ihr mit einem Blick auf die Uhr versprach, mit ihr Süßigkeiten im Kiosk neben dem Kindergarten zu kaufen, erklärte sie sich großzügig bereit, den Wagen zu verlassen. In diesem Moment fiel mir ein Stein vom Herzen, auch wenn ich die Büchse der Pandora geöffnet hatte. Es gab nicht einen Tag in der folgenden Woche, an dem es nicht einer Handvoll Bonbons und Schokoriegel bedurft hätte, um meine Nichte zu bewegen, in den Kindergarten zu gehen. Auf die gleiche Weise öffnen wir als Führungskräfte die Büchse der Pandora, wenn wir in Verhandlungen mit Mitarbeitern und Zulieferern nicht konsequent bleiben. Wie also verhandeln wir unter Zeitdruck taktisch klug?"

Bringen Sie Ihr Publikum zum Lachen: Humor ist eine großartige Möglichkeit, das Eis zu brechen und die Zuhörer von Anfang an in Ihren Bann zu ziehen. Seien Sie aber vorsichtig: Ihr humorvoller Einstieg muss nicht allein zu Ihrer Person passen, sondern sich darüber hinaus auch logisch auf den Vortragsinhalt beziehen. Ein Witz, bei dem sich die Brücke zu ihrem Referat nur mit Mühe schlagen lässt, ist fehl am Platz und führt letztendlich nur zu Kopfschütteln und gequältem Lachen im Publikum. Außerdem ist es wichtig, dass Sie Ihren Humor dem Publikum anpassen. Vermeiden Sie es prinzipiell Witze über Geschlecht, Rasse oder Region zu machen. Sobald Sie sich fragen ob sie einen Witz wirklich erzählen sollen, haben Sie die Antwort bereits gegeben: Sie sollten es nicht tun!

Beginnen Sie mit einer Frage: Wenn Sie Ihr Referat mit einer Frage einleiten möchten, haben Sie prinzipiell zwei unterschiedliche Möglichkeiten:

1 Mit einer passenden, gut formulierten rhetorischen Frage gewinnen Sie die Aufmerksamkeit Ihrer Zuhörer. Bei einer rhetorischen Frage handelt es sich um eine Frage, deren Antwort offensichtliche ist: „Wer der hier Anwesenden interessiert sich für die Branche, in der man uns Wirtschaftswissenschaftlern die höchsten Durchschnittsgehälter zahlt?"

2 Auch mit einer tatsächlichen Frage lässt sich ein Vortrag gut einleiten. Allerdings besteht hier die Gefahr, dass ein Wichtigtuer mit der Antwort herausplatzt. Stellen Sie am besten eine Frage, geben Sie zwei oder drei Antwortmöglichkeiten vor und bitten Sie Ihr Publikum um ein Stimmungsbild durch Handzeichen. Achten Sie allerdings darauf, dass jederzeit eindeutig ist, für welche Antwortmöglichkeit gerade die Hand gehoben wird.

Zitieren Sie: Das passende Zitat vorausgesetzt kann diese Variante ein sehr eleganter Einstieg sein. Zu diesem Zweck benötigen Sie allerdings ein eher kurzes, knackiges Zitat, das maximal zwei Sätze umfasst. Blenden Sie das Zitat über den Beamer ein und lesen Sie es betont langsam und deutlich vor. Zitate sind der einzige Text auf Ihren Slides, den sie wirklich eins zu eins ablesen sollten. Achten Sie darauf, dass Sie wirklich ein zum Inhalt passendes Zitat verwenden. Entscheiden Sie sich nicht für diese Form des Einstiegs und suchen dann erst nach einem geeigneten Zitat! Verwenden Sie diesen Einstieg dann, wenn Sie bei der Vorbereitung auf ein passendes Zitat stoßen, das Ihnen sofort ins Auge sticht.

Provozieren und schockieren Sie: In einem Saal voller angehender Juristen ist Ihnen die Aufmerksamkeit der Zuhörer sicher, wenn sie mit der folgenden Äußerung beginnen: „Jeder dritte Berliner Taxifahrer hat ein abgeschlossenes Jurastudium hinter sich!" Bei Ihrem folgenden, prüfungsrelevanten Vortrag wird man an Ihren Lippen kleben.

Je nachdem wie Sie in Ihren Vortrag eingestiegen sind, lässt sich Ihr Schluss gestalten. Greifen Sie nochmals die Anekdote auf oder beantworten Sie die eingangs gestellte Frage. Sie können diese auch nochmals zur Abstimmung stellen und überprüfen, ob Ihr Vortrag etwas an der Einstellung Ihrer Zuhörer geändert hat.

Nutzen Sie Ihren Schluss auch, um Ihre Hauptaspekte nochmals kurz zusammenzufassen. Machen Sie dabei nicht den Fehler vieler Redner: Diese konzentrieren sich in Ihrer Zusammenfassung oftmals auf den letzten ausgeführten Hauptaspekt und gehen nicht mehr auf die anderen ein.

Schritt 4 – erstellen Sie Ihren Vortrag

Tell them what you are going to tell them,
then tell them,
then tell them what you told them.

Diese Redewendung aus dem US-amerikanischen Raum wirkt ins Deutsche übersetzt zunächst einmal befremdlich:

Sagen Sie, was sie sagen werden...
sagen Sie es und ...
sagen Sie, was sie gesagt haben.

So seltsam diese Regel auch klingt, so wichtig ist sie jedoch für gelungene Vorträge. Vor allem bei wichtigen Informationen, die seitens des Publikums Ihrer Meinung nach unter allen Umständen mitgenommen werden sollen, ist dieser Dreischritt wichtig:

1   Kündigen Sie an, dass Sie nun unumstößliche Argumente für das Freihandelsabkommen anführen werden.

2   Nennen Sie die einzelnen Argumente.

3   Erläutern Sie Ihrem Publikum, dass das Freihandelsabkommen aufgrund der genannten Argumente unumgänglich ist.

Von diesem Dreischritt profitieren Sie und Ihr Publikum in zweierlei Hinsicht:

1   Aufmerksamen Zuhörern fällt es leichter, die von Ihnen dargebotenen Informationen wahrzunehmen und zu behalten. Durch den ersten Schritt können Ihre Mitstudenten sich auf das nun Kommende einstellen. Schon beim ersten genannten Argument ist ihnen Sinn und Zweck, ist ihnen das große Ganze bekannt: Es geht darum, dass Freihandelsabkommen zu stützen.

2   Aber auch der unkonzentrierte Zuhörer profitiert von diesem Dreischritt. Vielleicht behält er nicht jedes einzelne Argument, aber die dreimal ausgeführte Kernidee, *das Freihandelsabkommen ist positiv*, nimmt er definitiv wahr.

Praktizieren Sie diesen Dreischritt sowohl bei Ihrem gesamten Vortrag als auch bei jedem einzelnen Hauptaspekt. Informieren Sie Ihre Zuhörer über das, worauf Sie gleich eingehen werden, vermitteln Sie die Informationen und fassen Sie diese abschließend nochmals knapp zusammen.

Schritt 5 – erstellen Sie Ihre PowerPoint-Slides

Steht ihr Vortrag erst einmal konzeptionell lässt sich die mediale Unterstützung leicht organisieren. Da in den meisten Fällen eine PowerPoint-Präsentation eingesetzt wird, soll an dieser Stelle nicht auf andere Hilfsmittel wie Flipchart und Overheadprojektor eingegangen werden.

PowerPoint, Keynote oder andere Präsentations-Software unterstützt Ihren Vortrag und hilft Ihnen, Ihre Kernideen an Mann oder Frau zu bringen. Richtig eingesetzt werten sie Ihren Vortrag auf, erhöhen Aufmerksamkeit, Verständnis und Merkfähigkeit der Zuhörer, und ermöglichen es Ihnen, sowohl auditive als auch visuelle Lerntypen anzusprechen. PowerPoint und Co. sind mittlerweile zu einem Standard geworden, dessen Einsatz von nahezu jedem Dozenten vorausgesetzt wird. In den meisten Lehrveranstaltungen benötigen Sie wirklich gute Argumente, wenn Sie darauf verzichten möchten.

Dennoch wird PowerPoint nicht umsonst als die Software bezeichnet, die am häufigsten missbraucht wird. Heben Sie sich ab von der Vielzahl der Präsentationen, die aus Unmengen an Text, einfliegenden Objekten und bunten Zeichentrickfiguren bestehen! Berücksichtigen Sie einige grundlegende Regeln und erstellen Sie eine professionelle Präsentation – Ihr Publikum wird es Ihnen danken!

Die Funktion einer PowerPoint-Präsentation liegt nicht darin, dem Publikum den Text Ihres Vortrags zu servieren oder jedes einzelne Detail wiederzugeben. Die Funktionen, die PowerPoint zu erfüllen hat, entnehmen Sie dieser Tabelle:

sinnvolle PowerPoint-Präsentationen...	unsinnige PowerPoint-Präsentationen...
...erhöhen die Aufmerksamkeit Ihres Publikums	...wollen das Publikum mit Effekten beeindrucken
...unterstreichen Ihre Worte	...minimieren die Interaktion zwischen Redner und Zuhörer
...steigern das Interesse	...wollen mehr als einen Hauptaspekt pro Slide verdeutlichen
...illustrieren Sachverhalte, die sich schwer verbalisieren lassen	...sollen Ihnen die Arbeit abnehmen
...dienen Ihnen als Stichwortgeber	...nennen einfache Dinge, die sich in ein oder zwei Sätzen verbalisieren lassen

Denken Sie immer daran, dass trotz PowerPoint stets Ihre Person und Ihre Worte im Fokus stehen sollen.

Die zehn Gebote guter Präsentationsfolien

1 *Beschränken Sie sich auf einige wenige Slides:* Ein häufiges Problem bei vielen Präsentationen ist die hohe Anzahl einzelner Slides. Bei vielen Rednern fällt auf, dass diese gar nicht so schnell auf Fernbedienung oder Tastatur klicken können, wie sie neue Folien herbeizaubern möchten. Gehen Sie von der Daumenregel aus, maximal eine Folie in 120 Sekunden zu präsentieren. Denken Sie daran: Die einzelnen Folien bilden lediglich den Hintergrund, vor dem Sie sprechen und sollten Ihren Vortrag deshalb jeweils für längere Zeit begleiten.

2   *Minimieren Sie die (Spezial-)Effekte:* Wenn die Überschriften von der Decke fallen, Objekte sich dreimal um die eigene Achse drehen und einzelne Stichpunkte Wort für Wort tanzend auf der Folie erscheinen, dann ist es vollbracht: Der Referent hat PowerPoint wirklich bis zur letzten Funktion ausgereizt. Ganz nebenbei ist es ihm auch gelungen, sein Publikum in den Wahnsinn zu treiben. Kaum ein Hollywood-Blockbuster kommt ohne derartige Spezialeffekte aus, und dennoch sind diese in Vorträgen und Präsentationen fehl am Platz. Einfliegende Buchstaben und pfeifende Soundeffekte lenken Ihre Zuhörer vom Wesentlichen ab. Ihre Botschaft tritt in den Hintergrund. Setzen Sie die bei PowerPoint möglichen Effekte nur spärlich ein oder verzichten Sie am besten völlig auf diese. Verwenden Sie stattdessen ruhige und einfach gehaltene Folien, mit denen Sie nicht um die Aufmerksamkeit Ihres Publikums konkurrieren müssen.

3   *Formatieren Sie leserfreundlich:* Um möglichst viele Informationen auf eine Folie zu packen, reduzieren viele Studenten Schriftgröße und Zeilenabstand. Dass dabei die Lesbarkeit auf der Strecke bleibt, interessiert in der Vorbereitung nur die wenigsten. Im Vortrag selbst, wenn dieses Problem deutlich zutage tritt, ist es für Änderungen bereits zu spät. Die Mindestgröße für Text beträgt im Allgemeinen 28 pt, für etwas größere Vortragsräume sogar 36 pt. Überschriften sollten deutlich größer formatiert werden.
Wollen Sie einzelne Textstellen besonders stark hervorheben, dann variieren Sie nicht ein, sondern zwei Merkmale der Schrift (kursiv UND fett oder kursiv UND farbig). Verzichten Sie darauf, die Schriftart zu variieren oder comicartige Schriften einzusetzen. Dies lässt Ihre Folie unruhig oder wenig ernsthaft erscheinen.

4   *Halten Sie sich an die Erfolgsformeln 6x6 und 3x3:* Zwei mathematischen Formeln helfen, Ihre Folien zu strukturieren: Vermeiden Sie zu textlastige Slides, indem Sie nicht mehr als sechs Wörter pro Zeile und nicht mehr als sechs Textzeilen pro Slide verwenden. 36 Wörter sollte das absolute Maximum für eine Seite sein. In vielen Fällen kommen Sie sicherlich sogar mit zwei oder drei Begriffen aus. Eventuell kann eine aussagekräftige Abbildung Ihre Aussage unterstützen.

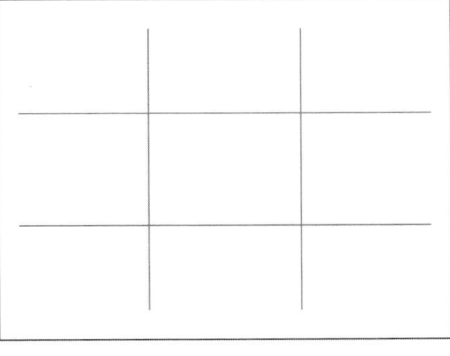

3 x 3 bedeutet, dass Sie jede Folie gleichmäßig in neun Sektoren einteilen, an denen Sie Ihren Inhalt ausrichten. Der Unterschied ist bei den Vorher-Nachher-Vergleichen ab Seite 142 deutlich zu erkennen.

5 *Verwenden Sie angemessene Templates:* Die Gebote 4 und 5 für ansprechende Folien haben eines gemeinsam: Die hier beschriebenen Arbeiten können Sie sich eigentlich sparen, da Ihnen das bereits andere abgenommen haben! Unabhängig von der jeweiligen Präsentationssoftware, die Sie einsetzen, stehen Ihnen bereits fertige Vorlagen, so genannte Templates zur Verfügung. Diese geben Ihren Folien einen einheitlichen Look, verhindern Brüche in Ihrer Präsentation und erleichtern Ihrem Publikum die Orientierung auf den einzelnen Slides. Ein Template stellt beispielsweise sicher, dass alle Überschriften identisch formatiert sind, durchgängig ein und dieselbe Schriftart verwendet wird und Abbildungen sinnvoll platziert werden. Wählen Sie Ihr Template mit Bedacht, denn viele der zur Verfügung stehenden Vorlagen sind für Ihre Zwecke eher ungeeignet: Bunt, verspielt und wenig ernsthaft eignen sie sich eher für die Präsentation von Urlaubsbildern und den Einsatz bei Hochzeitsgesellschaften.

6 *Beschränken Sie sich pro Slide auf einen Oberpunkt:* Abgesehen von einer geringen Schriftgröße führt der Wunsch nach möglichst aussagekräftigen, informationstragenden Slides auch zu überladenen Folien. Beschränken Sie sich bei jeder auf einen einzelnen Oberpunkt und konzentrieren Sie sich darauf, diesen eindeutig darzustellen.

7 *Wählen Sie Ihre Farben mit Bedacht:* Farben sind insofern ein kritischer Bestandteil der einzelnen Präsentationsfolien, als diese richtig eingesetzt stark zur Übersichtlichkeit beitragen, falsch eingesetzt dagegen große Unruhe erzeugen. Nutzen Sie Farben, um den Blick Ihre Zuhörer zu leiten. Kennzeichnen Sie damit unterschiedliche Kategorien und heben Sie wichtige Informationen hervor. Beschränken Sie sich bei Ihrer Farbauswahl und verwenden Sie auf keinen Fall mehr als drei unterschiedliche Farben pro Slide. Wählen Sie dazu nach Möglichkeit Farben, die sich durch Ihre gesamte Präsentation ziehen. Benutzen Sie die Hauptfarbe eines Bildes auch für den daneben stehenden Text, sofern sie nicht zu hell oder zu blass ist. Dies ist mit wenig Aufwand verbunden, wirkt jedoch sehr stimmig und professionell. Dazu bieten Ihnen die unterschiedlichen Präsentationsprogramme kinderleichte Lösungen.

8 *Setzen Sie Zwischenfolien ein:* Überladene Folien kommen auch dadurch zustande, dass Studenten nicht nur inhaltliche Informationen abbilden wollen, sondern Ihrem Publikum auch die Orientierung innerhalb des Vortrags erleichtern möchten. Dieser Wunsch ist löblich, allerdings schlecht realisiert, wenn dadurch neben dem eigentlichen Inhalt noch die Überschriften *2 Geschichte der deutschen Sozialversicherung* und *2.3 Leben und Wirken Reichs-*

kanzler Otto von Bismarcks untergebracht werden wollen. Kreieren Sie lieber eine Zwischenfolie, mir der Sie dem Publikum zeigen: Ab sofort geht es um die Geschichte der Sozialversicherung. So können Sie auf den nächsten Slides auf diesen teil der Überschrift verzichten.

9 *Diagramme:* Die große Chance, die PowerPoint Ihnen bietet, ist die Visualisierung von Informationen, Daten und Zusammenhängen. Stellen Sie bei jedem eingesetzten Diagramm sicher, dass dieses eindeutig ist und von Ihrem Publikum auf einen Blick erfasst werden kann. Auch wenn Ihre Slides lediglich Ihren mündlichen Vortrag unterstützen sollen, müssen Abbildungen und Diagramme ohne umfangreiche Erklärungen verstanden werden. Dazu kann es nötig sein, beispielsweise bei einem Säulendiagramm lediglich Minimal- und Maximalwert anzugeben und sich so auf zwei Säulen zu beschränken. Der richtige Ort für das vollständige Diagramm mit allen Daten ist das Handout. Komplexe grafische Informationen verführen Ihr Publikum dazu, sich mehr mit diesen zu beschäftigen als Ihren Worten zuzuhören. Sie verlieren die Aufmerksamkeit Ihrer Zuhörer. Auch bei Diagrammen gilt: Weniger ist mehr! Verzichten Sie beispielsweise auf dreidimensionale Effekte. Diese sind deutlich schwieriger zu lesen als zweidimensional.

10 *Bilder sinnvoll einbetten:* Neben Diagrammen können passend gewählte und sinnvoll eingesetzte Bilder eine Präsentation stark aufwerten. Durchdacht gewählte Fotos illustrieren Ihre Aussagen und rufen bei Ihrem Publikum Emotionen und Assoziationen hervor. Beispielsweise kann das gut gewählte Bild eines Sternenhimmels Ihre Aussage unterstreichen, auch Start-up-Unternehmen sollten große Ziele verfolgen und nach den Sternen greifen. Je nach Inhalt der Präsentation kann es sinnvoll sein, die einzelnen Folien nur mithilfe von Fotografien und einzelnen Schlagworten zu gestalten. Dadurch stehen Sie als Redner stärken im Vordergrund, bieten eine angenehme Abwechslung zu anderen Referenten und bleiben Ihrem Publikum nachhaltig in Erinnerung.

Wie diese zehn Gebote PowerPoint zum Positiven verändern können, sieht man am besten anhand der folgenden Vorher-Nachher-Beispiele. Dieser Auswahl liegen zwei Kriterien zugrunde:

1 All diese Vorher-Folien wurden in ähnlicher Weise von Studenten oder Dozenten eingesetzt. Sie sollen an dieser Stelle nicht mit bewusst schwach gestalteten Negativbeispielen konfrontiert werden, sondern auf die Schwachpunkte typischer PowerPoint-Präsentationen aufmerksam werden.

2 Alle diese Folien wurden mit möglichst geringem Aufwand überarbeitet. Es wurde darauf verzichtet, Bilder mit Photoshop zu bearbeiten oder aufwändige Effekte einzubauen. So ist sichergestellt, dass Sie weder ein Computergenie sein noch stundenlange Arbeit investieren müssen, um qualitativ hochwertige Folien zu erstellen.

Ausgangspunkt ist eine Folie, die typisch für viele studentische Referate ist. Sie wurde in einem Seminar am Lehrstuhl für Germanistik eingesetzt und eigentlich liebevoll gestaltet:

- Es wurde ein zum Thema passendes Bild eingesetzt.
- Wichtige Schlüsselbegriffe wurden farbig hervorgehoben.

Dennoch ist diese Folie nicht optimal gestaltet, erschwert dem Publikum die Orientierung und lenkt die Konzentration der Zuhörer vom Referenten ab.

In einem ersten Schritt wurden zwei Änderungen vorgenommen: Die Überschrift wurde gefettet (1) und die Schlüsselbegriffe kursiv (2) gesetzt. Wenn Sie einzelne Wörter auf einer Folie hervorheben möchten, dann verändern Sie nicht ein, sondern zwei Merkmale:

Schriftgröße UND Fettdruck
Schriftfarbe UND Kursivdruck

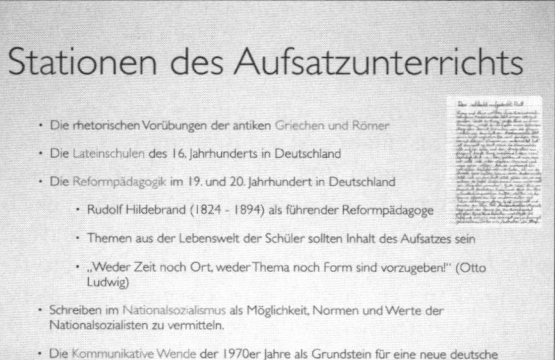

Anschließend wurde der Text nach links gerückt (3), so dass er nicht mehr verloren im Raum steht, sondern bündig mit der Überschrift ist. Außerdem wurde er drastisch gekürzt (4). Zu viel Text auf Ihren Slides überfordert Ihr Publikum und zwingt dieses dazu, sich zu entscheiden: Will es die Folie lesen oder Ihnen zuhören? Beides geht nicht! Gerade die Unterpunkte zur Epoche der Reformpädagogik haben auf einer Folie nichts verloren. Diese sollten Sie in Ihrem Vortrag selbst ausführen.

Abschließend wurde das – gut ausgewählte – Bild vergrößert und leicht gedreht. Dadurch erscheint die gesamte Folie dynamischer und das illustrierende Bild kommt besser zur Geltung, ohne die Aufmerksamkeit zu stark auf sich zu ziehen. Haben Sie keine Hemmungen, Bilder so zu positionieren, dass diese über den Rand Ihrer Folie hinausgehen.

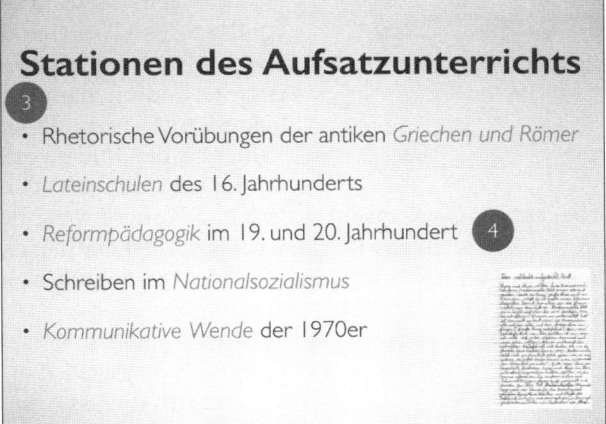

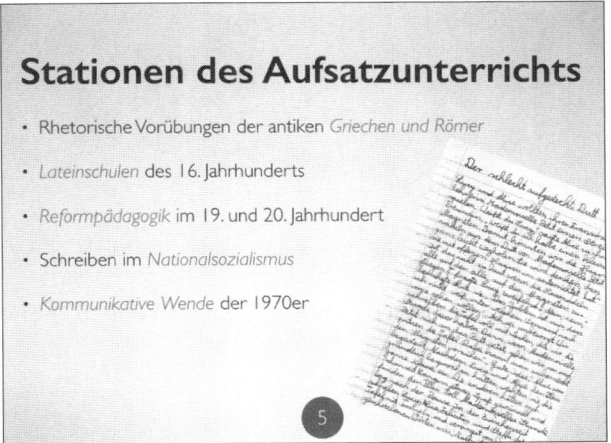

Das nächste Beispiel entstammt ebenfalls einem Proseminar der Germanistik und ist ein gutes Beispiel für den Umgang mit Zahlen und Diagrammen. Ziel war eine Gegenüberstellung der Bundesländer, die in der Pisa-Studie im Bereich Lesekompetenz besonders gut beziehungsweise besonders schlecht abgeschnitten hatten.

Die besten und die schlechtesten Leser Deutschlands

Bundesland	Punkte
Bayern	510
Baden-Württemberg	500
Sachsen	491

Bundesland	Punkte
Brandenburg	459
Sachsen-Anhalt	455
Bremen	448

Quelle: PISA-STUDIE 2002

Dieser ersten, von einem Studenten gestalteten Folie liegt ein fertiges Template zugrunde – leider kein wirklich gutes: Die Überschrift ist zentriert und in Serifenschrift gestaltet. Dies ist prinzipiell zwar kein schwerwiegender Fehler, lässt Slides aber zumeist wenig interessant und dynamisch aussehen. Den größeren Fehler hat der Student mit der Entscheidung für den Einsatz einer Tabelle selbst begangen: Diese macht es dem Publikum schwer, die Aussage auf einen Blick zu erfassen. Auch das Rot in den Kopfzeilen der beiden Tabellen und bei der Quelle wirkt nicht stimmig. Gerade bei der Quelle stellt sich die Frage, weshalb diese so deutlich hervorgehoben werden muss.

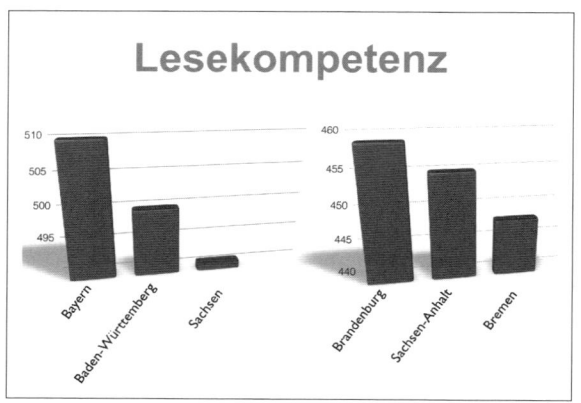

Bereits deutlich besser ist diese Folie gestaltet: die Überschrift umfasst nun nicht mehr zwei Zeilen, sondern besteht aus nur einem einzigen Wort. Außerdem wurde sie serifenlos gestaltet und setzt sich farbig von der Folie ab. Die Daten wurden nicht als Tabelle, sondern in Form zweier Diagramme gestaltet. Leider ist dies aber auch nicht wirklich gelungen:

• Durch den dreidimensionalen Effekt können Werte nur geschätzt, nicht aber genau abgelesen werden.

- Durch die unterschiedlichen Skalen scheint Brandenburg auf den ersten Blick besser abgeschnitten zu haben als Baden-Württemberg und Sachsen.
- Durch die einzelnen Zwischenstriche wirken die beiden Diagramme überladen.

Deutlich gelungener ist diese Folie:

- Auf dreidimensionale Effekte wurde ebenso verzichtet wie auf überflüssige Elemente in den beiden Diagrammen.
- Außerdem wurden identische Skalen verwendet, so dass die besseren Ergebnisse in Bayern, Baden-Württemberg und Sachsen auf den ersten Blick deutlich werden.
- Dies unterstützt auch die Formatierung der Wörter *Sieger* und *Verlierer* in der Farbe des jeweiligen Diagramms.
- Die Ergebnisse sind nun in den Säulen direkt angegeben.

Eine weitere Möglichkeit wäre es, die Ergebnisse der einzelnen Bundesländer direkt in eine Deutschlandkarte einzutragen. Dies setzt allerdings voraus, dass der Vortragende sich auf der Karte zurechtfindet. Die zusätzliche Information, dass Nord-Süd-Gefälle, kann gerne in einem zweiten Schritt eingeblendet werden.

Auch das nächste Beispiel beschäftigt sich mit der Frage, wie sich Zahlen sinnvoll darstellen lassen.

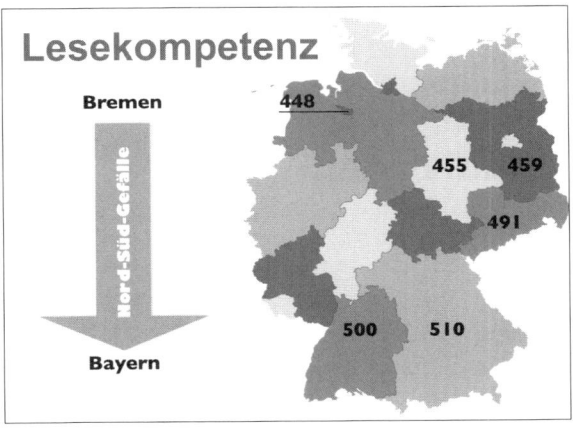

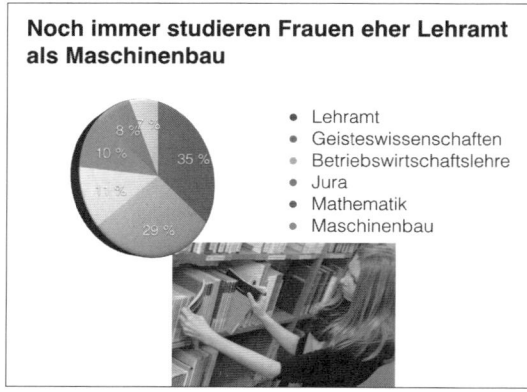

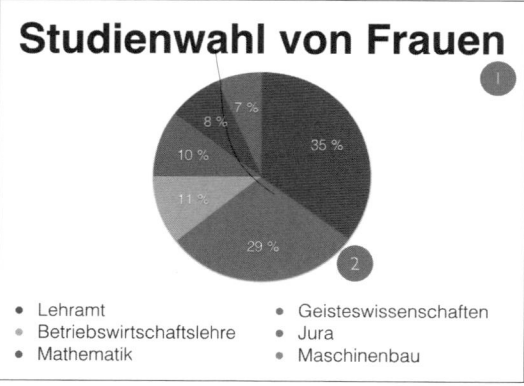

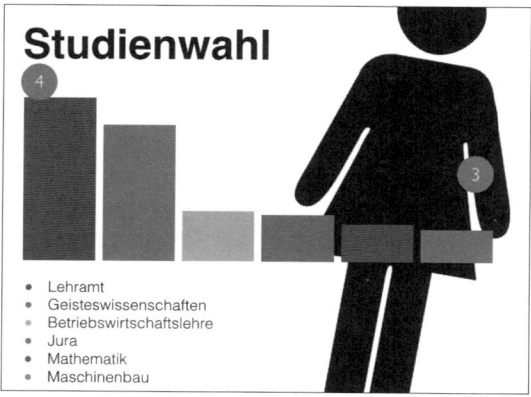

Auf dieser Folie wurde die Überschrift zwar linksbündig formatiert, ist aber viel zu umfangreich. Sie fasst eigentlich bereits den gesamten Folieninhalt zusammen. Außerdem erschwert der 3-D-Effekt die Lesbarkeit des Diagramms, die Vielzahl der Kategorien trägt nicht zur Übersichtlichkeit bei und das Bild einer Frau in der Bibliothek – vermutlich eine Studentin – wirkt zusammenhanglos und verloren.

Der Verzicht auf 3-D-Effekte und Bild gestaltet die Folie deutlich übersichtlicher. Der Blick des Betrachters wird gut auf das Diagramm fokussiert (2). Des Weiteren wurde die Überschrift gekürzt und bezieht sich so tatsächlich auf die Aussage des Diagramms (1). Noch immer stellt sich die Frage, ob die Vielzahl der Kategorien wirklich notwendig ist. Anders als in den bisherigen Folien würde es hier aufgrund der Platzierung des Diagramms nicht negativ auffallen, wäre auch die Überschrift zentriert.

Im dritten Versuch wurde anstelle des Kreisdiagramms ein Säulendiagramm eingesetzt (4). Dies bietet sich gerade in Präsentationen häufig an. Die Überschrift wurde weiter gekürzt und durch das angeschnittene Piktogramm einer Frau ergänzt (3). Wenn Sie ein Bild hinter Grafik oder Text platzieren, sollten Sie darauf achten, dass der Kontrast ausreichend ist.

Die letzte Folie konzentriert sich ausschließlich auf Minimal- und Maximalwert, auf den enormen Unterschied zwischen Lehramt und Maschinenbau. Bei einer derartigen Beschränkung auf zwei Extremwerte in Ihrer Präsentation ist es sinnvoll, in Ihrem Handout alle Werte anzugeben. Dieses können Ihre Mitstudenten zu einem späteren Zeitpunkt in Ruhe studieren. Gut gelungen ist an dieser Folie – hier, anders

als im Original, leider nur zu erahnen – die Farbgestaltung:
- Die Überschrift nimmt die Haarfarbe der Studentin auf.
- Die erste Säule (Lehramt) wurde in der Farbe des Bleistifts gestaltet.
- Die zweite Säule (Maschinenbau) hat die Farbe des Oberteils.

Diese Farbanpassung lässt sich bei nahezu jeder Präsentationssoftware kinderleicht mit einigen Klicks erreichen.

Aus dem Referat eines angehenden Sportwissenschaftlers stammt diese Folie. Das Design des zugrundeliegenden Templates passt sehr gut zu technischen Vorträgen beispielsweise im Maschinenbau. Ein Bezug zur Leichtathletik oder zum Sport im Allgemeinen ist allerdings nicht vorhanden. Prinzipiell wird diese Folie in einem Vortrag nicht wirklich auffallen: Weder stört sie das Auge des Betrachters noch bleibt sie als besonders gelungen in Erinnerung. Aber kann dies wirklich Ihr Anspruch sein? Gerade Entwicklungen und Prozesse lassen sich doch so schön darstellen!

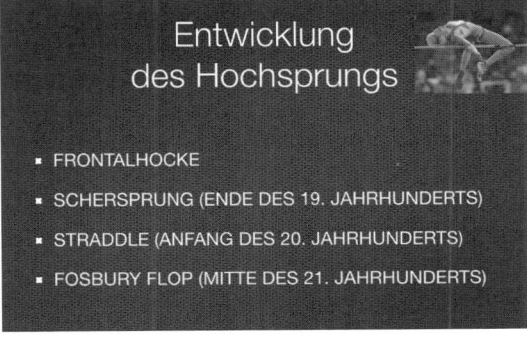

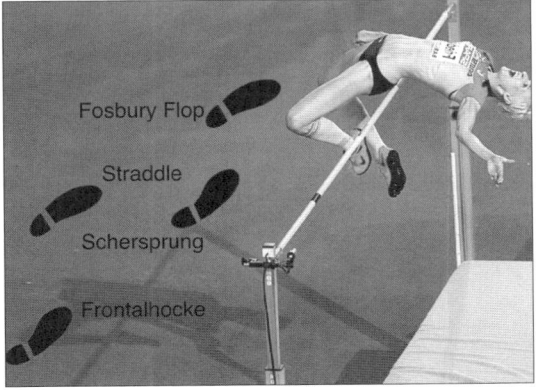

Interaktive Seminargestaltung:
Pro und Contra Gruppenarbeiten

<u>Vorteile</u>   **<u>Nachteile</u>**

· hohe Aktivität   · sehr laut

· Abwechslung   · erfordert hohe Konzentration

· Schulung der Teamfähigkeit · einzelne Teilnehmer nehmen
                               sich raus

· hohe Kreativität/Produktivität · es arbeiten immer die gleichen

   · Ergebnisse lassen sich nicht
                                    vorhersagen

Neben Zahlen und Prozessen ist es in Vorträgen häufig nötig, Vor- und Nachteile miteinander zu vergleichen; in den meisten Fällen geschieht dies mittels einer einfachen Gegenüberstellung. Selbstverständlich ist dies prinzipiell nicht verkehrt und auch diese erste Folie weist viele gute Details auf:

• Die Überschrift sowie der Begrenzungsstrich nehmen die Farben des Bildes wieder auf.
• Bei den Wörtern *Vorteile* und *Nachteile* wurden mehrere Merkmale (Schriftgröße, Fettdruck, Unterstreichung) variiert.
• Die einzelnen Vor- und Nachteile wurden tatsächlich nicht als ganze Sätze formuliert.

Allerdings wirkt das illustrierende Bild sehr verloren und ist aufgrund der geringen Größe schwer zu erkennen. In dieser Form wäre es besser weggelassen worden.

Gelungener ist allerdings die folgende, mit wenig Aufwand überarbeitete Folie. Die Stichpunkte konnten problemlos weiter verkürzt werden, da dritter und vierter Nachteil inhaltlich fast identisch sind. Die Überschriften *Vorteile* und *Nachteile* wurden durch aussagekräftige Bilder ersetzt, was eine neue Farbgebung der Überschrift notwendig machte.

Interaktive Seminargestaltung:
Pro und Contra Gruppenarbeiten

· hohe Aktivität

· Abwechslung

· Schulung der Teamfähigkeit

· hohe Kreativität/Produktivität

                                    · hohe Lautstärke

                                    · hohe Konzentration nötig

                                    · einige wenige arbeiten

   · schwer vorhersagbare
                                      Ergebnisse

Schritt 6 – Erstellen Sie Ihr Handout

Ihre Rede, Ihre Präsentation und Ihr Handout sind drei unterschiedliche Dinge. Ein Referent, der den Inhalt von Handout oder PowerPoint-Folien eins zu eins wiedergibt, ist überflüssig. Weshalb sollte man ihm zuhören, wenn man die identischen Informationen doch von der Leinwand ablesen kann?

Verzichten Sie unter allen Umständen auf die Unsitte, Ihre Präsentation unverändert auszudrucken und als Handout zu verteilen. Auch das Einfügen von Leerzeilen unter der Überschrift „Für Notizen" rechtfertigt dies nicht. Selbst wenn sich auf diese Art und Weise mit sehr wenig Arbeitsaufwand ein Handout erstellen lässt, sollten Sie darauf verzichten. Es wirkt schlampig und unvorbereitet und verfehlt seinen Zweck. Denn eigentlich dient es Ihren Kommilitonen dazu, den Inhalt Ihres Vortrags zu einem späteren Zeitpunkt zu lernen oder einzelne Details genauer nachzulesen.

Ihr Handout sollte der Struktur Ihres Vortrags folgen und diesen sinnvoll ergänzen. Wenn Sie sich in der Präsentation bei einem Diagramm wie empfohlen auf Minimal- und Maximalwert beschränken, geben Sie im Handout das vollständige Diagramm mit allen Werten an. Zuhause und in Ruhe können die Seminarteilnehmer diese studieren. Denken Sie daran, dass Sie nicht für Fragen zur Verfügung stehen, wenn Ihr Handout gelesen wird. Deshalb muss es so gestaltet sein, dass es sich leicht erschließen lässt:

• Gliedern und strukturieren Sie es schlüssig.
• Formulieren Sie Stichpunkte statt ganzer Sätze.
• Arbeiten Sie mit Ober- und Unterpunkten.
• Verwenden Sie Aufzählungslisten.
• Visualisieren Sie mit Diagrammen und Tabellen.

Denken Sie daran, dass viele Studenten die verteilten Handouts als Grundlage für ihre Prüfungsvorbereitungen nutzen. Arbeiten Sie deshalb gewissenhaft, belegen Sie Ihre Angaben mit Quellen und geben Sie weiterführende Literatur an.

Bei besonders umfangreichen Referaten kann es sinnvoll sein, die Zuhörer einzelne Aufgaben auf dem Handout bearbeiten zu lassen. Dies sorgt für Abwechslung und gibt Ihnen die Möglichkeit, kurz zu verschnaufen. Je nach Referatthema bieten sich beispielsweise die folgenden Aufgaben an:

- Formulieren Sie eine eigene Definition des Begriffs *Gerechtigkeit*.
- Sammeln Sie gemeinsam mit Ihrem Nachbarn Vor- und Nachteile des drei-gliedrigen Schulsystems.
- Finden Sie sich in Dreiergruppen zusammen und diskutieren Sie die im Fol-genden angeführten Behauptungen.

Geben Sie sich bei der Formatierung und Gestaltung Ihres Dokuments Mühe und vermeiden Sie Rechtschreib- und Tippfehler. Ein schlampig gestaltetes Handout wertet den besten Vortrag und die beeindruckendste Präsentation ab.

Schritt 7 – der Ernstfall: Präsent präsentieren

Körpersprache und Raumnutzung
Sicher konnten sie dies alle schon beobachten: Einer Ihrer Kommilitonen hält ein Referat, das einem Monolog gleicht, während er sich dabei am Pult sitzend hinter seinem 17-Zoll-Notebook versteckt. Unabhängig vom Inhalt des Vortrags wird dieser alles andere als positiv in Erinnerung bleiben. In den meisten Fällen rückt dabei der Inhalt so stark in den Hintergrund, dass die Zuhörer ihn kaum noch wahrnehmen. Vielmehr werden sie in vielen Fällen aufgrund der mangelnden Präsenz des Referenten schon nach einigen wenigen Minuten abschalten. Dass dies nicht Ihr Ziel sein kann, ist selbstverständlich.

Nutzen Sie den Raum: auf einem Stuhl sitzend und hinter einem Laptop ver-steckt ist definitiv der falsche Ansatz, wenn Sie wahrgenommen werden wollen. Begrüßen Sie Ihre Zuhörer zentral vor ihnen stehend. So sind Sie definitiv nicht zu übersehen und lenken die Aufmerksamkeit auf sich. Zentral vor Ihrem Pub-likum stehend – das ist Position eins. Wenn sie für 20, 45 oder 90 Minuten in dieser Position verharren, werden allerdings nicht nur Sie sich zunehmend un-wohl fühlen, sondern auch Ihr Erscheinungsbild wird eintönig werden. Wechseln Sie von daher mehrmals aus dieser in Position zwei, hinter dem Pult oder auf einer Tischkante sitzend. Dies ist für Sie bequemer und hat den Vorteil, dass Sie und Ihr Vortrag entspannter wirken. Wechseln Sie während Ihres Referats mehr-mals zwischen Position 1 und 2 hin und her. Vor allem bei größeren Sälen haben Sie häufig den Vorteil, dass Sie während Ihres Referats leicht erhöht auf einer Art Bühne stehen und ein Stehpult zur Verfügung haben. In diesem Fall sollten Sie sich auch nicht kontinuierlich hinter diesem verstecken, sondern auf der Bühne unterschiedliche Standorte einnehmen. Unabhängig von Ihrem persönlichen Vortragsstil, den Sie im Laufe der Zeit bewusst und kontinuierlich weiter entwi-ckeln sollten, empfehle ich zu Beginn neben diesen beiden Positionen lediglich eine dritte: an der Seite des Vortragsraums oder der Bühne stehend. In den meis-ten Vorlesungs- und Seminarräumen bietet es sich an, als Referent entspannt an Türe oder Fenster zu stehen oder zu lehnen. Sobald Sie diese Position einnehmen, treten Sie in den Hintergrund und signalisieren: Der Fokus liegt nun nicht auf Ihnen. Nehmen Sie diese Position ein, wenn die Zuhörer sich besonders intensiv auf einen Teil Ihrer medialen Präsentation konzentrieren sollen. Unter Umständen gilt es, die Aussage eines Diagramms zu erfassen oder im Handout eine etwas längere Passage zu lesen. Vielleicht haben Sie Ihre Zuhörer aber auch einfach nur aufgefordert, mit den Nachbarn zu diskutieren oder die eigenen Gedanken zu Papier zu bringen und wollen sich nun auch optisch zurücknehmen.

Bei Reden vor größeren Gruppen lässt sich feststellen, dass viele Studenten sich mit Gesten sehr stark zurückhalten. Selbst Studenten, die in der alltäglichen Kommunikation viel gestikulieren, nehmen sich bei Referaten und Vorträgen zurück. Unbewusst scheinen sie unpassende Bewegungen dadurch vermeiden zu wollen, dass sie diese komplett unterlassen. Das ist insofern sehr schade, als Ihre Hände und Arme in der Kommunikation stark helfen können. Mit Gesten können Sie verstärken, was Sie gerade sagen oder die Zuhörer stärker auf Ihre Person fokussieren. Mit etwas Erfahrung gelingt Ihnen dies weitgehend automatisch. Dennoch sollten Sie bereits in der Vorbereitung einzelne Stellen Ihres Vortrags identifizieren, die sich besonders gut gestisch unterstreichen lassen:

- Zucken Sie mit den Schultern, wenn Sie eine offene Frage das Publikum stellen.
- Zählen Sie mit den Fingern mit, wenn sie eine genaue Anzahl Argumente aufführen.
- Deuten Sie ins Publikum, wenn Sie unterstreichen möchten, dass das Gesagte dieses persönlich betrifft.
- Auf diese Art und Weise verleihen Sie Ihrem Vortrag mehr Lebendigkeit und bleiben Ihren Zuhören nachhaltiger und positiver in Erinnerung.

Schritt 8 – das wichtigste Werkzeug: Ihre Sprache

Denken Sie immer daran, dass Ihre Stimme das wichtigste Medium ist, mit dem Sie bei einem Vortrag Informationen transportieren. Anders als in einem privaten Gespräch sollten Sie von daher einige Dinge beachten, um Ihrem Publikum das Zuhören zu erleichtern:

Beschränken Sie sich darauf, kurze Notizen, im Idealfall einzelne Schlüsselwörter auf Stichwortkarten zu vermerken. Wenn Sie sicher in der Thematik sind und wissen, worauf Sie hinaus wollen, dann reicht ein gelegentlicher Blick darauf und Sie wissen, was Sie an dieser Stelle mitteilen wollen. Erfahrene Redner können sogar auf diese Kärtchen verzichten und nutzen die mittels Powerpoint präsentierten Bilder und Schlagwörter als Stichwortgeber für den eigenen Vortrag.

Arbeiten Sie bewusst mit Pausen: Mit gezielt gesetzten Pausen lässt sich das Gewicht Ihrer Worte dramatisch erhöhen. Die Aufmerksamkeit der Zuhörer steigt urplötzlich an, wenn Redefluss und wahrgenommene Informationen kurzzeitig zum Erliegen kommen. Setzen Sie kurze und lange Pausen, wie in der Tabelle gezeigt, gezielt ein:

kürzere Pausen (0,5 – 2 Sekunden)	längere Pausen (3 Sekunden oder länger)
geben Ihnen die Möglichkeit, die eigenen Gedanken zu sortieren	erhöhen die Aufmerksamkeit des Publikums
unterstreichen das Gesagte	fokussieren das Publikum auf Ihre folgenden Worte
ermöglichen es den Zuhörern, das Gehörte zu erfassen	ermöglichen es den Zuhörern, das Gehörte kritisch zu durchdenken
sollten regelmäßig zum Einsatz kommen	sollten sparsam eingesetzt werden

Notfallplan

Sie sollten bei jedem Vortrag einen Notfallplan in der Tasche haben. Je wichtiger der Vortrag ist, desto detaillierter sollte dieser sein. Ein ausgefallener Beamer, ein kaputtes Lämpchen im Overhead-Projektor oder ein fehlender Stift für Flipchart und Whiteboard – seien Sie auf all diese Unwägbarkeiten vorbereitet:

• Aktualisieren Sie in den Tagen vor Ihrem Vortrag Ihr Notebook und installieren Sie alle Updates. So kann es nicht passieren, dass ein Popup-Fenster Sie mitten im Referat fragt, ob Sie nicht gerade Lust haben, ein Update zu installieren.

• Bringen Sie ein Verlängerungskabel und verschiedene Adapter mit. Gerade Letztere sind besonders wichtig, da Sie niemals wissen, ob der zur Verfügung gestellte Beamer nicht aus Ihrem Geburtsjahr stammt und sich ohne Weiteres an Ihr modernes Notebook anschließen lässt.

• Drucken und kopieren Sie Ihr Handout bereits am Vortag.

• Ziehen Sie Ihre Präsentation auf einen Memorystick oder einen anderen Datenträger, um so im Notfall auf ein Backup zurückgreifen zu können.

• Bei wichtigen Präsentationen sollten Sie diese auch als PDF-Dokument abspeichern und auf Folie drucken. Das PDF-Dokument sichert Sie für den Fall ab, dass Ihr Präsentationsprogramm Schwierigkeiten bereitet und die Folien setzen Sie ein, wenn Sie auf den guten alten Overheadprojektor zurückgreifen müssen.

• Sollte der Fall der Fälle eintreten, lassen Sie sich nicht aus der Ruhe bringen. Informieren Sie Ihr Publikum darüber, teilen Sie ihm aber auch mit, dass es keinen Grund zur Sorge gibt. Auf diese Art und Weise kommunizieren Sie, dass sie vorbereitet sind und das Wohl Ihrer Zuhörer Ihnen am Herzen liegt. Es ist nicht Ihr Fehler und es ist nicht Ihre Schuld, wenn der Beamer im Hörsaal ausfällt oder die Lautsprecheranlage nicht funktioniert. Allerdings ist es sehr wohl Ihre Schuld, wenn Sie infolgedessen hilflos vor der Gruppe stehen. Halten Sie Ihr Referat oder Ihren Vortrag auch ohne mediale Unterstützung, verweisen Sie an wichtigen Stellen auf das Handout und nutzen Sie Flipchart oder Tafel, um zentrale Zusammenhänge für alle gut sichtbar zu visualisieren.

Ruhig Blut trotz Lampenfieber

An anderer Stelle haben wir uns bereits ausführlich mit der Thematik Prüfungsangst auseinandergesetzt. Die Angst und das Unwohlsein bei Vorträgen vor größeren Gruppen unterscheidet sich jedoch deutlich davon. Es ist ganz normal, sich bei einem weitgehend freien Vortrag vor anderen Studenten unsicher zu fühlen. Erfahrungsgemäß ist auch die Souveränität und Selbstsicherheit mit der manch einer Ihrer Mitstudenten auftritt eher eine Show und Strategie, die eigene Nervosität zu überspielen. In den meisten Fällen ist das Lampenfieber bei einem Referat in der Vorbereitung am größten und verfliegt in dem Moment, in dem Sie das Publikum begrüßen und zu sprechen beginnen. Dennoch können Sie einiges dafür tun, Ihre Nervosität besser in den Griff zu bekommen:

Seien Sie gut vorbereitet.

Ihre Sprechangst geht auf die Befürchtung zurück, Fehler vor anderen zu machen und in der Öffentlichkeit bloßgestellt zu werden. Wenn Sie mit den Inhalten der Präsentation nicht ausreichend vertraut sind und wissen, dass Ihr Wissensvorsprung vor den anderen nur minimal ist, dann ist diese Furcht berechtigt. Minimieren Sie diese! Eine sorgfältige Vorbereitung und übungsweises Halten des Referats reduziert das Lampenfieber entscheidend.

Machen Sie sich locker.

Angst lähmt! Wenn Sie also nervös sind, dann machen Sie sich vor dem Beginn Ihres Referats locker. Erscheinen Sie frühzeitig zu Ihrem Vortrag, bauen Sie die Technik auf und legen Sie Ihre Materialien bereit. Anschließend ziehen Sie sich nochmals in den Nebenraum, zur Toilette oder zu einem entspannenden Spaziergang zurück. Alternativ kreisen Sie mit dem Kopf, heben und senken die Schultern und dehnen sich. Auch kleine Übungen aus dem Yoga können an dieser Stelle sehr effektiv sein. Manche professionellen Sprecher kauen vor (!) ihrem Vortrag zur Entspannung sogar Kaugummi.

Vergessen Sie nicht zu atmen.

Oft ist zu beobachten, dass nervöse Redner gerade in den ersten Minuten ihres Vortrags das Atmen vergessen. Atmen Sie einige Male tief durch, bevor Sie Ihren Vortrag beginnen, atmen Sie ganz regulär wie in einem normalen Gespräch und nutzen Sie gezielt gesetzte Pausen für weitere tiefe Atemzüge. Auf diese Weise geben Sie nicht nur Ihrer Stimme mehr Gewicht, sondern senken auch Ihre Nervosität. Sollten Sie in diesem Bereich größere Probleme haben, die sie nicht alleine lösen können, schauen Sie einmal bei der nächsten Musikschule vorbei. Viele Gesangslehrer bieten nebenbei Sprechtraining an.

Halten Sie etwas zu trinken bereit.

Ein trockener Mund ist ein typisches Symptom von Lampenfieber, erschwert das Sprechen und vergrößert dadurch die Angst zusätzlich. Halten Sie deshalb stets ein Glas Wasser oder eine Flasche bereit. Trinken Sie in kleinen Schlucken, um sich nicht zu verschlucken. Die meisten professionellen Moderatoren und Redner nehmen während Ihrer Vorträge Wasser oder kühlen Tee zu sich und verzichten auf Milch, Kaffee oder Alkohol. Es mag altmodisch klingen, aber aus einem Glas zu trinken wird im Normalfall vermutlich professioneller wirken, als an einer Flasche zu nuckeln.

Bitten Sie nicht um Entschuldigung für Kleinigkeiten.

Teilen Sie es Ihrem Publikum nicht mit, wenn einmal etwas schief laufen sollte, und auch für Ihre Nervosität bitten Sie keinesfalls um Entschuldigung. Sie sind der Einzige, der Ihr Skript beziehungsweise den geplanten Ablauf Ihrer Präsentation kennt. Kleine Abweichungen oder Versprecher und selbst Ihr Lampenfieber werden Ihren Zuhörern in den meisten Fällen nicht auffallen, zumindest dann nicht, wenn Sie diese nicht selbst mit der Nase darauf stoßen.

Ihr Publikum meint es gut mit Ihnen.

Gerade als Akademiker werden Sie im Laufe Ihres Berufslebens noch häufig vor größeren Gruppen sprechen. Stehen Sie erst einmal im Berufsleben und nehmen unter Umständen sogar eine Führungsposition ein, so können Sie sicher sein, dass der eine oder andere Zuhörer Ihnen nicht wohlgesonnen, sondern scharf auf Ihren Posten ist. Jetzt und hier an der Hochschule dagegen sind Ihnen die meisten Zuhörer freundlich gesonnen. Sie alle sitzen im gleichen Boot, konkurrieren nur indirekt um gute Noten und haben kein Interesse daran, dass sich andere Studenten blamieren. Führen Sie sich dies vor Augen, das sollte Ihnen Sicherheit geben.

Interagieren Sie mit dem Publikum

Wenn keine Fragen mehr sind, dann bin ich jetzt fertig!

Bitte beenden Sie Ihren Vortrag, anders als neun von zehn Studenten, nicht mit diesem Satz. Alles was bei Ihren Zuhörern ankommt ist Folgendes:

Ich bin fertig – bitte lasst mich in Ruhe!

Gewöhnen Sie es sich von vornherein an, mit Ihren Zuhörern zu interagieren. Ihre Präsentation endet nicht mit der letzten PowerPoint-Slide. In den meisten Fällen erwartet man von Ihnen, in einen direkten Austausch mit dem Publikum zu treten.

Sie können jederzeit während Ihres Vortrags Fragen zulassen und beantworten oder dies auf eine Frage-Antwort-Phase beschränken. Der Umgang mit Zwischenfragen ist ein wichtiger Indikator für die Souveränität eines Referenten und die Qualität eines Vortrags, will aber gelernt sein. Einige grundlegende Dinge helfen Ihnen dabei:

Legen Sie die Regeln von vornherein fest.

Erklären Sie zu Beginn Ihres Referats, zu welchem Zeitpunkt Sie Zwischenfragen beantworten werden. Es ist auch legitim, Fragen jederzeit zuzulassen, aber erst am Ende eines Vortrags näher darauf einzugehen. In diesem Fall bedanken Sie sich bei dem Fragesteller, händigen ihm eine farbige Wortkarte aus und bitten ihn, seine Frage zu notieren und an Seitentafel oder Pinnwand zu befestigen. So geht keine Frage verloren und Sie können diese am Ende Ihres Referats gesammelt beantworten. Auf diese Weise zeigen Sie dem Fragesteller, dass Sie ihn ernst nehmen, lassen sich aber in Ihrem Vortrag nicht aus dem Konzept bringen. Außerdem ist ein derartiges Besprechen gesammelter Fragen ein guter Abschluss für jeden Vortrag.

Legen Sie vor.

Sicherlich kennen Sie die Situation: Der Referent fordert zu Fragen auf und stößt auf eisiges, unbehagliches Schweigen. Interpretieren Sie dies keinesfalls als Indikator für einen besonders gelungen Vortrag nachdem keinerlei Fragen mehr offen sind. Vielmehr deutet dies einfach nur auf eine schlechte Moderation hin. Bauen Sie Ihren Zuhörern eine Brücke und senken Sie ihre Hemmungen. Legen Sie vor und stellen Sie die erste Frage! Leiten Sie ein mit „Bei diesem Thema stellt sich die Frage...", formulieren Sie selbst eine Frage und beantworten Sie diese anschließend. Dies sollte als Eisbrecher genügen.

Wiederholen Sie die Frage.

Halten Sie den Blickkontakt mit dem Fragesteller solange dieser spricht und zeigen Sie ihm, dass Sie sich auf ihn und seine Frage konzentrieren. Anschließend wiederholen Sie seine Frage in eigenen Worten und stellen so sicher, dass Sie und die anderen Teilnehmer ihn richtig verstanden haben. Diese Technik wird besonders häufig von Politikern eingesetzt, da sie einen weiteren Vorteil hat: Die nochmalige Wiederholung der Frage verschafft etwas Zeit, über die Antwort nachzudenken.

Sprechen Sie zum ganzen Publikum.

Nachdem Sie die Frage wiederholt haben, lösen Sie den Blickkontakt mit dem Fragesteller auf. Sie wollen nicht in einen Dialog mit ihm treten, sondern sprechen für das gesamte Publikum. Stellen Sie sicher, dass sich jeder Teilnehmer angesprochen fühlt.

Erfinden Sie nichts.

Stellt man Ihnen eine Frage, auf die Sie keine Antwort haben, sollten Sie das deutlich sagen. Versuchen Sie keinen Bluff und vermeiden Sie es, mit Ausflüchten zu reagieren. Ansonsten setzen Sie Ihre Glaubwürdigkeit aufs Spiel. Bedanken Sie sich vielmehr für die „gute und wichtige" Frage und bieten Sie an, sich dazu schlau zu machen. In vielen Fällen wird auch der Dozent einspringen und die Frage beantworten.

Hören Sie sich die ganze Frage an.

Unterbrechen Sie Ihr Gegenüber nicht und lassen Sie es ausreden, bevor Sie zu einer Antwort ansetzen. Dies gebietet nicht nur die Höflichkeit, sondern stellt auch sicher, dass Sie den Kern des Problems erfassen.

Nehmen Sie Störern den Wind aus den Segeln.

Selbstverständlich kann es im Einzelfall notwendig sein, einem Teilnehmer das Wort abzuschneiden. Als Referent können Sie es nicht zulassen, dass ein Teilnehmer die Initiative an sich reißt und Ihnen die Zügel aus der Hand nimmt oder Sie sogar beleidigt. Nicht jede von Rhetoriktrainern empfohlene Reaktion passt zu Ihnen und Ihrer Persönlichkeit. Entwickeln Sie langfristig eine individuelle Strategie für den Umgang mit Störern. Auf dem Weg dorthin probieren Sie ruhig die folgenden Ratschläge aus:

- Lassen Sie sich keinesfalls auf einen Streit ein. Selbst wenn Sie diesen gewinnen sollten, verlieren sie wertvolle Redezeit und hinterlassen bei vielen Zuhörern einen negativen Eindruck.
- Schneiden Sie Ihrem Gegenüber mit einem kurzen Satz das Wort ab und machen Sie weiter mit ihrem Vortrag: „Doch, dies ist der Stand der Wissenschaft." oder „Nach meinem Wissen ist das so." sind geeignete Äußerungen.
- Bedanken Sie sich für die Nachfrage oder den kritischen Einwurf, weisen Sie aber darauf hin, dass dies zu weit führt. Gerne können Sie ein Gespräch im Anschluss an Ihren Vortrag anbieten, auf das der Störer vermutlich sowieso keine Lust hat – unter vier Augen würde ihm sein Publikum fehlen.
- Handelt es sich um eine wirklich unverschämte Nachfrage oder Bemerkung, wissen Sie die anderen Teilnehmer auf Ihrer Seite und können etwas deutlicher werden: „Den Punkt, den sie ansprechen, finde ich sehr wichtig. Allein die Art und Weise wie Sie ihn ansprechen, empfinde ich als unpassend." Und schon machen Sie weiter mit ihrem Vortrag.

Bauen Sie eine Beziehung auf.

Unabhängig von dem Thema, über das Sie sprechen, wird Ihnen das Publikum dann besonders aufmerksam zuhören, wenn Sie eine persönliche Beziehung zu ihm aufbauen können. Außerdem wird man Sie wohlwollender betrachten, wird von Ihnen gestellte Arbeitsaufträge bereitwilliger erledigen und weniger Hemmungen haben, an geeigneter Stelle mit Ihnen in einen Dialog zu treten. In universitären Lehrveranstaltungen haben Sie den Vorteil, dass Sie viele Ihrer Zuhörer bereits kennen. Trotzdem können Sie während des Vortrags einiges tun, um die Distanz zu verringern und sich Verbündete zu schaffen:

Treten Sie noch vor Vortragsbeginn in Kontakt.

Nutzen Sie die Zeit, bevor die eigentliche Seminarveranstaltung mit Ihrem Referat beginnt dazu, mit den anderen zu interagieren. Unter Umständen möchten Sie sich an die Eingangstüre stellen und eintretende Studenten begrüßen. Stellen Sie sich zu kleineren Gruppen dazu und beteiligen Sie sich am Gespräch. Auf diese Weise fühlen Sie sich Ihrem Publikum näher und sind deutlich sicherer, wenn Sie den Vortrag beginnen. Aber auch Ihr Publikum ist Ihnen wohlgesonnen und interessiert sich für das, was Sie zu sagen haben.

Suchen Sie die Nähe zum Publikum.

Bauen Sie Nähe zu Ihrem Publikum auf, indem Sie bewusst den Augenkontakt suchen. Orientieren Sie sich dabei an der Drei-Sekunden-Regel: Blicken Sie während Sie sprechen einem Zuhörer in die Augen und halten Sie den Blickkontakt über mindestens drei Sekunden. Wenn Sie kurz pausieren und innehalten lösen Sie den Blickkontakt, schauen einen anderen Zuhörer an und reden weiter. Verteilen Sie Ihre Aufmerksamkeit gleichmäßig im Raum. Fixieren Sie abwechselnd Personen, die links und rechts sitzen, und Personen, die vorne und hinten sitzen. Durch das Anwenden der Drei-Sekunden-Regel gewinnt jeder Ihrer Zuhörer das Gefühl, wahrgenommen zu werden; Ihr Vortrag ist genau für ihn bestimmt. Außerdem vermeiden Sie durch diese Technik, Ihren Blick ziellos durch den Raum schweifen zu lassen. Dies wird von den meisten als unsicher und unkonzentriert interpretiert.

Verringern Sie die Distanz.

Bewegen Sie sich während Sie sprechen durch den Raum und verringern Sie die Distanz zu Ihren Zuhörern. Gerade Seminarräume, in denen die Tische und Stühle in Hufeisenform angeordnet sind, sind ideal dafür. Wenn die PowePoint-Folie in den Hintergrund tritt und Sie und Ihre Worte im Mittelpunkt stehen, sollten Sie nach vorne in Hufeisen hinein treten. So sind Sie Ihrem Publikum näher. Vermeiden Sie es ein Redepult zu verwenden oder sich hinter Ihrem aufgeklappten Laptop zu verstecken. Beides wirkt wie eine Barriere und vergrößert die Distanz zwischen Ihnen und Ihren Zuhören.

Sprechen Sie Ihr Publikum direkt an.

Wenden Sie sich in Ihrem Vortrag auch inhaltlich an Ihre Zuhörer. Erläutern Sie nicht die Bedeutung befristeter Arbeitsverträge für Arbeitnehmer im allgemeinen, sondern für Sie und Ihr Publikum persönlich. Ihr Publikum muss sich vorstellen, wie es sich anfühlt, lediglich einen befristeten Vertrag zu besitzen und im Halbjahresrhythmus auf der Straße zu stehen. Dadurch gewinnt Ihr Vortrag an Bedeutung und Sie ziehen das Publikum in Ihren Bann.

Praktika: Nichts als Kaffeekochen und kopieren?

Abschließend soll ein Thema besprochen werden, das für den Erfolg beim Übergang von Studium in Berufswelt besonders wichtig ist: Praktika!

Wenngleich Praktika noch immer nur in wenigen Studiengängen vorgeschrieben sind, ist die GENERATION PRAKTIKUM mittlerweile in aller Munde. Jahr für Jahr sammeln dabei Hunderttausende von Studenten und fertigen Akademikern wertvolle Berufserfahrungen und bauen Kontakte zu Unternehmen auf.

In vielen Branchen sind gut dokumentierte Praktika bei namhaften Unternehmen wichtiger als die Studienleistungen. So kann ein Praktikum beim Branchenprimus als Eintrittskarte in die Berufswelt von unschätzbarem Wert sein. Dennoch sollte ein Praktikum nie um seiner selbst Willen absolviert werden. Integrieren Sie Praktika sinnvoll in Ihr Leben und Ihr Studium, um keine wertvolle Zeit zu verschwenden und maximal davon zu profitieren.

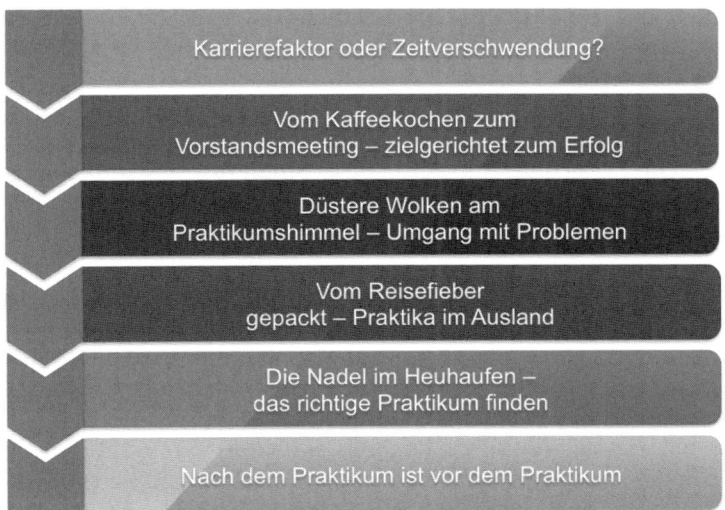

Wichtiger Karrierefaktor oder Zeitverschwendung?

Ein veränderter Arbeitsmarkt bringt neue Anforderungen mit sich und stellt hohe Ansprüche an außerfachliche Kompetenzen, die Universitäten nur unzureichend vermitteln können. In den wenigsten Studiengängen und Berufen reicht alleine das in Vorlesungen und Seminaren vermittelte Wissen für beruflichen Erfolg. Vielmehr sind Schlüsselqualifikationen, Flexibilität und die Bereitschaft zu lebenslangem Lernen entscheidend.

Ein wichtiger Baustein für den Erwerb dieser Kompetenzen stellen Praktika dar, da Sie dabei sowohl Ihre Fähigkeiten trainieren als auch neue Kontakte knüpfen. Sinnvolle Praktika kombinieren das akademische Wissen, das an der Hochschule erworben wurde, mit der Realität der Arbeitswelt. Dies ist insofern notwendig, als selbst die engagiertesten Dozenten und praxisorientierte Lehrveranstaltungen immer in der Theorie verhaftet bleiben müssen. Der Tagesablauf in einem Unternehmen, geschäftsinterne Prozesse sowie die Kommunikation und Interaktion mit Kollegen kann in Seminaren und Vorlesungen nicht wirklich simuliert werden. Für Studenten bringen Praktika vielfältige Vorteile mit sich:

• *Wertvolle Berufserfahrungen werden gesammelt:* Praktika und Hochschule, das ist der Unterschied zwischen Theorie und Praxis. Im Studium hören und lesen Sie davon, im Praktikum setzen Sie es um und schreiten zur Tat. Ziel eines jeden Praktikums ist deshalb, universitäres Wissen in die Praxis umzusetzen und dabei wertvolle berufliche Erfahrungen zu machen.

• *Der Lebenslauf wird aufgewertet:* In einer Zeit, in der viele Hochschulen Bestnoten inflationär vergeben, interessieren Arbeitgeber sich für andere Kriterien als bloß die Zensuren. Für viele Unternehmen sind sinnvolle Praktika ausschlaggebend, wenn es darum geht, Bewerber zum Vorstellungsgespräch einzuladen oder gar einzustellen.

• *Kontakte werden geknüpft:* Praktika sind für Studenten die beste Möglichkeit, Leute zu treffen, die es geschafft haben und bereits in wichtigen Positionen sitzen. Wenn Sie sich bereits während des Studiums ein berufliches Netzwerk aufbauen, fällt Ihnen der spätere Berufseinstieg deutlich leichter. Sie kennen Entscheidungsträger, die Sie unterstützen, beraten und unter Umständen sogar weiterempfehlen.

• *Karrierewege werden aufgezeigt:* Aufmerksame Studenten nutzen Einblicke in Unternehmensstrukturen, um spezifische Positionen zu finden, die für sie interessant und erstrebenswert sind. Gespräche mit Mitarbeitern und Vorgesetzten zeigen den Weg dorthin auf: Unter Umständen müssen Studienschwerpunkte geändert und zusätzliche Kompetenzen erworben werden.

• *Folgeanstellungen ergeben sich:* Ökonomisch unklug wäre es für ein Unternehmen, einen herausragenden Praktikanten aus den Augen zu verlieren. Natürlich ist man bestrebt, solchen Leuten nach Beendigung des Studiums eine Anstellung anzubieten. Vor allem große Unternehmen haben umfangreiche Programme entwickelt, Praktikanten zu fördern und zu unterstützen und diese somit langfristig zu binden.

• *Wichtige Schlüsselkompetenzen werden erworben:* Erfolg in der Arbeitswelt setzt mehr voraus als reines Theoriewissen, das Sie aus Büchern oder an Universitäten erwerben können. Gerade Sozialkompetenzen wie Teamfähigkeit, Führungsstärke und Kommunikationsfähigkeit müssen unbedingt vorhanden sein, um den Weg nach ganz oben zu schaffen. Ein Praktikum bietet die Möglichkeit, sich in diesen Bereichen weiterzuentwickeln.

• *Fehleinschätzungen werden richtig gestellt:* Sie studieren Betriebswirtschaftslehre, weil Sie Leonardo di Caprio in Wolf of Wallstreet um seinen Lebensstil beneiden? Dann kann ein Praktikum Ihnen die Augen öffnen und zeigen, dass die Tätigkeit eines Investmentbankers aus mehr als aus teuren Anzügen und ausschweifenden Partys besteht. Vielleicht möchten Sie die eigene Studienwahl nochmals überdenken? Stellen Sie sich vor dem Hintergrund Ihrer neu gewonnenen Arbeitserfahrung die folgenden Fragen:

Entspricht das Berufsfeld, auf das mein Studium mich vorbereitet, überhaupt meinen Wünschen?

Bin ich für diesen Beruf geeignet? In welchen relevanten Bereichen habe ich noch Defizite, an denen ich arbeiten sollte?

Begeistert mich die Aussicht auf eine Karriere in diesem Bereich so sehr, dass ich mich in Zukunft verstärkt um bessere Noten bemühen werde?

Die Nadel im Heuhaufen – das richtige Praktikum finden

Nicht jedes angebotene Praktikum ist sinnvoll und nicht jeder Arbeitgeber ist der Richtige für Sie. Je genauer Sie wissen, was sie wollen, desto erfolgversprechender ist Ihre Suche nach einem sinnvollen Praktikum. Überlegen Sie genau, was Ihre Erwartungen und Ansprüche sind.

Bei der konkreten Stellensuche können Sie selbstverständlich Internetbörsen, soziale Netzwerke wie Xing oder LinkedIn und Stellenanzeigen in studentischen Zeitschriften nutzen, doch sollten Sie sich nicht auf diese verlassen. Unterscheiden Sie sich vom Durchschnittsstudenten und besuchen Sie, ausgestattet mit Lebenslauf oder Bewerbungsportfolio Fach- und Jobmessen und stellen Sie sich dort interessanten Arbeitgebern vor.

Gerade auf der Suche nach einem Praktikum sind Initiativbewerbungen empfehlenswert. Verzichten Sie allerdings darauf, wahllos Personalabteilungen mit standardisierten Anschreiben zu überfluten. Dies ist der sicherste Weg, um die eigene Bewerbung in den Papierkörben der Personalabteilungen landen zu lassen. Wählen Sie lieber die Unternehmen aus, die Sie wirklich als Arbeitgeber bevorzugen. Vielleicht sind diese Marktführer, besonders innovativ oder haben einen sehr guten Ruf. Recherchieren Sie im Internet und bringen Sie Wissenswertes über Firmenphilosophie, Unternehmensstruktur und die Namen zuständiger Entscheidungsträger in Erfahrung. Erkundigen Sie sich vorab telefonisch, ob, wann und für welche Dauer Praktika möglich sind und an wen eine Bewegung zu richten ist. Machen Sie im Anschreiben deutlich, dass es Ihnen nicht darum geht, irgendein Praktikum zu machen. Machen Sie Ihrem Gegenüber klar, dass Sie bewusst und gezielt in diesem einen Unternehmen Praktikant sein wollen.

Machen Sie auch deutlich, inwiefern Ihr Arbeitgeber von Ihrer Arbeitskraft profitieren kann.

Vom Kaffeekochen zum Vorstandsmeeting – zielgerichtet zum Erfolg

So, Sie haben sich also gegen eine Vielzahl anderer Bewerber durchgesetzt und eine Zusage erhalten? Sie dürfen das gewünschte Praktikum antreten? Herzlichen Glückwunsch! Stellen Sie nun von Anfang an die Weichen auf Erfolg.

Erwarten Sie zunächst nicht allzu viel: Sie werden in der ersten Woche weder Welt noch Firmenstruktur verändern, weder mit Millionenbeträgen jonglieren noch mit dem CEO zu Mittag essen. Keine Angst: Wenn Sie sich gut anstellen, kommt dies über kurz oder lang automatisch! Es ist gut möglich, dass Ihnen zunächst eine Vielzahl kleiner, eher unwichtiger Aufgaben übertragen wird. Auch als unter Umständen berufserfahrener Student mit Bestnoten müssen Sie sich darauf einstellen, häufig am Kopierer zu stehen, Daten stupide in den Computer einzugeben oder sonstige, wenig herausfordernde Aufgaben zu erledigen. Haben Sie Verständnis für Ihren Arbeitgeber, der Sie und Ihre Kompetenzen noch nicht einschätzen kann. Erst später, nachdem er Sie wirklich kennengelernt hat, kann er Sie für größere Projekte einplanen. Natürlich kann dies frustrierend sein, aber sehen Sie diese Zeit als Test. Zeigen Sie Ihrem Vorgesetzten, dass Sie alles mit Sorgfalt erledigen und man Ihnen auch größere und wichtigere Aufgaben übertragen kann. Nehmen Sie deshalb das Praktikum von Beginn an ernst und gehen Sie es voller Tatendrang an.

Sollte sich an dieser Situation allerdings mittelfristig nichts ändern und Sie das Gefühl bekommen, als billige Hilfskraft eingestellt zu sein, suchen sie das Gespräch mit Ihrem Vorgesetzten oder der Personalabteilung. Auch wenn dies mittlerweile seltener der Fall ist, gibt es doch noch immer Unternehmen, die einen Praktikanten als kostengünstigen Hilfsarbeiter sehen. Monatelang Kaffee zu kochen und Kopien anzufertigen kann nicht Ihr Ziel sein. Selbst wenn das Praktikum ordentlich bezahlt wird und der Arbeitgeber einen guten Namen besitzt, sollte Ihre Zeit Ihnen dafür zu schade sein. Aber keine Angst, die meisten Arbeitgeber haben mittlerweile verstanden, wie befruchtend kompetente, gut eingebundene Praktikanten sein können. Zeigen Sie Ihrem Vorgesetzten, dass er sich auf Sie verlassen kann und Sie als vollwertiges Mitglied in sein Team einplanen kann:

Zeigen Sie Initiative und Engagement.

Seien Sie zur Stelle, sobald Freiwillige für eine Aufgabe gesucht werden. Wann immer sich jedoch ein Projekt auftut, das Ihr Interesse weckt und an dem Sie wachsen können, sollten Sie aus eigenem Antrieb auf die Verantwortlichen zugehen. Fragen Sie nach, ob Sie sich einbringen dürfen und eingebunden werden können. Selbstverständlich ist dieses In-die-Offensive-gehen, ist das Verlassen der eigenen Komfortzone, gerade für jüngere Studenten oftmals schwierig. Führen

Sie sich das vor Augen und entscheiden Sie sich bewusst dafür, Scheu und Angst zu überwinden und sich weiterzuentwickeln. Seien Sie positiv und demonstrieren Sie Motivation und Fleiß.

Fragen Sie nach.

Scheuen Sie nicht davor zurück, bei Unklarheiten Fragen zu stellen. Anders als reguläre Mitarbeiter, die in erster Linie aufgrund ihrer Fähigkeiten eingestellt wurden, befinden Sie sich noch im Lernprozess. Dies wissen auch die anderen. Kaum etwas ist für ein Team schwieriger als ein Mitarbeiter, der sich prinzipiell jeder Aufgabe gewachsen fühlt und die eigenen Schwierigkeiten nicht oder zu spät eingesteht. Ihre Kollegen und Vorgesetzten müssen sicher gehen können, dass Sie den Aufgaben gewachsen sind, die Sie übernommen haben.

Sprechen Sie mit Ihren Vorgesetzten.

Suchen Sie von sich aus das Gespräch über Ihre Tätigkeit und Ihre Fortschritte. Fragen Sie offen, ob Sie die Erwartungen erfüllen. Dadurch zeigen Sie einerseits Engagement und Interesse und kreieren andererseits die Chance, Ihre Zeit im Unternehmen für beide Seiten (noch) gewinnbringender zu gestalten.

Tauschen Sie sich aber nicht nur mit Ihren Vorgesetzten und Kollegen aus, sondern nehmen Sie sich auch bewusst Zeit, Ihre Tätigkeit zu reflektieren. Unter Umständen kann es sogar sinnvoll sein, während des Praktikums Tagebuch zu führen. Wenn dies für Sie besser klingt, können Sie gerne von einem Berichtsheft oder Journal sprechen. Beantworten Sie für sich die folgenden Fragen:

- Wie verändern Sie sich durch Ihr Praktikum?
- Inwiefern profitieren Sie von den gesammelten Erfahrungen?
- Werden diese Ihr Studium beeinflussen? Wenn ja, auf welche Weise?
- Erfüllt das Praktikum Ihre Erwartungen? Ist Ihre Zeit hier sinnvoll investiert?

Bedanken Sie sich am Ende des Praktikums bei Ihrem Arbeitgeber für die Möglichkeit zur Mitarbeit und bei den Kollegen für die Zusammenarbeit. Bitten Sie um ein Praktikums- oder Arbeitszeugnis, in dem all Ihre Tätigkeiten detailliert aufgeführt sind. Vielleicht besteht sogar die Möglichkeit, eine längerfristige Zusammenarbeit anzusprechen und über eine studienbegleitende Nebentätigkeiten dem Unternehmen verbunden zu bleiben. Auch wenn dies nicht zustande kommt, sollten Sie sich darum bemühen, mit dem Vorgesetzten und den Kollegen in Kontakt zu bleiben und so nach und nach ein berufliches Netzwerk aufzubauen.

Düstere Wolken am Praktikumshimmel – Umgang mit Problemen

Selbstverständlich ist auch beim besten Praktikum nicht immer alles eitel Sonnenschein. Häufig stimmen die Erwartungen des Praktikanten und die des Arbeitgebers nicht überein oder es treten im Arbeitsalltag andere Probleme auf. Je nachdem, wie schwerwiegend diese sind, müssen Sie aktiv werden. Kleinere Probleme, wie der Umgang mit schrulligen Kollegen und zeitweise frustrierenden Situationen gehören zu jedem Job dazu. Lernen Sie damit umzugehen und sehen Sie diese als wertvolle persönliche Erfahrung. Wachsen Sie an diesen Schwierigkeiten und erwerben Sie wertvolle Sozialkompetenzen. Wenn die Probleme jedoch nicht weniger werden, Sie sich dauerhaft unwohl fühlen oder gegen Ihre ethische Überzeugung handeln sollen, bemühen Sie sich aktiv um eine Lösung:

• Sprechen Sie mit einer Person außerhalb des Unternehmens über die Problematik. Auch ohne Namen, konkrete Details oder handelnde Personen zu kennen, kann Ihnen ein Freund, Familienmitglied oder Ihr Professor unter Umständen ein guter Ratgeber sein.

• Schieben Sie Probleme nicht zu lange vor sich her, sondern suchen Sie nach Lösungsmöglichkeiten. Fragen Sie sich, was geschehen müsste, um die Situation für sie erträglich zu gestalten.

• Suchen Sie das Gespräch mit Ihrem Vorgesetzten oder Betreuer. Sprechen Sie das Problem ruhig und sachlich an und bitten Sie um Hilfe.

• Stellen Sie niemanden an den Pranger, sondern zeigen Sie, dass Sie an einem konstruktiven Gespräch interessiert sind und Ihnen an einer produktiven Lösung gelegen ist.

Gewusst wie – Etikette im Praktikum

Etikette im Praktikum – eigentlich ein Thema, das in einem derartigen Ratgeber überflüssig sein sollte, da man in der Regel davon ausgeht, dass Erwachsene so viel an Sozialkompetenz und Umgangsformen erlernt haben, dass sie sich auch in Büro und Geschäftswelt zurechtfinden. Im Ernstfall jedoch beweisen viele Studenten das Gegenteil, so dass nahezu jeder Arbeitnehmer zumindest von einem unhöflichen Praktikanten im bunten T-Shirt zu berichten weiß, der den Vorgesetzten von Anfang an duzt, eine Begrüßung als überflüssig ansieht oder lange Privatgespräche am Mobiltelefon führt.

Etikette und Manieren klingen zunächst wie Worte aus längst vergangenen Zeiten. Führt man sich allerdings vor Augen, dass es sich dabei um einen Verhaltenskodex handelt, der das Zusammenleben und -arbeiten von Menschen reibungslos und konfliktfrei gestalten soll, zeigt sich seine Aktualität. Einige Regeln können Ihnen eine Orientierungshilfe sein und sicherstellen, dass Sie niemandem auf den Schlips treten:

• Die erste Gefahr lauert bereits, bevor Sie die Räumlichkeiten Ihrer Praktikumsstelle betreten zu Hause vor dem Kleiderschrank. Bunte T-Shirts mit lustigen bis geschmacklosen Aufdrucken und Sprüchen sind nicht nur in einer Unternehmensberatung fehl am Platz. Da je nach Branche und Unternehmen der übliche Dresscode variieren kann, können hier keine konkreten Tipps gegeben werden. Klären Sie den Dresscode am besten bereits im Vorfeld ab und fragen

Sie explizit nach. Dadurch zeigen Sie auch, dass Sie Ihr Praktikum ernstnehmen. Im Zweifelsfall ist ein weißes Hemd nie verkehrt.

- An Ihrem ersten Arbeitstag, aber auch immer dann, wenn Sie neuen Mitarbeitern oder Kunden begegnen, sollten Sie sich mit Vor- und Nachname vorstellen. Ein „Hallo, ich bin der Markus!" wirkt distanzlos und ist fehl am Platz. Sehen Sie Ihrem Gegenüber dabei in die Augen, verzichten Sie aber darauf, ihm die Hand entgegenzustrecken. Das Händeschütteln leitet immer der Ranghöhere ein.
- Auch wenn Sie Morgenmuffel sind und Ihr Tag normalerweise erst um die Mittagszeit beginnt, sollten Sie natürlich pünktlich im Büro erscheinen. Grüßen Sie Ihre Kollegen und wünschen Sie ihnen einen guten Morgen. Auch während des Tages ist es üblich, Kollegen, denen man beispielsweise im Flur oder im Kopierraum begegnet, in die Augen zu sehen und sie zu grüßen.
- Bemühen Sie sich um einen höflichen Ton und verzichten Sie darauf, Anweisungen zu geben und Ihre Kollegen zu kontrollieren. Behandeln Sie alle Personen, auch Reinigungspersonal und Assistenten, freundlich und mit Respekt. Leider ist dies erfahrungsgemäß keine Selbstverständlichkeit, da gerade ehrgeizige Studenten schnell dazu neigen, ihre Grenzen zu überschreiten.
- Vermeiden Sie es auch, sich über den Sinn übertragener Aufgaben zu beschweren und das Unternehmen schon am zweiten Tag vollkommen umkrempeln zu wollen. Häufig möchten Studenten im Studium erworbenes Wissen schnellstmöglich in die Praxis umsetzen und erfahrenen, kompetenten Kollegen erklären, wie die Dinge richtig gemacht werden. Dass dies nur selten auf Begeisterung stößt, ist verständlich.
- Halten Sie sich fern von der Gerüchteküche! Überall dort, wo mehr als zwei Personen zusammenarbeiten, entstehen Gerüchte. Beteiligen Sie sich nicht daran und verzichten Sie darauf, hinter dem Rücken anderer zu lästern. Für dieses Verhalten wird man Sie schätzen.
- Arbeitszeit ist Arbeitszeit und nicht für die Erledigung Ihrer Privatangelegenheiten gedacht. Lassen Sie deshalb das Mobiltelefon in der Tasche und verzichten Sie darauf, im Internet zu surfen oder Ihr Facebookprofil zu aktualisieren. Auch wenn Sie sich dabei – vermeintlich – besser konzentrieren können, ist es keine gute Idee, sich während der Arbeit über den Kopfhörer mit Musik berieseln zu lassen.

Halten Sie sich an diese Hinweise, nutzen Sie Ihren gesunden Menschenverstand und halten Sie die Augen offen, um zu sehen, was im jeweiligen Unternehmen üblich ist. Denken Sie immer daran, dass sich aus einem Praktikum unter Umständen eine Festanstellung oder wichtige Kontakte ergeben können.

Vom Reisefieber gepackt – Praktika im Ausland

Angesichts einer immer enger zusammenwachsenden Welt, fallender Grenzen und zunehmend größerer Reiselust junger Menschen ist es nicht überraschend, dass viele Studenten ihre Praktikumsstelle nicht im Heimat- oder Studienort suchen, sondern ins Ausland streben. So gibt beispielsweise Scarletti den Anteil der Studenten, die ein Auslandspraktikum absolviert haben, mit 22 % an (vgl. Scarletti 2009).

Ein solches Auslandspraktikum kann vor allem deshalb eine karriereentscheidende Erfahrung sein, weil in einer globalisierten Welt die Fähigkeit, mit Personen aus anderen Kulturkreisen erfolgreich zu kommunizieren und zu interagieren eine zentrale Schlüsselqualifikation darstellt. Kulturelle Sensibilität und interkulturelle Kompetenz sind in vielen Bereichen der entscheidende Schlüssel zum Erfolg von Unternehmen und Einzelpersonen.

Dies vor Augen bedeutet allerdings auch, nicht unbedingt den einfachen Weg zu gehen und ein Praktikum im benachbarten europäischen Ausland zu absolvieren. Wirklich bereichernde Erfahrungen, die Sie von anderen Bewerbern unterscheiden, sammeln Sie, wenn Sie sich zeitweise auf ein Leben in anderen Kulturräumen einlassen. Überspitzt formuliert wird ein Praktikum in Österreich einen deutschen Studenten wohl kaum entscheidend voran bringen. Führen Sie dieses voller Stolz in Ihrem Lebenslauf als Auslandspraktikum an und die Lacher in den Personalabteilungen sind Ihnen sicher.

 Nur wer weiß, was er will, bekommt, was er verdient. Dies gilt bei der Praktikumssuche im Ausland noch mehr als zu Hause. Wägen Sie Ihre Zielsetzungen genau ab: Geht es Ihnen wirklich darum, in einem internationalen Umfeld Berufserfahrung zu sammeln? Oder möchten Sie lieber auf Reisen gehen, Land und Leute kennenlernen und nebenbei ein bisschen für Ihren Lebensunterhalt arbeiten? Wenn Letzteres der Fall ist, sollten Sie anstelle eines klassischen Praktikums über die verschiedenen Work&Travel-Angebote nachdenken. Vermutlich treffen diese eher Ihren Geschmack. Keine Sorge: Auch diese machen sich als Auslandserfahrung in jedem Lebenslauf gut.

Selbstverständlich ist es von Vorteil, wenn Sie zumindest Grundkenntnisse der Landessprache besitzen. Mehr jedoch ist in den meisten Fällen nicht nötig, da in vielen Unternehmen die Arbeitssprache sowieso Englisch ist. Erkundigen Sie sich im Vorfeld und suchen Sie Möglichkeiten, Ihre Kenntnisse der Landessprache vor Ort auszuweiten. Auf diese Weise erwerben Sie eine weitere wichtige Kompetenz. Am einfachsten funktioniert dies im Kontakt mit Einheimischen. Treten Sie einem Sportverein bei und suchen Sie die Treffpunkte der Einheimischen auf. So brutal es auch klingen mag, halten Sie sich von anderen Praktikanten fern. Natürlich ist es fernab der Heimat toll, andere junge Menschen kennen zu lernen, die im gleichen Boot wie Sie sitzen. Leider kommt es dadurch häufig vor, dass Praktikanten sich nur mit ihresgleichen umgeben, ausschließlich Englisch sprechen und am Ende ihres Praktikums kaum Neues erlebt haben.

Auslandspraktikum planen

Ein Auslandspraktikum sollte nie ein unüberlegter Schnellschuss sein. Auch als Student ist Ihre Zeit zu kostbar, um sie mit einem ineffizienten Praktikum zu vergeuden. Ein solches mag sich zwar auf dem Papier in Ihrem Lebenslauf gut machen, wird Sie in Ihrer Entwicklung aber nicht entscheidend voran bringen. Berücksichtigen Sie drei Faktoren, die das Ausmaß, in dem Sie von einem Auslandspraktikum profitieren, entscheidend beeinflussen:

Dauer: Während zu Schulzeiten ein einwöchiges Praktikum eine tolle Erfahrung gewesen sein mag, gilt im Studium Folgendes: Längere Praktika sind nützlicher als kurze. Weder der Erwerb wichtiger Schlüsselkompetenzen noch der Aufbau nachhaltiger Kontakte oder die Verbesserung in einer Fremdsprache vollziehen sich im Zeitraffer. Sinnvoll ist eine Dauer zwischen drei Monaten und einem halben Jahr. Achten Sie bei der Planung darauf, dass Sie noch rechtzeitig zurückkehren, um direkt in das neue Semester einzusteigen und nicht unnötig Zeit zu verlieren.

Vorbereitung: Je besser Sie sich auf Ihren Auslandsaufenthalt vorbereiten und je besser Ihre Hochschule derartige Praktika unterstützt, desto mehr werden Sie davon profitieren. Gerade für junge Studenten ist es wichtig, an der Heimatuniversität eine Anlaufstelle zu haben. Diese kann sowohl bei der ersten Orientierung als auch bei der konkreten Stellensuche, Finanzierung und Planung helfen. Investieren Sie lieber im Vorfeld etwas mehr Zeit. So können Sie sicher sein, alles getan zu haben, um den Auslandsaufenthalt zu einem Erfolg zu machen.

Betreuung: Die Betreuung von Praktikanten wird von Unternehmen zu Unternehmen sehr unterschiedlich gehandhabt. Nur wenn Praktikanten als vollwertige, ernstzunehmende Mitarbeiter gesehen werden, ist ein Praktikum für beide Seiten gewinnbringend. Kaffeekochen können Sie auch zu Hause und am Kopiergerät erwerben Sie außer einer hohen Frustrationstoleranz keine berufsrelevante Kompetenz! Ihr Arbeitgeber sollte Sie in bislang unbekannte Computerprogramme einarbeiten, Ihnen das Kennenlernen unternehmensinterner Abläufe ermöglichen und die Kontaktaufnahme zu Festangestellten gezielt fördern. Erkundigen Sie sich deshalb vorab, wie Ihre Aufgaben aussehen werden, wie viele Praktikanten das Unternehmen in der Regel beschäftigt und fragen Sie unbedingt nach, ob bereits im Vorfeld eine Kontaktaufnahme zu aktuellen oder ehemaligen Praktikanten möglich ist.

Bereiten Sie sich jetzt gerade auf Ihr Praktikum im Ausland vor? Die folgenden Leitfragen können Sie bei Ihrer Planung unterstützen:

• In welchem Land, in welcher Region der Welt möchten Sie Ihr Praktikum absolvieren?
• Welche Sprachkenntnisse haben Sie, welche Sprachkenntnisse benötigen Sie für Ihr Praktikum?
• Welche Landessprache möchte Sie im Rahmen Ihres Auslandsaufenthaltes lernen oder verbessern?

- In welcher Branche möchten Sie Ihr Praktikum machen?
- Gibt es Lehrveranstaltungen, die ausschließlich im Sommer- oder Wintersemester angeboten werden?
- Stehen Prüfungen an, die Sie innerhalb einer bestimmten Frist ablegen müssen?
- Welche Vorschriften für Praktika gibt es an Ihrer Hochschule?
- Welche gesetzlichen Grundlagen müssen Sie hinsichtlich Ihres Ziellandes berücksichtigen?
- Welche Kosten kommen auf Sie zu? Wie wollen Sie diese finanzieren? Läuft Ihr BAföG während des Auslandsaufenthalts weiter?
- Benötigen Sie ein Visum? Wann müssen Sie dieses beantragen?
- Ist Ihr Reisepass noch aktuell?
- Welche Impfungen sind sinnvoll für die Region, in die Sie reisen?
- Können Sie Ihre Wohnung zwischenvermieten?
- Deckt Ihre Krankenversicherung auch Behandlungskosten im Ausland während eines Praktikums ab?
- Bis wann und wo genau müssen Sie Ihr Urlaubssemester beantragen?
- Müssen laufende Verträge (Fitnessstudio und Sportverein, Zeitschriftenabonnements) gekündigt oder stillgelegt werden?
- Lässt sich Ihr Handy im Zielland verwenden?

Nach dem Praktikum ist vor dem Praktikum

Unabhängig davon, ob Sie noch weitere Praktika planen oder schon bald fest in die Berufswelt einsteigen werden: Planen Sie nach Ihrem Praktikum noch unbedingt einen kompletten Tag ein, um Ihre Erfahrungen zu dokumentieren und sich auf kommende Bewerbungsgespräche vorzubereiten.

Es ist wichtig, dass Sie Ihren Lebenslauf immer aktuell halten und das soeben absolvierte Praktikum dort integrieren. Verlangen Sie deshalb ein aussagekräftiges Zeugnis. Sie können niemals wissen, wann Sie auf eine interessante Stellenausschreibung stoßen oder eine wichtige Person kennenlernen, die Sie um Ihren Lebenslauf bittet. Führen Sie detailliert alle Aufgaben auf, die Ihnen übertragen wurden, die Projekte, in die Sie eingebunden waren und die Erfahrungen, die Sie dabei machen konnten. Tun Sie dies wirklich unmittelbar nach Ende des Praktikums, solange Sie diese Dinge noch genau in Erinnerung haben.

Stellen Sie ein aussagekräftiges Bewerbungsportfolio zusammen, mit dem Sie Ihre Person bewerben. Dort können Sie Arbeits- und Praktikumszeugnisse ebenso sammeln wie Executive Summarys von Projekten, an denen Sie beteiligt waren, Empfehlungsschreiben und Rückmeldungen von Betreuern. Wenn Sie sich in Zukunft mit diesem Portfolio bewerben, können Sie bei Vorstellungsgespräch darauf verweisen, wenn die Rede auf bisherige Projekte und Tätigkeiten kommt.

Nehmen Sie sich auch die Zeit, sich auf kritische Nachfragen vorzubereiten. Sie haben ein Praktikum in einer kleinen Werbeagentur gemacht? Was antworten Sie, fragt man nach dem Grund, weshalb Sie nicht beim Branchenführer waren? Als angehender Wirtschaftswissenschaftler haben Sie bei einer karitativen Organisation mitgearbeitet? Wie entkräften Sie den Verdacht, den Anforderungen in der harten Welt der Global Player nicht gewachsen zu sein?

(Weiterführende) Literatur

Wenn die Uhr tickt: Selbstmanagement und Zeitplanung

Aggteleky, B.: *Fabrikplanung*: Betriebsanalyse und Feasability-Studie, Carl-Hanser, M ünchen, 1982

Burka, J. B. & Yuen, L. M.: *Procrastination*, Addison-Wesley Publishing Company, o. O. 1983

Ferrari, J. R., Johnson, J. L. & McCown, W. G.: *Procrastination and Task Avoidance*: Theory, Research, and Treatment. Plenum Press, New York 1995

Grünwald, R., Kopper, M. & Pohl, M.: *Die Turbo-Studenten*: Die Erfolgsstory: Bachelor plus Master in vier statt elf Semestern, GABAL Verlag, o.O. 2013

Höcker, A., Engberding, M., Beissner, J. & Rist, F.: Working Steps Aiming at Punctuality and Realistic Planning, In *Verhaltenstherapie* 2009, 19, 28–32

Krengl, M.: *Golden Rules*: Erfolgreich Lernen und Arbeiten. Alles was man braucht. Selbstcoaching. Motivation. Zeitmanagement. Konzentration. Organisation, Eazybookz, o. O. 2013

Pfeifer, T.: *Qualitätsmanagement*: Strategien, Methoden, Techniken, Hanser, o.O. 2010

Püschel, E.: *Selbstmanagement und Zeitplanung*, Schöningh, Paderborn 2010

Study smarter – not harder: Ratschläge zum effizienten Lernen

Buzan, T.: *Speed Reading*: Schneller lesen – mehr verstehen – besser behalten, Goldmann, Leipzig 2007

Hofmann, E. & Löhle, M.: *Erfolgreich Lernen*: Effiziente Lern- und Arbeitsstrategien für Schule, Studium und Beruf, Hogrefe, Göttingen 2012

Koch, G. & Gribenko, N.: *Erfolgreich Studieren*: Anspruchsvolle Texte verstehen und behalten. Createspace 2014

Lange, U.: *Fachtexte lesen – verstehen – wiedergeben*, Schöningh, Paderborn 2013

Esselborn-Krumbiegel, Helga: *Leichter lernen,* Strategien für Prüfung und Examen. 3. Aufl. Schöningh, Paderborn 2015

Eins mit Stern: Herausragende Zensuren erzielen!

Esselborn-Krumbiegel, H.: *Richtig wissenschaftlich schreiben*, Wissenschaftssprache in Regeln und Übungen. 2. Aufl. Schöningh, Paderborn 2012

Frank, A., Haacke, S. & Lahm, S.: *Schlüsselkompetenzen*: Schreiben in Studium und Beruf, Metzler, Stuttgart 2007

Henning L.: *Die wissenschaftliche Präsentation*, Konzept – Visualisierung – Durchführung. Schöningh, Paderborn 2012

Kühtz, S.: *Wissenschaftlich formulieren*, Tipps und Textbausteine für Studium und Schule. Schöningh, Paderborn 2012

Schindler, K.: *Klausur, Protokoll, Essay*, Kleine Texte optimal verfassen. Schöningh, Paderborn 2011

Seifert, J.: *Visualisieren Präsentieren Moderieren*, GABAL, Offenbach 2014

Suinn, R.M.: *The STABS*, a measure of test anxiety for behavior therapy: Normative data, In *Behavior Research and Therapy*, 1969, 7, 335-339